LANGENSCHEIDTS
PRAKTISCHE LEHRBÜCHER

LANGENSCHEIDTS
PRAKTISCHES LEHRBUCH
NORWEGISCH

Neubearbeitung

von

Kjell Bjørnskau

LANGENSCHEIDT
BERLIN · MÜNCHEN · WIEN · ZÜRICH · NEW YORK

Langenscheidts Praktisches Lehrbuch Norwegisch
Ein Standardwerk für Anfänger
Neubearbeitung
von Kjell Bjørnskau

Ein Schlüssel zu den Übungen ist gesondert lieferbar.
Es empfiehlt sich, zu diesem Lehrbuch auch die beiden Begleitkassetten bzw. CDs
zu verwenden.
Sie enthalten die Tonaufnahmen der A-Texte 1–20 des Lehrbuches.
Schlüssel (Best.-Nr. 26246), CDs (Best.-Nr. 80258) und Kassetten (Best.-Nr. 80424)
sind im Buchhandel erhältlich.

Das Titelfoto wurde freundlicherweise zur Verfügung gestellt
von Ålesund reiselivslag

Das Werk und seine Teile sind urheberrechtlich geschützt. Jede Verwertung in anderen als den
gesetzlich zugelassenen Fällen bedarf deshalb der vorherigen schriftlichen Einwilligung des
Verlages.

© *1991 Langenscheidt KG, Berlin und München*
Druck: Druckhaus Langenscheidt, Berlin-Schöneberg
Printed in Germany / ISBN 3-468-26241-8

Inhaltsverzeichnis

Vorwort 8
Grammatikalische Fachausdrücke und ihre Erklärung 9
Einleitung 11
I.   Aus der norwegischen Sprachgeschichte 11
II. Aussprache 12
III. Rechtschreibung 17
IV. Norwegisch-deutsche Lautentsprechungen 20
Lektionen 1–21 21

Nr.	Lesetext	Grammatikschwerpunkte
1	God dag, god dag!	Die unbestimmte Form des Substantivs im Singular und Plural Infinitiv und Präsens Das Personalpronomen
2	1. De nordiske språk 2. Norsk og tysk	Die bestimmte Form des Substantivs im Singular und Plural Wortstellung
3	Telefonsamtale	Adjektive Präteritum der schwachen Verben Perfekt; Wortstellung im Perfektsatz Die Verwendung von Präteritum und Perfekt
4	Besøk på klinikken I + II	Genitiv, Genitivumschreibung Präteritum der schwachen Verben Präteritum der starken Verben Modalverben, Hilfsverben, Kurzverben Fragewörter Die Zahl von 1 bis 12, Ordnungszahlen
5	Leiligheten til familien Skogstad	Die Kasusformen des Personalpronomens Das „unpersönliche" Pronomen *den* Das Partizip Perfekt der schwachen Verben Das Partizip Präsens Relativpronomen und Relativsatz Passiv Die Zahlen von 13 bis 20
6	Avtale med avbrytelser	Zusammengesetzte Verben Präposition am Ende des Satzes Passivumschreibung mit *bli*
7	Et brev om sol og sommer	Das Personalpronomen im Plural Das Reflexivpronomen *seg* Das Possessivpronomen

Nr.	Lesetext	Grammatikschwerpunkte
7	Et brev om sol og sommer	Das Reflexive Possessivpronomen *sin* Das Relativpronomen Zeitkonjunktion Die Zahlen von 20 bis 100
8	Været i dag	Die Steigerung des Adjektivs Gegenwart und Zukunft Die Zahlen von 100 aufwärts
9	Frokost	Schwache Verben mit Vokalwechsel Paarverben transitiv/intransitiv Deponente Verben Unregelmäßige Adjektivdeklination Imperativ
10	Spise ute?	Feste Wortgruppen Partizip Perfekt als Adjektiv Modalverben mit Konjunktivbedeutung
11	Den første	Feste Wortgruppen mit *få* Das modale Hilfsverb *få* *få* + Hilfsverb ohne Artikel Einige Konstruktionen mit *være* + Adjektiv + Präposition Konstruktionen mit *bli* Vergleich / Steigerung
12	Noko om Noreg *(nynorsk)*	Substantiv und Artikel, bestimmte und unbestimmte Form Infinitiv und Präsens Das Adjektiv, die Steigerung Die Zahlen
13	Tjue spørsmål	Doppelkonjunktionen Fragesätze Wegfall von Einleitewörtern im Nebensatz Verbundene Pronomen
14	Nokon som passar for meg? *(nynorsk)*	Präteritum und Perfekt Deponente Verben
15	1. I varemagasinet 2. Et leserbrev til Aftenposten	Feste Wortgruppen Adverbien für Bewegung und Ruhelage Indefinitpronomen *annen / andre* *mange / mye*
16	1. Ein halvtime med båten 2. Hårek *(nynorsk)*	Personalpronomen Hilfsverben, Modalverben, Kurzverben

Nr.	Lesetext	Grammatikschwerpunkte
17	Tur i marka	Verschmolzene Präpositionen Verbundene Präpositionen Verbalausdrücke mit Substantiv und Präposition Verbalausdrücke mit Adjektiv und Präposition
18	1. Noko om namn 2. Anne Knutsdotter (nynorsk)	Unregelmäßige Pluralbildung der Substantive Das Adjektiv *liten* Supinum und Partizip Perfekt Betontes und unbetontes *det* Entsprechungen für das deutsche *man*
19	1. Derrick på Norgesferie 2. Fikk ikke se det	Inversion Subjekt / Prädikat „Ausbrechen" von Satzgliedern Zeitkonjunktionen und Zeitadverbien
20	1. Elias Blix: Barndomsminne 2. Fiskeria avgjer i det nordlegaste S-laget (nynorsk)	Die Adverbialform des Adjektivs Partizip Präsens Reflexive Verben Konditional Präposition + Nebensatz Präposition + Infinitiv mit *å*
21	1. Politiet redningen for 30 ansatte 2. Norsk-tysk samarbeide 3. Tegn og mal i Telemark 4. Statoil	Artikel und Demonstrativpronomen Unbestimmte und bestimmte Form Doppelbestimmung und Hervorhebung Das Relativpronomen im Genitiv Einige Zahlwörter

Nynorsk-Texte in bokmål 182
Alphabetisches Wörterverzeichnis 188
Übersicht über die Hilfsverben und die unregelmäßigen Verben 204
Sachregister 208

Vorwort

Die Neubearbeitung des Praktischen Lehrbuchs Norwegisch bietet eine umfassende Einführung in das *bokmål,* diejenige der beiden norwegischen Sprachvarianten, die von der überwiegenden Mehrzahl der Bevölkerung als Schriftsprache verwendet wird. Fünf Lektionen vermitteln zusätzlich einen Einblick ins *nynorsk,* die zweite Amtssprache Norwegens. Eine Übersetzung dieser Lektionstexte ins *bokmål* finden Sie im Anhang.

Das Lehrbuch ist aus der langjährigen Unterrichtserfahrung des Verfassers entstanden. Es ist dank der gründlichen Erläuterungen sowohl zur Grammatik als auch zu Sprachgebrauch und Landeskunde aber nicht nur für den Kursunterricht in der Gruppe, sondern auch für das Selbststudium hervorragend geeignet. Für den Selbstlerner empfiehlt sich eine Kontrolle durch den getrennt lieferbaren Schlüssel zu den Übungen (Bestellnummer 26246).

Die Aussprache des Norwegischen ist nicht schwer, für den Deutschen in mancher Hinsicht jedoch ungewohnt. Mit Hilfe der beiden Begleitcassetten (Bestellnummer 80424) ist es leichter, sich von Anfang an eine korrekte Aussprache anzueignen. Diese Cassetten enthalten neben den Lektionstexten auch die Beispielwörter aus der Einführung in die Aussprache.

Bei der Darstellung der Grammatik wie auch in der Auswahl des Wortschatzes wurde besonderer Wert auf Kontrastivität gelegt: Die zahlreichen Übereinstimmungen zwischen Deutsch und Norwegisch werden möglichst intensiv genutzt; solche Erscheinungen des Norwegischen, die für Deutsche häufige Fehlerquellen sind, werden besonders eingehend behandelt.

VERFASSER UND VERLAG

Grammatikalische Fachausdrücke und ihre Erklärung

Adjektiv = Eigenschaftswort: das braune Kleid
adjektivisch = als Eigenschaftswort gebraucht
Adverb = Umstandswort: er singt laut
Akkusativ = 4. Fall, Wenfall: Er pflückt den Apfel für seinen Bruder
Aktiv = Tätigkeitsform: Der Mann schlägt den Hund
Artikel = Geschlechtswort: der, die, das, ein, eine, ein
Attribut = Beifügung, Eigenschaft: Der alte Mann hat es nicht leicht
attributiv = beifügend
Dativ = 3. Fall, Wemfall: Die Frau kommt aus dem Garten
Deklination = Beugung des Hauptwortes: Nominativ – der Vater, Genitiv – des Vaters,
    Dativ – dem Vater, Akkusativ – den Vater
Demonstrativpronomen = hinweisendes Fürwort: dieser, jener
Diphthong = Doppellaut: ei in mein
Femininum = weibliches Geschlecht, weibliches Hauptwort
Futur = Zukunft(sform): Ich werde fragen
Genitiv = 2. Fall, Wesfall: Sie beraubten mich meines Geldes
Genus = Geschlecht: Maskulinum, Femininum, Neutrum
Imperativ = Befehlsform: geh(e)!
Imperfekt = Vergangenheit(sform): ich ging
Indefinitpronomen = unbestimmtes Fürwort: jeder, jemand, manch
Indikativ = Wirklichkeitsform: Er geht nicht sofort
Infinitiv = Nennform, Grundform: backen, biegen
Interrogativpronomen = Fragefürwort: wer, wessen, wem, wen
intransitiv(es Verb) = ohne Ergänzung im Akkusativ, nichtzielend: Der Hund bellt
Kausalsatz = Umstandssatz des Grundes
Komparativ = Höherstufe (1. Steigerungsstufe): schöner, größer
Konditional = Bedingungsform: Wenn schönes Wetter wäre, würden wir ausgehen
Konjugation = Beugung des Zeitwortes: Infinitiv – gehen, Präsens – ich gehe
Konjunktion = Bindewort: Der Mann ist unglücklich, weil er nicht arbeiten kann
Konjunktiv = Möglichkeitsform: Frau S. dachte, ihr Mann sei im Büro
Konsonant = Mitlaut: b, d, s
Konzessivsatz = Umstandssatz der Einräumung
Kopula = Satzband: Hans ist Schlosser
Maskulinum = männliches Geschlecht, männliches Hauptwort
Modalverb = Zeitwort, das die Art und Weise des Geschehens bezeichnet: er will
    kommen, sie kann schlafen
Modus = Aussageweise
Neutrum = sächliches Geschlecht, sächliches Hauptwort
Nomen = Hauptwort: der Tisch
Nominativ = 1. Fall: Der Mann kauft ein Buch
Objekt = Satzergänzung: Der Mann schlägt den Hund
Partizip = Mittelwort: gebacken

Passiv = Leideform: Der Hund wird von dem Mann geschlagen
Perfekt = Vollendete Gegenwart: ich bin weggegangen
Personalpronomen = persönliches Fürwort: er, sie, wir
Plural = Mehrzahl: Kirschen
Plusquamperfekt = Vorvergangenheit: Ich hatte das Buch gelesen
Possessivpronomen = besitzanzeigendes Fürwort: der, die, das meinige, mein, dein, euer
Prädikat = Satzaussage: Die Frau bäckt einen Kuchen
prädikativ = aussagend
Prädikatsnomen = Hauptwort als Teil der Satzaussage: Er ist Schüler
Präposition = Verhältniswort: auf, gegen, mit
präpositional = mit einem Verhältniswort gebildet
Präsens = Gegenwart: ich gehe
Pronomen = Fürwort: er, sie, es
reflexiv = rückbezüglich: er wäscht sich
Reflexivpronomen = rückbezügliches Fürwort
Rektion = Bestimmung des Falles, in dem ein abhängiges Wort steht: Er liest einen
    Roman („lesen" mit dem 4. Fall)
Relativpronomen = bezügliches Fürwort: Wo ist das Buch, das ich gekauft habe?
Relativsatz = Nebensatz, der mit einem bezüglichen Fürwort eingeleitet wird
Singular = Einzahl: Tisch
Subjekt = Satzgegenstand: Das Kind spielt mit der Katze
Substantiv = Hauptwort: der Tisch
substantivisch = als Hauptwort gebraucht
Superlativ = Höchststufe bei der Steigerung des Adjektivs oder höchste Steigerungsstufe:
    am schönsten
Temporalsatz = Umstandssatz der Zeit
Tempus = Zeit(form des Verbs): Präsens, Imperfekt, Futur
transitiv(es Verb) = mit Ergänzung im Akkusativ, zielend: Ich begrüße einen Freund
Verb(um) = Zeitwort: gehen, kommen
Vokal = Selbstlaut: a, e, i, o, u

Einleitung

I. Aus der norwegischen Sprachgeschichte

Die drei skandinavischen Sprachen Schwedisch, Dänisch und Norwegisch sind sehr nahe verwandt. Alle Skandinavier verstehen einander ohne besondere Schwierigkeiten, wenn sie schriftlich oder mündlich ihre Nationalsprachen benutzen. Von 1380 bis 1814 war Norwegen mit Dänemark vereinigt und wurde von Kopenhagen aus regiert; während dieser Jahrhunderte, und zwar besonders nach der Reformation 1536, konnte sich Dänisch auch in Norwegen immer stärker durchsetzen, vor allem in den Städten und in den höheren Schichten der Bevölkerung. Es war die dänische **Schrift**sprache, die in Norwegen festen Fuß faßte; diese Sprache wurde aber in Norwegen auf norwegische Weise ausgesprochen.

Nachdem die Vereinigung aufgelöst worden war, gewann das Dänische vorübergehend einen stärkeren Einfluß in Norwegen, weil das Schulwesen verbessert wurde und die Unterrichts- und Verwaltungssprache noch Dänisch war. Aber bald zeigte sich auch auf dem sprachlichen Gebiet eine nationale Reaktion: Man wollte eine norwegische Nationalsprache schaffen. Man konnte sich jedoch nicht auf eine einheitliche Lösung verständigen. Einige wollten die bestehende (dänische) Sprache durch die Einführung norwegischer Wörter und grammatischer Formen allmählich norwegisieren; anderen schien dieser Vorgang zu langwierig: sie wollten aus dem gemeinsamen Sprachgut der reinsten norwegischen Mundarten eine neue Schriftsprache aufbauen. Als dieser Plan um 1850 verwirklicht wurde, begann der norwegische Sprachenstreit, der heute noch andauert, wenn auch nicht mehr so heftig wie früher.

Es war zunächst ein Machtkampf zwischen den zwei norwegischen Schriftsprachen **riksmål** („Reichssprache" – die dänische Sprache mit anfangs nur kleinen norwegischen Besonderheiten) und **landsmål** („Landessprache" – die neugeschaffene Schriftsprache), der dazu führte, daß beide Sprachen als Amts- und Schulsprache gleichgestellt wurden. Heute werden in den Schulen beide Sprachformen gelehrt, und die Staatsbeamten müssen beide beherrschen. Seit 1929 wird das riksmål offiziell **bokmål** (Buchsprache) und das landsmål **nynorsk** (Neunorwegisch) genannt. In der Schule ist jetzt das nynorsk im Rückgang begriffen – um 1950 hatte jedes dritte Kind in der Grundschule diese Sprachform als „hovedmål" (Hauptsprache), heute jeder sechste Schüler. Dagegen behauptet sich das nynorsk als Literatur- und Bühnensprache, und es ist in der Presse und vor allem im Rundfunk und Fernsehen stark vertreten. Es hat außerdem als Amtssprache einen weiten Geltungsbereich und ist vor allem in West-Norwegen, also in einem für den Tourismus besonders interessanten Gebiet verbreitet.

Wenn man von den etwa 20 000 Samen (Lappländern) und einer ganz kleinen finnischsprechenden Volksgruppe in Nord-Norwegen absieht, ist Norwegen trotz der beiden Sprachformen ein einsprachiges Land, nicht etwa mit der Schweiz oder Belgien zu vergleichen. Die Norweger sprechen alle eine Sprache – Norwegisch. Diese Sprache liegt aber in zwei schriftlichen Varianten vor (bokmål und nynorsk), die jeder Schüler in der Schule kennenlernt, die eine als „hovedmål", zur eigenen aktiven Beherrschung, die andere als „sidemål" (Nebensprache).

Es gibt Bestrebungen, einen Sprachausgleich zwischen den beiden Sprachvarianten zu schaffen. Dies hat zu einer Reihe von größeren und kleineren Rechtschreibreformen geführt. Dadurch ist der Abstand zwischen dem riksmål/bokmål und dem landsmål/nynorsk immer kleiner geworden, aber der Versuch einer gemeinsamen Standardschriftform (**samnorsk** – „gemeinsames Norwegisch") hat keinen Erfolg gehabt.

Die Norwegisierung des bokmål wie auch die Modernisierung des Neunorwegischen erfolgten durch die drei großen Sprachreformen (sogenannte Rechtschreibungsänderungen) von 1907, 1917 und 1938 und mehrere kleine Änderungen.

Einen Eindruck der Entfremdung vom Dänischen und der gegenseitigen Annäherung der beiden norwegischen Schriftsprachvarianten mag dieser einfache Satz geben. „Die Kinder gingen zur Tür hinaus" hieß auf:

Norwegisch-Dänisch, riksmål/bokmål:		landsmål/nynorsk:
19. Jh.:	Børnene gik ud gennem Døren	–
1907:	Børnene gik ut gjennem døren	Borni gjekk ut gjennom dyri
1917:	Barnene gikk ut gjennem døren	Borni gjekk ut gjennom døri
1938:	Barna gikk ut gjennom døra	Borna gjekk ut gjennom døra
heute:	Barna gikk ut gjennom døra (døren)	Barna gjekk ut gjennom døra

II. Aussprache

1. Allgemeines

Eine einheitliche, allnorwegische Aussprache gibt es nicht. Besonders stark schwankt die Aussprache der Vokale (insbesondere die **e-Laute, u** und **au**), des **r** und der Verbindungen **rd, rl, rn, rs, rt** und **sl**. Die in diesem Lehrbuch angegebene Aussprache richtet sich nach einer die krassesten Unterschiede ausgleichenden Norm, die im großen und ganzen mit den dominierenden Sprachgewohnheiten des Südostnorwegischen (Oslo und Oslofjordgebiet) übereinstimmt.

2. Druck

Man muß im Norwegischen zwischen einem dynamischen Akzent (= Druck) und einem musikalischen Akzent (= Ton) unterscheiden. Der Druck liegt in den meisten norwegischen Wörtern auf der ersten Silbe; Vorsilben sind jedoch wie im Deutschen häufig unbetont: vinter ['vintər] *Winter*, betale [bə'ta:lə] *bezahlen*. Viele Fremdwörter haben den dynamischen Akzent der Originalsprache: telegram [tele'gram] *Telegramm*, sjåfør [ʃɔ'fø:r] *Chauffeur*.

3. Ton

Der Ton des einzelnen Wortes im Norwegischen ist – anders als im Deutschen – im allgemeinen ein Tiefton, d. h., die Drucksilbe wird tiefer gesprochen als die anderen Silben. Da der Druck normalerweise auf der ersten Silbe liegt, steigt also der Ton zum Ende des Wortes. Die letzte Silbe wird daher höher ausgesprochen als die erste (ungefähr wie in einer Frage): z. B. reise [ˇræjsə(?)] *Reise*, koffert ['kufərt(?)] *Koffer*. Nur im letzten Wort des Satzes verbleibt der Ton auf der gleichen Höhe: Min kone kommer i morgen [mi:n ˇku:nə(?) 'kɔmər(?) i ˇmo:rən(-)] *Meine Frau kommt morgen.*

4. Wortmelodie

Der Tiefton herrscht in allen zwei- und mehrsilbigen Wörtern; außerdem hat jedes Wort seine eigene Wortmelodie, die entweder ein einfacher steigender Ton ist, Tonem I, oder ein zusammengesetzter fallend-steigender Ton, Tonem II. (Für „Tonem" wird manchmal auch „Akzent" gesagt.)

Tonem I (Zeichen ['] vor der Drucksilbe): Die Drucksilbe liegt auf einer tiefen Tonstufe, der Ton jeder weiteren Silbe steigt:

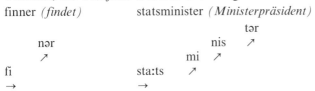

Etwaige drucklose Silben vor der Drucksilbe liegen auf einer mittleren Tonstufe; die Drucksilbe liegt also in jedem Fall auf der tiefsten Stufe:

appelsinmarmelade *(Apfelsinenmarmelade)*

```
                            də
a  pəl            la:    ↗
→  →           mə    ↗
         mar  ↗
     si:n  ↗
     →
```

Tonem II (Zeichen [ˇ] vor der Drucksilbe):
Der Ton sinkt auf der (im Verlaufe der) ersten Silbe, steigt wieder auf der zweiten oder den nächsten Silben, und endet auf einer höheren Stufe als der Ansatz:

finner *(Finder)*   oppfinner *(Erfinder)*

```
                              nər
        nər           ɔp    ↗
fi  ↗              ↘  fi
↘                      →
```

5. Satzakzent

Der Satzakzent muß von Anfang an genau beachtet werden. Die Wörter, die dem Sinn nach zusammengehören, werden im allgemeinen auch in der Aussprache zusammengezogen. Dabei fallen häufig unbetonte Vokale im Inlaut und Auslaut weg, während die den Hauptsinn des Satzes tragenden Wörter äußerst stark betont werden. So kann ein Satz wie: Jeg har ikke lyst til å begynne [jæj ha:r ˇikə 'lyst til o: bə'jynə] *Ich möchte nicht („habe keine Lust zu") beginnen* bis zu [jæ 'hakə 'lystɔ ˇby:nə] reduziert werden.

6. Die einzelnen Laute

Vokale

Es gibt dieselbe Unterscheidung zwischen kurzen und langen Vokalen wie im Deutschen:

Lang ist: ein betonter Vokal im Auslaut;
            ein betonter oder unbetonter Vokal vor Einzelkonsonanten.
Kurz ist: ein Vokal vor Doppelkonsonanten;
            ein Vokal vor zwei zum Stamm gehörigen Konsonanten.

Wie im Deutschen werden die kurzen Vokale offen (d. h. mit größerer Öffnung der Lippen), die langen Vokale geschlossen (d. h. mit engerer Öffnung der Lippen) ausgesprochen: finne [ˇfinə] *finden:* fine [ˇfiːnə] *feine,* sende [ˇsenə] *senden:* scene [ˇseːnə] *Szene, Bühne.*

Da die Aussprachekombinationen kurz/offen und lang/geschlossen den beiden Sprachen gemeinsam sind, ist bei den meisten Vokalen die Verwendung von besonderen Lautschriftzeichen überflüssig. Das Längezeichen [ː] nach einem Vokal zeigt daher, daß der Vokal nicht nur lang, sondern auch geschlossen, während ein Vokal ohne Längezeichen kurz und gleichzeitig offen auszusprechen ist: [ˇfiːnə], [ˇseːnə] lang/geschlossen: [ˇfine], [ˇsenə] kurz/offen. Für solche Vokale, deren Lautwert schwankend ist oder die dem Deutschsprachigen besondere Schwierigkeiten bereiten können, werden in der Lautschrift besondere Zeichen verwendet.

Normale Schreibung	Lautzeichen	Beschreibung	Beispiele
a a	[aː] [a]	etwas dunkler als in V**a**ter derselbe Laut kurz	dag [daːg] *Tag* natt [nat] *Nacht*
æ od. e æ od. e	[æː] [æ]	liegt dem a näher als dem e derselbe Laut kurz	lære [ˇlæːrə] *lernen* vert [vært] *Wirt*
e	[eː]	langes geschlossenes e wie in s**e**hen	lese [ˇleːsə] *lesen*
e	[e]	kurzes offenes e wie in s**e**nden	sende [ˇsenə] *senden*
e	[ə]	wie das schwache e in bitt**e**, immer unbetont	komme [ˇkɔmə] *kommen*
i i	[iː] [i]	langes geschlossenes i wie in w**i**r kurzes offenes i wie in b**i**n	vi [viː] *wir* finne [ˇfinə] *finden*
å od. o	[oː]	etwas offener als o in S**o**hn	gå [goː] *gehen* sove [ˇsoːvə] *schlafen*
o od. å	[ɔ]	kurzes offenes o wie in **o**ffen	kom [kɔm] *komm!* åtte [ˇɔtə] *acht*
ø ø	[øː] [œ]	etwas offener als ö in S**ö**hne kurzes offenes ö wie in **ö**ffnen	brød [brøː] *Brot* smør [smœr] *Butter*
o	[uː]	etwas offener als u in Sch**u**le	skole [ˇskuːlə] *Schule*
o od. u	[u]	derselbe Laut kurz	bort [burt] *fort* ung [uŋ] *jung*

| u | [ʉ:] | spitzer als ü in Lüge | sur [sʉ:r] *sauer* |
| u | [ʉ] | derselbe Laut kurz | slutt [ʃlʉt] *Schluß* |

| y | [y:] | wie ü in Lüge, jedoch offener und mehr nach i gesprochen | ny [ny:] *neu* |
| y | [y] | wie das lange [y:], jedoch offener und mehr nach ö gesprochen | lykke [ˇlykə] *Glück* |

Diphthonge

Das Norwegische hat sechs Diphthonge. Bei den gewöhnlichsten (ei, au und øy) schwankt die Aussprache sehr, ist aber im allgemeinen „breiter" als bei den entsprechenden ei, au und eu/äu im Deutschen.

Normale Schreibung	Lautzeichen	Beschreibung	Beispiele
ei	[æj]	[æ] + [j]	eik [æjk] *Eiche*
au	[əʉ]	[ə] + [ʉ]. Das [ə] ist hier betont.	sau [səʉ] *Schaf*
øy	[œj]	[œ] + [j]	høy [hœj] *Heu*
ai	[aj]	wie ai in **Mai**	kai [kaj] *Kai*
oi	[ɔj]	wie eu in **heute**	koie [ˇkɔjə] *Kate, Hütte*
ui	[ʉj]	[ʉ] + [j]	huie [ˇhʉjə] *(hui!) rufen*

Konsonanten

Die Laute b, d, f, g, h, j, k, l, m, n, p, t werden wie im dialektfreien Hochdeusch ausgesprochen; b, d und g sind auch am Ende des Wortes stimmhaft. Als **j** wird auch **g** vor **i, y** und **ei** ausgesprochen: gi [ji:] *geben*.

Die übrigen konsonantischen Laute sind:

Normale Schreibung	Lautzeichen	Beschreibung	Beispiele
kj od. k (tj)	[ç]	wie ch in **ich, leicht**	kjenne [ˇçenə] *kennen* kino ['çi:nu] *Kino* (tjære [ˇçærə] *Teer*)
ng od. n	[ŋ]	wie ng in si**ng**en	lang [laŋ] *lang* tenke [ˇteŋkə] *denken*
r	[r]	entweder Zäpfchen-r (aber deutlich!) oder Zungenspitzen-r (meistens mit nur einem Schlag)	leser ['le:sər] *liest* rører [ˇrø:rər] *rührt*
rd rl	[rd] [rl]	1. Wenn Zäpfchen-r: wie deutsch r + d, l, n, s, sch, t	ferdig [ˇfærdi] *fertig* perle [ˇpæ(:)rlə] *Perle*

15

rn rs rsj rt	[rn] [rs] [rʃ] [rt]	2. Wenn Zungenspitzen-r: Verschmelzung des r mit dem folgenden Konsonanten zu ei- nem retroflexen Laut. Die Zungenspitze wird dabei zurückgezogen: rd = ḍ, rl = ḷ, rn = ṇ, rs = rʃ = ʃ, rt = ṭ	gjerne [ˇjæ(ː)rnə] *gern* mars [mars], [maʃ] *März* marsj [marʃ], [maʃ] *Marsch* kort [kɔrt] *kurz*
s sp st	[s] [sp] [st]	immer stimmlos wie s in Wasser wie sp in lispeln wie st in Angst	lese [ˇleːsə] *lesen* spille [ˇspilə] *spielen* stå [stoː] *stehen*
sj, skj, sk	[ʃ]	etwa wie sch in schön, aber nicht so „dick"	sjø [ʃøː] *See* skjønn [ʃœn] *schön* ski [ʃiː] *Ski, Schi*
sl	[sl]	im Inlaut: s + l im Anlaut entweder s + l oder ʃ + l	Oslo [ˇuslu] slå [sloː], [ʃloː] *schlagen*
v	[v]	wie w in Wasser	vi [viː] *wir;* av [aːv] *von*

Die Verbindungen **g(j), k(j), sk(j)** mit Vokalen:

Da vor **i, y** und **ei** kein **j** geschrieben werden darf, ergibt sich folgende Übersicht:

gj +   a: gjaldt   [jalt]   *galt*   **g + i:** gi [jiː]   *geben*
       e: gjelde   [ˇjelə]   *gelten*   **g + y:** gyllen [ˇjylən]   *golden*
       o: gjorde   [ˇjuːrə]   *tat*   **g + ei:** geit [jæjt]   *Ziege*
       u: –
       æ: gjær   [jæːr]   *Hefe*
       ø: gjøre   [jøːrə]   *tun*
       å: –

kj +   a: kjapp   [çap]   *rasch*   **k + i:** kino [ˈçiːnu]   *Kino*
       e: kjenne   [ˇçenə]   *kennen*   **k + y:** kylling [ˇçyliŋ]   *Hähnchen*
       o: kjole   [ˇçuːlə]   *Kleid*   **k + ei:** keivhendt [ˇçæjvhent]*linkshän-*
       u: –   *dig*
       æ: kjære   [ˇçæːrə]   *liebe(r)*
       ø: kjøre   [ˇçøːrə]   *fahren*
       å: –

skj +   a: –
       e: skje   [ʃeː]   *Löffel*   **sk + i:** ski [ʃiː]   *Ski*
       o: skjorte   [ˇʃurtə]   *Hemd*   **sk + y:** sky [ʃyː]   *Wolke*
       u: skjule   [ˇʃʉːlə]   *verbergen*   **sk + ei:** skeiv [ʃæjv]   *schief*
       æ: skjære   [ˇʃæːrə]   *schneiden*
       ø: skjønne   [ˇʃœnə]   *verstehen*
       å: –

Die Verbindungen, bei denen kein Beispiel steht, kommen selten bzw. gar nicht vor.

7. Silbenlänge

Im Norwegischen ist in einer betonten Silbe entweder der Vokal oder der Konsonant lang. Man beachte die langen Vokale, die oft so stark ausgedehnt werden, daß sie fast wie Diphthonge klingen: se [seː] oder (mit übertriebener Dehnung) „[ˈseːə]" *sehen,* kjøre [ˈçøːrə], „[ˈçøːərə]" *fahren.*

Der Ausländer sollte diese unkorrekte Aussprache nicht nachahmen; er sollte aber auch nicht die langen Vokale halblang aussprechen, wozu der Deutsche neigt. Man vergleiche z. B.: dag [daːg]: *Tag,* så [soː]: *so;* høre [ˈhøːrə]: *hören;* blod [bluː]: *Blut,* wo überall der betonte Vokal der norwegischen Wörter erheblich länger ist als der entsprechende Vokal im Deutschen.

Nach einem kurzen Vokal steht entweder eine Konsonantengruppe: ofte [ˈɔftə] *oft,* oder ein langer Konsonant. Ein langer Konsonant wird doppelt geschrieben: komme [ˈkɔmə] *kommen;* vgl. jedoch Rechtschreibung 4. Doppelkonsonanten.

III. Rechtschreibung

1. Das Alphabet

Das norwegische Alphabet setzt sich aus folgenden 29 Buchstaben zusammen, deren Name in Lautschrift angegeben ist:

A a	B b	C c	D d	E e	F f	G g	H h	I i	J j
[aː]	[beː]	[seː]	[deː]	[eː]	[ef]	[geː]	[hoː]	[iː]	[jɔd]
K k	L l	M m	N n	O o	P p	Q q	R r	S s	T t
[koː]	[el]	[em]	[en]	[uː]	[peː]	[kʉː]	[ær]	[es]	[teː]
U u	V v	W w	X x	Y y	Z z	Æ æ	Ø ø	Å å	
[ʉː]	[veː]	[ˈdɔbəltveː]	[eks]	[yː]	[set]	[æː]	[øː]	[oː]	

Beim Nachschlagen in norwegischen Wörterbüchern und alphabetischen Listen ist darauf zu achten, daß æ, ø und å ihren Platz am Ende des Alphabets haben.

Die Buchstaben c, q, w, x, und z kommen nur in fremden Namen und seltenen Fremdwörtern vor. Sonst sind sie durch s, k, v, ks und s ersetzt: sitron [sitˈruːn] *Zitrone,* kai [kaj] *Kai,* vesen [ˈveːsən] *Wesen,* eksport [eksˈpɔrt] *Export,* sebra [ˈseːbra] *Zebra.*

ch mit dem Lautwert [ʃ] ist meistens durch sj ersetzt: sjef [ʃeːf] *Chef,* ebenso qu durch kv: kvadratmeter [kvadˈraːt-] *Quadratmeter.*

2. Große Anfangsbuchstaben

Mit großen Anfangsbuchstaben werden geschrieben:
1. Das erste Wort eines Satzes.
2. Alle Eigennamen: Johansen, Tyskland, Dagbladet *(Zeitung).* In Namen von Vereinen, Gesellschaften, in Buchtiteln usw., die aus mehreren Wörtern bestehen, wird heute manchmal nur das erste Wort groß geschrieben: Norsk rikskringkasting *(Norwegischer Rundfunk),* De forente stater *(die Vereinigten Staaten)* usw. Früher wurde in diesem Fall die Großschreibung auch von anderen Wörtern durchgeführt, jedoch nicht konsequent: Den Norske Opera, aber Den norske Creditbank.

3. Die staatlichen Institutionen **Stortinget** (Das norwegische Parlament), **Høyesterett** (Norwegens höchstes Gericht) und **Kongen** im Sinne von „der regierende König". Aber: **regjeringen** (die Regierung), kong Harald V.

4. Das Pronomen der Anrede **De** (Sie) mit den weiteren Beugungsformen.

Die Monats- und Tagenamen werden klein geschrieben (**fredag, desember**), ebenfalls die Ableitungen geographischer Namen (**tysk** *deutsch*, **bergenser** *Einwohner Bergens*, **skandinav** *Skandinavier*). Auch eigennamenähnliche Wörter wie ‚Vater', ‚Großmutter' usw. werden klein geschrieben: **far, mor, tante Gudrun, bestefar** *Großvater* usw.

3. Stumme Konsonanten

Einige Konsonanten, die noch geschrieben werden, werden nicht ausgesprochen. Stumm ist meistens:

d nach **r:** nord [nuːr] *Nord,* fjerde [ˠfjæːrə] *vierte;*
   nach **l:** kald [kal] *kalt,* kveld [kvel] *Abend;*
   nach **n:** blind [blin] *blind,* landet [ˈlanə] *das Land;*
   nach langem Vokal, besonders im Auslaut: blod [bluː] *Blut,* ved [veː] *an, neben,* tidlig [ˠtiːli] *früh;*

und immer:

g in den Endungen **-ig** und **-lig:** evig [ˠeːvi] *ewig,* tidlig [ˠtiːli];
   vor **j:** gjest [jest] *Gast,* gjerne [ˠjæːrnə] *gern;*

h vor **j:** hjerte [ˠjærtə] *Herz,* hjerne [ˠjæːrnə] *Gehirn;*
   vor **v:** hva [vaː] *was,* hvor [vur] *wo;*

t in: **det** [deː] *es, das;*
   im bestimmten Artikel Neutrum **-et** [-ə]: huset [ˈhʉːsə] *das Haus.*

v in: **halv** [hal] *halb,* **selv** [sel] *selbst,* **sølv** [sœl] *Silber,* **tolv** [tɔl] *zwölf.*

4. Doppelkonsonanten

Die Verdoppelung der Konsonanten folgt im allgemeinen denselben Regeln wie im Deutschen. Im folgenden weicht sie ab:

1. Auch **k** wird doppelt geschrieben: trekke [ˠtrekə] *ziehen,* lakk [lak] *Lack.*

2. Im Auslaut wird **m** niemals verdoppelt: dum [dum] *dumm.* Ebenso wird das Doppel-m eines Wortstamms im Auslaut vereinfacht: å komme [ˠkɔmə] *kommen –* kom! [kɔm] *komm!* Umgekehrt wird das auslautende einfache m nach kurzem Vokal verdoppelt, wenn eine Endung hinzukommt: dum – dummere *dümmer.*

3. Doppelkonsonanten werden vor einem neuen Konsonanten einer Flexions- oder Ableitungsendung vereinfacht: å kjenne *kennen –* kjente *kannte,* vill *wild –* vilt *Wild,* flagg *Flagge –* flagre *flattern,* komme – sammenkomst *Zusammenkunft.*

4. In den folgenden Wörtern mit kurzem Vokal schreibt man einen einfachen Konsonanten:

an	[an]	*an* (als Präfix)	man	[man]	*man*
at	[at]	*daß*	men	[men]	*aber*
den	[den]	*der; er/sie*	mis-	[mis]	*miß-*
et	[et]	*ein (Neutr.)*	nok	[nɔk]	*genug; wohl*
for	[fɔr]	*denn; für*	når	[nɔr]	*wenn; wann*
igjen	[iˈjen]	*wieder*	skal	[skal]	*soll*
han	[han]	*er*	spør	[spœr]	*fragt*

hos	[hus]	*bei*	til	[til]	*zu*
hun	[hʉn]	*sie (Sing.)*	tør	[tœr]	*wagt; darf*
hvis	[vis]	*falls, wenn*	van-	[van]	*un-, miß-*
hvor	[vur]	*wo*	vel	[vel]	*wohl*
kan	[kan]	*kann*	vil	[vil]	*will*

5. Besondere orthographische Abweichungen

Laut	Normal-schrei-bung	Wörter mit abweichender Schreibweise
[iː]	i	de, De [diː] *sie (Plur.)*, Sie *(Anrede)*
[œ]	ø	sytten [ˇsœtən] *siebzehn*, sytti [ˈsœti] *siebzig*
[oː]	å	(Vor **g** oder **v** meist **o:**) tog [toːg] *Zug*, og [oː(g)] *und*, sove [ˇsoːvə] *schlafen*, love [ˇloːvə] *versprechen*
[æj]	ei	seksten [ˇsæjstən] *sechzehn*, jeg/meg/deg/seg [-æj] *ich/mich/dich/sich*. (Vor **l** oder **n** oft **eg:**) negl [næjl] *(Finger-)Nagel*, regne [ˇræjnə] *regnen*
[œj]	øy	(Vor **n** oft **øg:**) løgn [lœjn] *Lüge*
[əʉ]	au	Europa [əʉˈruːpa], europeisk [əʉruˈpeːisk]

6. Silbentrennung

Einfache Wörter: Zur letzten Silbe gehört nur ein Konsonant: le-se *lesen*, gut-ten *der Junge*, erg-re *ärgern*, blomst-re *blühen*.

Abweichend vom Deutschen wird auch **st** getrennt: las-te *lasten; laden*, fes-ten *das Fest*.

sj, skj und **kj** bezeichnen einfache Laute und bleiben daher ungetrennt: mar-sjere *marschieren*. (skj und kj kommen im Wortinnern nur in einigen neunorwegischen Wörtern vor, z. B. °øn-skje *Wunsch*, °my-kje *viel*.)

ng wird dagegen getrennt, obwohl auch dieses einen einfachen Laut [ŋ] bezeichnet: kon-gen *der König*, len-ge *lange*.

Zusammengesetzte Wörter: Diese werden in ihre einzelnen Teile zerlegt: hus-stand *Hausstand*, skudd-år *Schaltjahr*, tids-skrift *Zeitschrift* usw.

Abgeleitete Wörter können entweder der Hauptregel der einfachen Wörter folgen oder – und zwar vorzugsweise – der der zusammengesetzten Wörter: kjen-ning oder kjenn-ing *Bekannter*, stei-net oder stein-et *steinig*, dans-ke oder dan-ske *Däne*. Auch bei den Substantiven in der bestimmten Form (mit Endungsartikel) sind beide Möglichkeiten da: gut-ten oder gutt-en *der Junge*, jen-tene oder jent-ene *die Mädchen*.

7. Zeichensetzung

Diese entspricht den deutschen Regeln mit folgenden Abweichungen:
1. Das Komma fehlt vor einem nachgestellten Nebensatz, der für den Sinn des

Hauptsatzes notwendig ist: Han sier at han ikke kan komme *Er sagt, daß er nicht kommen kann.*

Ebenso vor einem eingeschobenen notwendigen Nebensatz (aber nicht dahinter): Den mannen som kommer der, er min onkel. *Der Mann, der da kommt, ist mein Onkel.*

2. Das Komma fehlt vor einem Nebensatz oder einem Infinitiv, der von einer Präposition regiert wird: Han snakker om at han ikke kan komme *Er spricht davon, daß er nicht kommen kann.* Jeg vil ikke gå uten å si farvel *Ich will nicht gehen, ohne mich zu verabschieden.*

IV. Norwegisch-deutsche Lautentsprechungen

Norwegisch ist – wie Deutsch – eine germanische Sprache; beide haben sich aus derselben Grundsprache entwickelt. Im Spätmittelalter (die Hanse!) und in den folgenden Jahrhunderten war der sprachliche Einfluß des Deutschen in Norwegen groß (Reformation, Geistesleben, Bergwerke, Industrie, Handel usw.), und aus diesen Gründen erklärt sich der große gemeinsame Wortschatz der beiden Sprachen. Außerdem lassen sich viele norwegische Wörter nach bestimmten Regeln entschlüsseln:

Norwegisch Schreibung	Laut	Deutsche Entsprechung	Beispiele
p	[p]	pf, f, ff	**pepp**er *Pfeffer,* ro**p**e *rufen,* å**p**en *offen*
t	[t]	z, s, ss	sal**t** *Salz,* u**t** *aus,* la**t**e *lassen*
k	[k]	ch	a**kk** *ach,* vi**k**e *weichen*
sk	[sk]	sch	fi**sk** *Fisch,* **sk**ritt *Schritt*
d	[d]	t	**d**ag *Tag,* **d**al *Tal,* **dr**åpe *Tropfen*
v	[v]	b	le**v**e *leben,* dri**v**e *treiben*
i	[iː]	ei	**i**s *Eis,* m**i**n *mein,* r**i**(de) *reiten*
u	[ʉː]	au	h**u**s *Haus,* **u**t *aus,* s**u**r *sauer*
y	[yː]	eu, äu; ie	h**y**le *heulen,* **y**tre *äußere,* d**y**p *tief*
j + Vokal		e; ö	h**j**elpe *helfen,* s**j**ø *See,* f**j**ord *Förde*

Beide Sprachen haben auch viele Fremdwörter aufgenommen, die der deutschen, bzw. norwegischen Aussprache und verschiedentlich auch der Rechtschreibung angeglichen worden sind. Zu diesen Entsprechungen gehören unter anderem:

Norwegisch Schreibung	Laut	Deutsche Entsprechung	Beispiele
k	[k]	z	**k**ynisk *zynisch,* **K**ypros *Zypern*
s	[s]	z	**s**igarett, **s**pesiell, dan**s**e *tanzen*
sj(on)	[ʃ]	ti(on)	na**sjon**, sta**sjon**
		ssi(on)	disku**sjon**, kommi**sjon**
		si(on)	eksplo**sjon**, ver**sjon**
eu	[əʉ]	eu	**Eu**ropa [əʉˈruːpa]
eu, ev	[ev]	eu	n**ev**rose

20

1A

1A Text

God dag, god dag!

– God dag, alle sammen!
  – God dag, god dag!
– Jeg heter Anne Berg. Hva heter du?
  – Jeg heter Hilde.
– Hva heter du mer?
  – Jeg heter Hansen, altså Hilde Hansen.
– Jeg er lærer. Hva er du?
  – Jeg er bibliotekar.
– Jeg er lærer i norsk. Forstår du norsk?
  – Ja, jeg forstår norsk. Jeg er så klok!
– Forstår du alt?
  – Nei, jeg forstår ikke alt, for jeg er ikke *så* klok.
– Og hva heter du?
  – Jeg heter Rolf.
– Hva mer?
  – Rolf Kurland.
– Hva er du?
  – Jeg er sjåfør.
– Kjører du lastebil eller buss eller drosje?
  – Hva sier du?
– Kjører du lastebil?
  – Nei, jeg kjører drosje. Jeg er drosjesjåfør.
– Forstår du norsk?
  – Jeg forstår litt, men ikke alt. Jeg er så dum.
– Du er ikke dum. Du forstår mye.

– Hvem er drosjesjåfør?
  – Rolf Kurland.
– Hva gjør en drosjesjåfør?
  – Han kjører drosje.
– Hvor arbeider en bibliotekar?
  – I et bibliotek.
– Og hva gjør en bibliotekar?
  – Hun arbeider med bøker.

1A

- Hun?
- Ja, eller han.
- Hva gjør en norsklærer?
- Han eller hun lærer norsk.
- Nei, han eller hun *underviser* i norsk. En elev eller en student *lærer* norsk. En lærer underviser.

Von regelmäßigen Substantiven wird nur die Einzahlform aufgeführt. Von regelmäßigen schwachen Verben werden neben dem Infinitiv die Endungen der Hauptformen Präteritum und Partizip Perfekt angegeben: kjøre, -te, -t *fahren, lenken,* arbeide, -et, -et *arbeiten.* Das heißt: Von kjøre heißt das Präteritum kjørte und das Partizip Perfekt kjørt; von arbeide heißt das Präteritum arbeidet, und das Partizip Perfekt heißt auch arbeidet.
Von starken und unregelmäßigen Verben werden diese Hauptformen vollständig aufgeführt: și, sa, sagt *sagen.* Von si heißt also das Präteritum sa und das Partizip Perfekt sagt.
Pl. = Plural, Mehrzahl
m, f, n = Maskulinum, Femininum , Neutrum (männlich, weiblich, sächlich)
Präs. = Präsens, Gegenwartsform
– = keine Endung

god [guː]	*gut*
dag [daːg] *m*	*Tag*
god dag [guˈdaːg]	*guten Tag!*
alle [˅alə]	*alle*
sammen [ˈsamən]	*zusammen*
jeg [jæj]	*ich*
hete [˅heːtə], het [eː], hett [e]	*heißen*
hva [vaː]	*was*
hva heter du? [vaː ˅heːtər dʉː]	*wie heißt du?*
mer [meːr]	*mehr*
altså [ˈalsɔ]	*also*
er [æːr]	*bin, bist, ist, sind, seid*
lærer [˅læːrər] *m, Pl.* -e	*Lehrer, Lehrerin*
bibliotekar [bibliuteˈkaːr] *m*	*Bibliothekar, -in*
i [iː]	*in*
norsk [nɔrsk]	*norwegisch*
lærer i norsk	*Lehrer(in) für Norwegisch*
forstå [fɔrˈstoː], -stod [uː], -stått [ɔ]	*verstehen*
du [dʉː]	*du*
ja [jaː]	*ja*
så [soː]	*so*
klok [kluːk]	*klug*
alt [alt]	*alles*
nei [næj]	*nein*
ikke [˅ikə]	*nicht*
for [fɔr]	*denn*
og [o(ː)]	*und*
sjåfør [ʃɔˈføːr] *m*	*Fahrer, Chauffeur*
kjøre [˅çøːrə], -te, -t	*fahren, lenken*
lastebil [˅lastəbiːl *m*	*Lastwagen*

eller [ˈelər]	*oder*
buss [bʉs] *m*	*Bus*
drosje [˅drɔʃə] *f*	*Taxi*
hva sier du?	*was sagst du? wie bitte?*
si [siː], sa, sagt [-kt]	*sagen*
drosjesjåfør [˅drɔʃəʃɔføːr] *m*	*Taxifahrer*
litt [lit]	*ein bißchen, ein wenig*
men [men]	*aber*
dum [dum]	*dumm*
mye [˅myːə]	*viel, vieles*
hvem [vem]	*wer*
gjøre [˅jøːrə] *Präs.* gjør; gjorde [˅juːrə], gjort [jurt]	*machen; tun*
en [eːn]	*ein (männlich)*
han [han]	*er*
hvor [vur]	*wo*
arbeide [˅arbæjdə], -et, -et	*arbeiten*
et [et]	*ein (sächlich)*
et bibliotek [bibliuˈteːk] *Pl.* -	*eine Bibliothek*
hun [hʉn]	*sie (Einzahl)*
med [meː]	*mit*
bok [buːk], *Pl.* bøker [ˈbøːkər]	*Buch, Bücher*
med bøker	*mit Büchern*
norsklærer [ˈnɔrsklæːrər] *m*	*Norwegischlehrer, -lehrerin*
lære [˅læːrə], -te, -t	*lernen*
undervise [˅ʉnərviːsə], -te, -t	*unterrichten*
elev [eˈleːv] *m*	*Schüler, Schülerin*
student [stʉˈdent] *m*	*Student, Studentin*

1B Sprachgebrauch und Landeskunde

1. Drei neue Buchstaben

Am Ende des norwegischen Alphabets stehen æ, ø und å.

æ, Æ ist ein sehr offener ä-Laut [æ], er ähnelt dem deutschen a mehr als dem deutschen e: lærer. In einigen Wörtern wird für diesen Laut e geschrieben: er [æ:r].

ø, Ø klingt ungefähr wie das deutsche ö [ø]: bøker, sjåfør.

å, Å klingt ungefähr wie das deutsche kurze o [ɔ]: sjåfør, åtte [ˈɔtə] *acht*. Das lange å ist nicht so offen wie das kurze å, jedoch offener als das deutsche lange o [o:]: så. In vielen Fällen wird das geschriebene o in norwegischen Wörtern genau wie das å ausgesprochen: Rolf forstår norsk [rɔlf fɔrˈstɔ:r nɔrsk].

2. Stumme Konsonanten

hv: h wird vor v nicht ausgesprochen. Diese Schreibung kommt nur im Anlaut vor, vor allem in Fragewörtern: hvem [vem], hva [va:], hvor [vur] *wer, was, wo*. (Das v wird immer wie das deutsche w ausgesprochen).

gj: g vor j wird nicht ausgesprochen: gjør [jø:r] *tut, macht*.

nd: d nach n ist meistens stumm: land [lan] *Land*, undervise [ˈʉnərvi:sə] *unterrichten*.

3. Gleich und verschieden

Viele norwegische und deutsche Wörter werden gleich geschrieben, aber unterscheiden sich in der Aussprache. Zu den wichtigsten Unterschieden gehören die Aussprache des geschriebenen **u** und **s** und besonders die Betonung vieler zwei- und mehrsilbiger Wörter, vgl. 1B4.

Buchstabe:	Deutsche Aussprache:	Norwegische Aussprache:	Beispiel:	Deutsche Aussprache:	Norwegische Aussprache:
u	[u]	[ʉ]	du	[du:]	[dʉ:]
s	[z]	[s]	Hansen	[ˈhanzən]	[ˈhansən]
	[ʃ]	[s]	student	[ʃtuˈdent]	stʉˈdent]
nd	[nt]	[n]	Kurland	[ˈku:rlant]	[ˈkʉ:rlan]
Betonung	[ˈ]	[ˇ]	alle	[ˈalə]	[ˇalə]
			Hilde	[ˈhildə]	[ˇhildə]

Umgekehrt gibt es auch Fälle, wo die Schreibweise sich unterscheidet, während die Aussprache des Norwegischen vollständig (=) oder annähernd (≈) mit der deutschen Aussprache zusammenfällt, vgl.

sjåfør   = *Chauffeur*   [ʃɔˈfø:r]
mer   = *mehr*   [me:r]
så [so:]   ≈ *so*   [so:]

4. Druck und Ton

Druck:

Der Druck liegt – wie im Deutschen – im allgemeinen auf der ersten Silbe: ᵛalle, 'sammen, ᵛarbeider, ᵛdrosjesjåfør

Die wichtigsten Ausnahmen davon:
1. Viele Vorsilben sind drucklos, hauptsächlich in Lehnwörtern aus dem Deutschen: for'står – be'handler *behandelt*.
2. In vielen Fremdwörtern liegt der Druck auf der Endsilbe, auch hauptsächlich wie im Deutschen: sjå'før – bibliote'kar – biblio'tek.
3. In zusammengesetzten Wörtern hat der erste Teil den Hauptdruck, der zweite Teil bekommt einen schwächeren Nebendruck: 'norsklærer – ᵛdrosjesjåfør.
4. In einigen zusammengesetzten Verben, die den deutschen Zusammensetzungen mit über-, unter- und um- entsprechen, unterscheidet sich der Druckakzent vom Deutschen: ᵛundervise *unterrichten* – overgi [ᵛoːvərjiː] *übergeben* – omgi ['ɔmjiː] *umgeben*.

Ton:

Die Musikalität der norwegischen Sprache beruht in erster Linie auf der Wortmelodie, die jedem Wort eigen ist. In zwei- und mehrsilbigen Wörtern mit dem Druck auf der ersten Silbe ist diese Wortmelodie (der musikalische Akzent) entweder ein einfacher steigender Ton, **Tonem I**, oder ein zusammengesetzter fallend-steigender Ton, **Tonem II**. Man spricht auch vom **einfachen Wortton** (Tonem I) und **doppelten Wortton** (Tonem II). In den folgenden Beispielen ist die Drucksilbe unterstrichen.

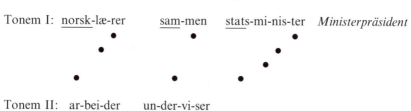

Die Verteilung der beiden Toneme liegt ganz fest; in der modernen Sprache lassen sich aber keine Regeln dafür aufstellen. Daher ist es wichtig, beim Lernen neuer Vokabeln genau auf den Wortton zu achten.

1C Grammatik

1. Substantiv

Das Substantiv hat drei Geschlechter, Maskulinum, Femininum und Neutrum, in den Vokabellisten mit **m, f** und **n** angegeben. Der unbestimmte Artikel heißt im Maskulinum **en,** im Femininum wahlfrei **en** oder (seltener) **ei,** im Neutrum **et.** (Siehe „Aus der norwegischen Sprachgeschichte".)

> student *m:* en student
> drosje *f:* en drosje oder ei drosje
> land *n:* et land [lan] *ein Land*

Der Plural von Maskulina und Feminina endet normalerweise auf **-er** oder **-r:**

> en student – studenter
> en drosje – drosjer

Manchmal hat der Plural auch Umlaut:

> en bok – bøker

Die meisten Neutra haben im Plural keine Endung: et land – to land

2. Verb und Personalpronomen

Der **Infinitiv** endet auf -e oder betonten Vokal: å kjøre, å forstå. Å ist das Infinitivszeichen.

Für alle Personen im Singular und Plural wird dieselbe Endung gebraucht.

Das **Präsens** endet normalerweise auf **-er** oder **-r:**

Singular		*Plural*		
jeg		vi	[viː]	*wir*
du	kjører forstår	dere	[deːrə]	*ihr* kjører forstår
han/hun		de	[diː]	*sie*

1D Übungen

1. *Fragen zum Text:*

a) Hva er Anne Berg? (Hun er lærer ...) b) Hva er Rolf Kurland? c) Hva er Hilde Hansen? d) Er Rolf Kurland lærer? (Nei, han er ...) e) Er Hilde Hansen bibliotekar? f) Er Anne Berg bibliotekar? g) Hva heter du? (Jeg heter ...) h) Kjører Rolf Kurland lastebil? (Nei, han ...) i) Kjører Anne Berg drosje?

j) Hvem er bibliotekar, Hilde Hansen eller Anne Berg? k) Hvem underviser i norsk? l) Hvem lærer norsk? m) Hva gjør du? (Jeg ...) n) Hva er du? o) Hvor arbeider du? p) Forstår du norsk?

2. *Übersetzen Sie ins Norwegische:*
a) Rolf Kurland ist Taxifahrer. b) Er lernt Norwegisch. c) Er versteht nicht alles. d) Versteht er nur ein bißchen, oder versteht er viel? e) Er versteht viel. f) Ich verstehe alles, denn ich bin klug. g) Du bist klug, aber du verstehst nicht alles. h) Anne Berg ist Norwegischlehrerin, und Hilde Hansen ist Bibliotekarin.

3. *Wie heißt der Plural von:*
lastebil – dag – sjåfør – buss – student – drosje – bok?

4. *Wie heißt das Präsens von:*
hete – lære – kjøre – undervise – si – forstå – gjøre?

5. *Bilden Sie Sätze mit diesen Präsensformen:*

6. *Lesen Sie laut und beachten Sie den Unterschied zwischen Tonem I und Tonem II:*

under	['ʉnər]	(unter)
undervise	[ˇʉnərviːsə]	(unterrichten)
lasten	['lastən]	(die Ladung)
lastebil	[ˇlastəbiːl]	(Lastwagen)
sammen	['samən]	(zusammen)
sammensetning	[ˇsamənsetniŋ]	(Zusammensetzung)

7. *Welcher Beruf ist dies?*

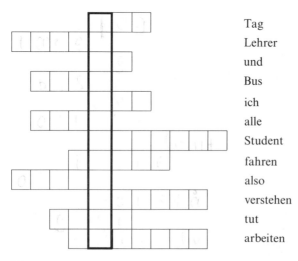

Tag
Lehrer
und
Bus
ich
alle
Student
fahren
also
verstehen
tut
arbeiten

26

2A

2A Text

1 De nordiske språk

I Norge snakker man norsk, og i Sverige snakker man svensk. Norsk og svensk har omtrent lik uttale, men mange ord er ulike. I Danmark snakker man dansk. Norsk og dansk har ulik uttale, men de fleste ordene er like. En nordmann kan forstå svensk og dansk.

En svenske kan forstå en nordmann hvis han snakker langsomt. En danske kan også forstå en nordmann når han snakker langsomt. Altså kan alle nordmenn, svensker og dansker forstå hverandre. Derfor har de også god kontakt med hverandre.

På Island snakker man islandsk. Nordmenn, svensker og dansker forstår ikke islandsk, men har god kontakt med islendingene likevel, for de fleste islendinger kan et skandinavisk språk. Hvis en islending snakker dansk, uttaler han det nesten som norsk.

I Nord-Norge, Nord-Sverige og Nord-Finland er det mange samer. De snakker samisk, men de kan også norsk, svensk eller finsk. Nordmenn og svensker kan ikke forstå samisk.

I Finland snakker man finsk, men noen finner snakker svensk. Skandinaver, dvs. nordmenn, svensker og dansker, kan ikke forstå finsk. Derfor er det av og til kontaktproblemer mellom finner og andre nordboer.

27

2A

2 Norsk og tysk

I Tyskland, Østerrike og Sveits snakker man tysk. Mange nordmenn
forstår tysk, mer eller mindre. Mange norske elever lærer tysk på skolen.
En tysker, østerriker eller sveitser kan sjelden lære norsk på skolen. Men
mange steder er det norskkurs. Der kan man lære norsk. Eller man kan
lære norsk direkte av en lærebok. Mange ord er like på norsk og tysk.
Svært mange ord er nesten like.
Kan du finne noen eksempler?

(Für die Namen der Länder, Einwohner und Sprachen siehe die Übersicht 2B1!)

de [diː]	die (Pl.)	de [diː]	sie (Plur.)
språk [sproːk] n, Pl. -	Sprache	noen [ˈnuːən]	einige
snakke [ˈsnakə], -t, -t	sprechen	dvs. = det vil si [deː vil	d.h., das heißt
man [man]	man	siː]	
ha [haː], -dde, -tt	haben	jeg forstår ikke finsk	ich verstehe kein Fin-
omtrent [ɔmˈtrent]	ungefähr		nisch
lik [liːk] n likt [likt], Pl.	gleich	av og til [ˈaːv ɔ ˈtil]	ab und zu
like [ˈliːkə]		kontaktproblem	Kontaktproblem
uttale [ˈʉːtaːlə] m	Aussprache	[-prubˈleːm] n, Pl. -er	
mange [ˈmaŋə]	viele	mellom [ˈmeløm]	zwischen
ord [uːr] n, Pl. -	Wort	andre [ˈandrə]	andere
ulik [ˈʉːliːk]	ungleich	mindre [ˈmindrə]	weniger, minder
de fleste [di ˈfle(ː)stə]	die meisten	mer eller mindre	mehr oder weniger
kan [kan]	kann, -st, können, -t	sjelden [ˈʃeldən]	selten
hvis [vis]	wenn, falls	skole [ˈskuːlə] m	Schule
når [nɔr]	(jedesmal) wenn	på skolen	in der Schule
langsomt [ˈlaŋsɔmt]	langsam	sjelden [ˈʃeldən]	selten
nordmann [nur-] m, Pl.	Norweger	sted [steːd] n, Pl. -er	Ort
-menn		mange steder [ˈsteːdər]	an vielen Orten, vieler-
hverandre [værˈandrə]	einander		orts
derfor [ˈdærfɔr]	deshalb		
kontakt [kunˈtakt] m	Kontakt	kurs [kʉːrs] n, Pl. -	Kursus, Kurs
også [ˈɔsɔ]	auch	norskkurs [ˈnɔrskʉːrs]	Norwegischkurs
på [pɔː]	auf; hier: in	der [dæːr]	da, dort
likevel [ˈliːkəvel]	trotzdem, gleichwohl	direkte [diˈrektə]	direkt
uttale [ˈʉːtaːlə], -te, -t	aussprechen	av [aːv]	aus, von
det [də]	es, das (unbetont)	lærebok [ˈlæːrəbuːk] f,	Lehrbuch
det [deː]	das (betont)	Pl. -bøker	
nesten [ˈnestən]	beinahe, fast	på norsk [pɔˈnɔrsk]	auf norwegisch
som [sɔm]	wie	svært [svæːrt]	sehr
Nord-Norge [ˈnuːrnɔr-	Nord-Norwegen	finne [ˈfinə], fant, fun-	finden
gə]		net [-ʉ]	
er det [æːr də]	ist/sind es; gibt es	eksempel [ekˈsempəl]	Beispiel
		n, Pl. -pler	

28

2B Sprachgebrauch und Landeskunde

1. Länder, Völker und Sprachen

Ländername	Einwohnername	Adjektiv und Sprach-bezeichnung
Norge ['nɔrgə]	nordmann ['nurman]	norsk [nɔrsk]
Sverige ['sværjə]	svenske [ˇ]	svensk
Danmark [ˇ]	danske [ˇ]	dansk
Island ['iːslan]	islending [ˇiːsleniŋ]	islandsk ['iːslansk]
Finland ['finlan]	finne [ˇ]	finsk
	same [ˇsɑːmə]	samisk [ˇsaːmisk][1])
Skandinavia [-'naːv-]	skandinav [-'naːv]	skandinavisk [-'naːv-][2])
Norden ['nurdən]	nordbo [ˇnuːrbuː]	nordisk [ˇnurdisk][3])
Tyskland ['tysklan]	tysker [']	tysk
Østerrike [ˇœstəriːkə]	østerriker [ˇ]	østerriksk [ˇœstəriːksk]
Sveits [svæjts]	sveitser [']	sveitsisk ['svæjtsisk]

2. Das norwegische Alphabet

Das Alphabet hat 29 Buchstaben:

A	[aː]	K	[koː]	U	[ʉː]
B	[beː]	L	[el]	V	[veː]
C	[seː]	M	[em]	W	['dɔbəlteː]
D	[deː]	N	[en]	X	[eks]
E	[eː]	**O**	[u:]	Y	[yː]
F	[ef]	P	[peː]	Z	[set]
G	[geː]	Q	[kʉː]	Æ	[æː]
H	[hoː]	R	[ær]	Ø	[øː]
I	[iː]	S	[es]	Å	[oː]
J	[jɔd]	T	[teː]		

Beachten Sie die Aussprache der hervorgehobenen Buchstaben!

C, Q, W, X und **Z** kommen nur in Fremdwörtern und Personennamen vor.

Für **å** wurde früher **aa** geschrieben. **Aa** kann immer noch in Personennamen vorkommen. In alphabetischen Listen wird **aa** mit **å** gleichgestellt und wie dieses als letzter Buchstabe des Alphabets behandelt.

3. Vokale mit wechselnder Aussprache

Im allgemeinen werden die Vokale wie im Alphabet ausgesprochen. Dies gilt fast ausnahmslos für **a, i, y, æ** und **ø** und meistens auch für die langen **e, o** und **u**. Bei den kurzen **e, o** und **u** schwankt aber die Aussprache:

---

[1]) same, samisk *Lappländer(in), lappländisch*   [2]) Skandinavia = Norge + Sverige + Danmark
[3]) Norden = Skandinavia + Finland + Island

2B

Kurzes **e**:
- Vor **r** = [æ]: berg [bærg] *Berg*, Sverige ['sværjə] *Schweden*
- Auch vor **g/gn** ist die Aussprache oft [æ]: jeg [jæj], regn [ræjn] *Regen*
- Sonst wie im Deutschen, also = [e]: svensk [svensk] *schwedisch* oder – wenn unbetont = [ə]: alle [ᵛalə] *alle*

Kurzes **o**:
- Meistens wie im Deutschen, also = [ɔ]: Rolf [rɔlf], Norge [ᵛnɔrgə]
- Jedoch in vielen Wörtern = [u]: nordmann ['nurman] *Norweger*, hvor [vur] *wo*

Kurzes **u**:
- Vor m, k oder ng-Laut meistens = [u]: dum [dum] *dumm*, sukker ['sukər] *Zucker*, ung [uŋ] *jung*, sunket [ᵛsuŋkət] *gesunken*
- Sonst meistens = [ʉ]: buss [bʉs] *Bus*, student [stʉ'dent]

Schreibform	Lautform	Beispiel
Æ	[æ]	vært [vært] *(gewesen)*
E		vert [vært] *(Wirt)*
	[e]	vent [vent] *(warte!)*
	[ə]	alle [ᵛalə]

Schreibform	Lautform	Beispiel
Å	[ɔ]	når [nɔr] *(wann; wenn)*
O		Norge [ᵛnɔrgə]
	[u]	nordmann ['nur-] dum [dum] ung [uŋ] *(jung)*
U	[ʉ]	buss [bʉs] luft [lʉft]

4. Tonem II in zwei- und mehrsilbigen Wörtern

In zweisilbigen Wörtern mit Tonem II hat die erste Silbe einen fallenden Ton, d. h., die Tonhöhe sinkt innerhalb dieser Silbe; die zweite liegt auf der Tonhöhe der ersten Silbe oder noch etwas höher:

In drei- oder mehrsilbigen Wörtern mit Tonem II verteilen sich die Silben auf verschiedener Tonhöhe, wie in diesem Beispiel:

u-ten-riks-mi-nis-ter   *Außenminister*

5. Der Ton der Wörter mit druckschwachen Vorsilben

Die meisten Wörter mit druckschwachen Vorsilben haben Tonem I. Die druckschwachen Vorsilben liegen auf der gleichen Tonhöhe wie die Schlußsilbe oder etwas tiefer.

in-du-**stri**-mi-nis-ter   *Industrieminister*

In der Lautschrift wird **Tonem I** durch das Zeichen ' gezeigt: ['samən], ['nɔrsklæːrər], [indʉ'striːministər].
Für **Tonem II** steht das Zeichen ˅: [˅arbæjdər], [˅ʉnərviːsər], [˅çøːrə]. Diese Zeichen werden vor die Drucksilbe gesetzt; die musikalische Gleitung verteilt sich jedoch auf alle Silben.

6. Bedeutungsunterscheidung durch Druck und Ton

In vielen Fällen markiert der Druckunterschied einen Bedeutungsunterschied zwischen zwei sonst gleichlautenden Wörtern:
alle [˅alə] *alle;* aber: **allé** [a'leː] *Allee.*

Auch der Tonunterschied kann bedeutungsdifferenzierend sein:

vinner: ['vinər]   *gewinnt*
          [˅vinər]   *Gewinner*
uttale: ['ʉːtaːlə]   *aussprechen*
          [˅ʉːtaːlə]   *Aussprache*

2C Grammatik

1. Substantive – bestimmte und unbestimmte Form

Das Substantiv kann in bestimmter und unbestimmter Form stehen. Der bestimmte Artikel ist kein eigenes Wort, sondern eine Endung:

Singular		Plural	
unbestimmt	*bestimmt*	*unbestimmt*	*bestimmt*
Mask: en kontakt	kontakt**en**	kontakt**er**	kontakt**ene**
Fem.: en bok	bok**en**	bøk**er***)	bøk**ene***)
oder: ei bok	bok**a**		
Neutr.: et ord	ord**et**	ord	ord**ene**

*) Einige Pluralformen haben Umlaut.

2C/2D

Personenbezeichnungen auf **-er** haben folgende Endungen:

| *Mask.:* **en** tysker | tysker**en** | tysker**e** | tysker**ne** |

Einige Wörter sind ganz unregelmäßig:

| *Mask.:* **en** mann | mann**en** | menn | menn**ene** |

2. Wortstellung

Anders als im Deutschen steht das Verbal des Satzes immer unmittelbar neben dem Subjekt. Bei mehrgliedrigem Verbal stehen das Subjekt und alle Verben nebeneinander. Beachten Sie genau die Stellung der Verben in den folgenden Beispielsätzen!

Hauptsatz: Han snakker langsomt. *Er spricht langsam.*

Nebensatz wie Hauptsatz: Jeg forstår alt hvis han snakker langsomt. *Ich verstehe alles, wenn er langsam spricht.*

Fragesatz: Snakker han langsomt? *Spricht er langsam?*

Mit Modalverb: Hun kan forstå norsk. *Sie kann Norwegisch verstehen.*
... hvis hun kan forstå norsk. *... wenn sie Norwegisch verstehen kann.*
Kan du forstå norsk? *Kannst du Norwegisch verstehen?*

2D Übungen

1. *Fragen zu Text 2A1:*

   a) Kan nordmenn snakke samisk? b) Kan samene snakke norsk? c) Kan en nordmann forstå finsk? d) Hvor snakker man svensk? e) Har skandinavene god kontakt med hverandre? f) Er norsk og finsk like språk? g) Kan en islending forstå norsk? h) Hva er likt på norsk og dansk? i) Uttaler en nordmann og en danske ordene likt? j) Er finnene skandinaver? k) Er Danmark et skandinavisk land? l) Hva er Norden?

2. *Noch mehr Fragen:*

   a) Hvor snakker man tysk? b) Hvor i Tyskland snakker man dansk? c) Hvor i Danmark snakker man tysk? d) Snakker man tysk i Norge eller Sverige? e) Kan man lære norsk på skolen i Tyskland, Østerrike eller Sveits? f) Hvis man ikke kan lære norsk på skolen, hvor kan man da (= dann) lære det? g) Forstår du norsk? h) Ordet «ja» er likt på norsk og tysk. Kan du finne andre like ord? i) Ordene «klok» og «kurs» er nesten like på norsk og tysk. Har du andre eksempler?

3. *Wie heißt der Plural von:*
islending – danske – nordmann – sveitser – tysker?

4. *Bilden Sie fünf Aussagesätze und fünf Fragesätze! Nehmen Sie ein Wort aus jeder Spalte: (Denken Sie an die Wortstellung!)*

	dansker		norsk
en	finner		norsk
mange	samer	snakke	tysk
noen	østerriker	forstå	dansk
de fleste	svenske	kan lære	samisk
alle	nordmann	lese	svensk
andre	islendinger		islandsk
	sveitsere		finsk
	tyskere		

5. *Lesen Sie laut und üben Sie den Unterschied zwischen Tonem I und II:*

'finner *(findet)* : ˅finner *(Finder; Finnländer* Pl.*)*
klubben ['klʉbən] *(der Klub)* : ˅klubben *(der (Holz-)Hammer)*
huset ['hʉːsə] *(das Haus)* : huse ['hʉːsə] *(beherbergen)*
'lager *(Lager)* : ˅lager *(macht)*
'svensken *(das Schwedisch)* : ˅svensken *(der Schwede)*
badet ['baːdə] *(das Bad)* : ˅bade *(baden)*
bønder ['bœnər] *(Bauern)* : ˅bønner *(Bohnen; Gebete)*

6. *Wie heißt dieser norwegische Landesteil:*

einige:

und:

Tag:

wenn:

auch:

gut:

oder:

33

3A

3A Text

Telefonsamtale

Telefonen ringer.
«Ja, hallo?»
«Hallo, det er Håkon. Nå har det skjedd.».
«Hva sier du, Håkon?»
«Nå har det skjedd, sier jeg.»
«Hva er skjedd?»
«Du har blitt bestemor. Gratulerer!»
«Hva sier du! Er han virkelig kommet?»
«Ikke *han*, bestemor, *hun*! Hun har kommet. Det er ei lita jente.»
«Nei, så fint! Så du er blitt far til en liten pike, du! Gratulerer, Håkon! Hvordan står det til? Ja, du har vel besøkt henne?»
«Besøkt! Jeg ringer fra sykehuset. Jeg har vært her i hele natt. Jeg *assisterte* under fødselen!»
«Hvordan er det med Kristin, Håkon?»
«Hun har det bare bra. Ungen er nydelig. Er det ikke fint, bestemor?»
«Jo. Men du Håkon, si ikke bestemor, er du snill! Det gjør meg så gammel.»
«Hva skal jeg si da? Svigermor?»
«Nei, si *mormor*, du Håkon, det er så koselig.»

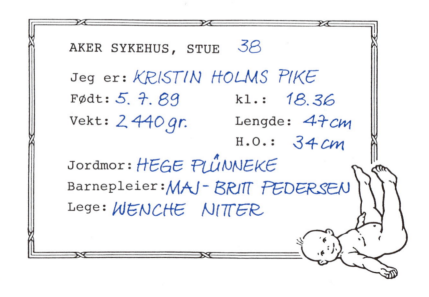

AKER SYKEHUS, STUE 38

Jeg er: KRISTIN HOLMS PIKE
Født: 5. 7. 89   kl.: 18.36
Vekt: 2 440 gr.   Lengde: 47 cm
                  H.O.: 34 cm
Jordmor: HEGE PLÛNNEKE
Barnepleier: MAJ-BRITT PEDERSEN
Lege: WENCHE NITTER

«Ja vel, så sier jeg dét, da. Mormor – er det bra sånn?»
«Ja, helt fint. Du Håkon, kan vi besøke Kristin og babyen i dag?»
«Ja, mellom to og tre. Eller mellom seks og sju.»
«Da gjør vi det. Det passer bra ved halv syv-tiden. – Takk for at du ringte,
da, Håkon, og ha det bra!»
«Ha det bra, du også – mormor!»

telefon [tele'fu:n] *m* — *Telefon*
samtale [ᵛsamta:lə] *m* — *Gespräch*
ringe [ᵛriŋə], -te, -t — *klingeln; anrufen*
hallo [ha'lu:] — *hallo*
nå [no:] — *jetzt*
er/har skjedd [ʃed] — *ist geschehen*
bli [bli:] ble — *werden*
er/har blitt [blit]
bestemor *f* — *Großmutter*
[ᵛbestəmu:r]
gratulere [gratu'le:rə], — *gratulieren*
-te, -t
virkelig [ᵛvirkəli] — *wirklich*
komme [ᵛkɔmə], kom, — *kommen*
kommet
er/har kommet [ᵛkɔ- — *ist gekommen*
mət]
ei [æj] — *eine*
liten *m*, lita *f*, lite *n* — *klein*
[ᵛli:t-]
jente [ᵛjentə] *f* — *Mädchen*
fin [fi:n] — *fein, schön, gut*
nei, så fint [fi:nt] — *ach, wie schön!*
far [fa:r] *m* — *Vater*
så du er blitt far! — *du bist also Vater ge-*
worden!

pike [ᵛpi:kə] *m* — *Mädchen*
far til en pike/ei jente — *Vater eines Mädchens*
hvordan ['vurdan] — *wie*
stå til [sto: 'til, ᵛsto:- —
til]: hvordan står det — *wie geht es?*
til?
besøke [bə'sø:kə], -te, — *besuchen*
-t
har besøkt [-ø:-] — *hat/hast usw. besucht*
vel — *wohl, doch*
henne [ᵛhenə] — *sie, ihr*
fra — *von*
sykehus *n* [ᵛsy:kəhu:s] — *Krankenhaus*
har vært — *bin/bist usw. gewesen*
i hele natt [ᵛhe:lə] — *die ganze Nacht*
assistere [-'ste:rə], -te, — *assistieren*
-t
under ['ʉnər] — *unter; während; hier:*
bei
fødsel ['fœtsəl] *m* — *Geburt*
hvordan er det med — *wie geht es ihr?*
henne?

bra [bra:] — *gut*
hun har det bra — *ihr geht es gut*
bare bra [ᵛba:rə bra:] — *recht gut, ganz gut*
unge [ᵛuŋə] *m* — *Kind, Kleines*
nydelig [ᵛny:dəli] — *prächtig; niedlich*
jo [ju:] — *ja (auf verneinte Fra-*
ge), doch
si — *sagen; sage!*
snill [snil] — *gut, nett, lieb*
..., er du snill! — *..., bitte!*
meg [mæj] — *mich*
gammel [ᵛgaməl] — *alt*
skal [skal] — *soll*
da [da:] — *denn; dann*
svigermor ['svi:gər- — *Schwiegermutter*
mu:r] *f*
mormor ['murmur] *f* — *Großmutter (mütter-*
licherseits)
koselig [ᵛku:səli] — *lieb, nett, angenehm*
ja vel [ja:'vel] — *na gut*
så sier jeg det [... de:] — *dann sage ich das so*
er det bra sånn? — *ist das gut so?*
helt fint [he:lt fi:nt] — *sehr schön*
baby ['be:bi] *m* — *Baby*
i dag [i'da:g] — *heute*
to [tu:] — *zwei*
tre [tre:] — *drei*
seks [seks] — *sechs*
sju [ʃʉ:] — *sieben*
syv [sy:v] – *ältere Form*
v. sju
halv [hal] — *halb*
tid [ti:(d)] *f* — *Zeit*
ved halv sju-tida [ve: — *ungefähr um halb sie-*
hal 'ʃʉ:ti:a] — *ben*
takk [tak] — *danke*
takk for at du ringte! — *danke für den Anruf!*
ha det bra! — *mach's gut!*

stue — *hier: Zimmer*
født — *geboren*
vekt — *Gewicht*
jordmor — *Hebamme*
kl. — *um...Uhr*
lengde — *hier: Größe*
h. o. = hodets omfang — *Kopfumfang*
barnepleier — *Kinderschwester*
lege — *Arzt*

35

3B Sprachgebrauch und Landeskunde

1. Drei Generationen

Besteforeldrene *die Großeltern* heter bestefar (eller farfar, morfar) og bestemor (eller farmor, mormor).

Foreldrene *die Eltern* heter far og mor. Barna sier ofte mamma og pappa.

Barna *die Kinder* er sønner (en sønn) *Söhne – ein Sohn* og døtre (ei datter) *Töchter – eine Tochter.*

2. Konsonantenkombinationen

skj ist die Normalschreibung für [ʃ]. Der Laut entspricht in etwa dem sch-Laut im Deutschen. Diese Schreibweise findet sich oft in Wörtern, die deutschen Wörtern mit **sch** entsprechen: skje [ʃe:] *geschehen.*

sj steht für denselben Laut. Das entsprechende deutsche Wort hat meistens ein **s:** sjelden [ᵛʃeldən] *selten,* sju [ʃʉ:] *sieben.* **sj** steht häufig für den sch-Laut in Fremdwörtern: sjåfør *Chauffeur,* sjef [ʃe:f] *Chef,* sjampo *Shampoo.*

kj steht für den ich-Laut [ç]: kjøre. (Den ach-Laut gibt es nicht.)

ng klingt ganz genau wie im Deutschen [ŋ]: ringe, lang *lang,* ung. (ng **nie** als nk aussprechen!)

3. Stumme Konsonanten am Wortende

Stumm sind:

-g in den Adjektivendungen **-ig:** verdig [ᵛværdi] *würdig* und **-lig:** virkelig [ᵛvirkəli] und im unbetonten **og**;

-t im bestimmten Artikel Neutrum **-et:** huset ['hʉ:sə], im betonten und unbetonten **det** [de:], [də] *das; es;*

-d nach l, n oder r: kald [kal] *kalt,* land [lan], ord [u:r] und nach langem Vokal: ved, med [ve:, me:].

In einigen Wörtern wird es ausgesprochen: bad [ba:d]. Einige Wörter schwanken, z. B. sted [ste:(d)], tid [ti:(d)].

Auch wenn eine Flexionsendung folgt, bleiben die Konsonanten stumm: verdige, kalde, landet, stedet, tida ['ti:a], aber tiden ['ti:dən]. (Vor der Genitivendung **-s** wird das **t** allerdings ausgesprochen: landets ['lanəts] språk *Die Sprache des Landes.*)

4. Keine Auslautverhärtung

Das **b, d, g** und **v** sind auch im Auslaut stimmhaft:

klubb [klʉb], dag [da:g], bad [ba:d], av [a:v]

5. Doppelkonsonanten

Die Doppelschreibung der Konsonanten nach kurzem Vokal erfolgt im großen und ganzen wie im Deutschen. Die Abweichungen lassen sich in folgenden Punkten zusammenfassen:

Auch das **k** wird verdoppelt: lakk *Lack,* ikke;

Auslautendes **m** wird nie verdoppelt: dum (aber: den dumme mannen *der dumme Mann*);

Das Zeichen **ß** gibt es nicht; dafür **ss:** pass *Paß.*

Doppelkonsonant wird vor konsonantisch anlautenden Endungen vereinfacht: finne – finsk; all – alt.

6. Sprachvariation

Es kommen vielfach Doppelformen vor, im Wortschatz, in der Grammatik und in der Aussprache. Der junge Mann im Dialog spricht etwas ungezwungener (weniger konservativ) als seine Schwiegermutter.

Håkon sier:	Svigermoren sier:
det **har** skjedd	det **er** skjedd (siehe 3 C 3.)
du **har** blitt bestemor	du **er** blitt far
hun **har** kommet	han **er** kommet
ei lita jente	**en liten pike**
ungen	babyen (eller: **barnet**)
mellom seks og **sju**	**syv**
(ved halv **sju**-tida)	ved halv **syv**-tid**en**

3C Grammatik

1. Adjektive

Die Adjektive haben starke und schwache Formen. Die starken Formen stehen sowohl in attributiver (ein gutes Buch) als auch in prädikativer (das Buch ist gut) Stellung.

	Attributiv	*Prädikativ*	*Endung*
Stark:			
Mask.:	en god uttale	Uttalen er god.	–
Fem.:	en/ei god bok	Boken/-a er god.	
Neutr.:	et god**t** kurs	Kurset er god**t**.	**-t**
Plur.:	god**e** bøker	Bøkene er god**e**	
Schwach:			**-e**
Mask.:	den god**e** uttalen		
Fem.:	den god**e** boken/-a		
Neutr.:	det god**e** kurset		
Plur.:	de god**e** bøkene		

3C

den, det, de sind (hier) die sogenannten Artikel des Adjektivs.
Als Adverb wird die Neutrumsform des Adjektivs gebraucht:
Hun forstår norsk god**t**.
Bei Adjektiven, die auf **-ig/-lig** enden, kommt **kein t** dazu:
Han kommer tidlig. *Er kommt früh.*

2. Präteritum der schwachen Verben

Die meisten schwachen Verben, deren Stamm auf einem einfachen Konsonanten
oder **ng/nk** endet, haben die Präteritumsendung **-te:**
ringe – ring**te**, besøke – besøk**te**, kjøre – kjør**te**
Han besøkte Anne. *Er besuchte Anne.*

3. Perfekt

Das Perfekt setzt sich aus einem Hauptverb und einem Hilfsverb zusammen. Als
Hilfsverb kann man immer **ha** benutzen:
Han har ringt/kjørt/kommet.
Det har skjedd.
Bei den Verben, die im Deutschen „**sein**" erfordern, kann man im Norwegischen auch
være verwenden:
Han er kjørt/kommet.
Det er skjedd.
Aber nur: Han **har vært** *Er ist gewesen.*

4. Wortstellung im Perfektsatz

Im bejahten Aussagesatz wird das Hilfsverb vom Hauptverb nicht getrennt:
Jeg har besøkt henne. ... hvis du har besøkt henne.
Im Fragesatz steht das Hilfsverb an erster Stelle:
Har du besøkt henne? Har du vært her i hele natt?
Wird der Aussagesatz verneint, steht **ikke** zwischen den Verben im Hauptsatz:
Jeg har **ikke** besøkt henne.
Im Nebensatz werden die Verben nicht getrennt:
... hvis du **ikke** har besøkt henne.
Im Fragesatz steht **ikke** zwischen den Verben:
Har du **ikke** besøkt henne?

5. Die Verwendung von Präteritum und Perfekt

Präteritum und Perfekt werden anders verwendet als im Deutschen. Das **Präteritum**
wird dann benutzt, wenn zwischen der Handlung oder dem Zustand, von dem die
Rede ist, und dem Moment, in dem darüber gesprochen wird, ein zeitlicher Abstand
liegt. Das Präteritum steht also immer in Sätzen mit Zeitbestimmung wie: i går

gestern, forrige uke *letzte Woche,* i fjor *letztes Jahr,* for ... år siden *vor ... Jahren.* Dasselbe gilt für Datumangaben in der Vergangenheit.
– Han arbeidet i går.

Das **Perfekt** wird dann verwendet, wenn zwischen der Handlung oder dem Zustand, von dem die Rede ist, und dem Augenblick, in dem davon gesprochen wird, kein bestimmbarer Zeitabstand liegt. Daher steht immer Perfekt bei Ausdrücken wie i dag *heute,* i år *dieses Jahr,* denne uka *diese Woche,* hittil *bis jetzt.*
– Han har ikke arbeidet i dag.

Das **Perfekt** steht immer auch dann, wenn nicht der Zeitpunkt der Handlung wichtig ist, sondern die Handlung selbst oder das Ergebnis.
– Han har arbeidet i Sverige.
– Hun har lært norsk.

Merken Sie sich:
– Han kom for ti minutter siden *vor zehn Minuten.*
– Han har/er kommet (= *er ist jetzt da*).

Merken Sie sich auch:
„Ich arbeite hier seit einem Jahr" heißt: Jeg har arbeidet her i ett år.

3D Übungen

1. *Fragen zum Text:*
   a) Hvem har blitt far? b) Hva har skjedd? c) Har Kristin fått (= bekommen) en sønn? d) Hvor har Håkon vært i natt? e) Hvordan står det til med Kristin? f) Hvordan er det med barnet? g) Har Håkons svigermor blitt farmor eller mormor? h) Når (= wann) kan hun besøke Kristin? i) Når passer det henne å besøke datteren?

2. *Übersetzen Sie ins Norwegische:*
   a) Wer hat angerufen? b) Was sagt er? c) Wo ist sie heute gewesen? d) Wie geht es jetzt der Kleinen? e) Die Großmutter (mütterlicherseits) kann heute Kristin besuchen. f) Håkon hat eine Tochter bekommen. g) Das Baby ist niedlich. h) Das Wort „Großmutter" macht sie so alt.

3. *Können Sie den Rest der Familie ausfüllen?*

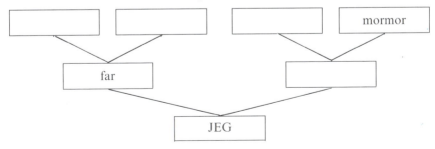

3D

4. *Lesen Sie laut:*

tid – bad – berg – dag – av – elev – god – Island – nord – Nordberg – det – halv – av
og til – koselig – nydelig – sykehuset – dum – ved sju-tida – ved syv-tiden.
Sie können sich mit Hilfe der Begleitcassette kontrollieren.

5. *Wie schreibt man diese Wörter? Was bedeuten sie?*

[kuˈsiːnə] – [ˈfetər] – [ˈuŋkəl] – [ˈtantə] – [faːr] – [muːr] – [bruːr] – [ˈsœstər] – [ˈbestəfɔreldrə] – [ˈbaːrnəbaːrn] – [ˈnɔrsklæːrər] – [ˈdrɔʃəʃɔføːr] – [induˈstriːministər] – [ˈœstəriːkər] – [ˈtysksvæjtsər]

6. *Übersetzen Sie ins Norwegische:*

a) Der Lastwagen fährt langsam. b) Ich verstehe es gut. c) Er spricht so klug. d) Es ist (ein) guter Kontakt zwischen Norwegern und Dänen. e) Der Kontakt zwischen Norwegern und Schweden ist auch gut. f) Norweger und Schweden verstehen sich (= einander) gut. g) Das ist ein gutes Beispiel. h) Das Beispiel ist gut. i) Einige Beispiele sind gut, andere nicht so gut. j) Kannst du eine skandinavische Sprache sprechen?

7. *Übersetzen Sie ins Norwegische. Setzen Sie das Verb ins Präteritum oder ins Perfekt, und lassen Sie sich vom deutschen Tempus nicht beeinflussen:*

a) Er hat letztes Jahr in Dänemark gearbeitet. b) Ich bin heute Taxi gefahren. c) Er hat mich vor zwei Minuten angerufen. d) Sie hat ihm gestern zum Geburtstag (med bursdagen) gratuliert. e) Er hat Norwegisch unterrichtet. f) Hast du ihn angerufen?

(Jemanden anrufen heißt: ringe til noen.)

4A

4A Text

Besøk på klinikken I

Fru Holm var blitt bestemor. (Fru Holm er svigermoren til Håkon, som vi leste om i forrige stykke. Hun er altså moren til Kristin, som hadde fått en baby, en liten pike.) Fru Holm hadde selvfølgelig lyst til å besøke datteren på klinikken og se den lille datterdatteren også. Visitt-tiden var fra to til tre og fra seks til sju. Fru Holm hadde fri denne dagen, så hun kunne ha besøkt Kristin i den første visitt-tiden. Men hun hadde ikke lyst til å komme alene, hun ville vente til mannen kom hjem, slik at de kunne dra dit sammen. Hun gledet seg til det. Men ved firetiden ringte Holm og sa at han ble forsinket. Han kunne først komme hjem ved seks-, halv syv-tiden. Så måtte hun dra alene likevel. Dette var en fredag, og det var mye trafikk, så fru Holm hadde ikke lyst til å kjøre bil. Det gikk ikke trikk dit, og bussforbindelsen var dårlig. Derfor tok fru Holm drosje til klinikken.

Besøk på klinikken II

Drosjen stoppet foran hovedinngangen. Fru Holm betalte sjåføren og gikk ut av bilen. Hun gikk til informasjonen og spurte:
«På hvilket rom ligger Kristin Holm?»
«Et øyeblikk», sa damen i luken og så på skjermen foran seg. «Hun ligger på 604. Det er i sjette etasje.»
«Takk skal De ha», sa fru Holm. Hun tok heisen opp til 6. etasje, fant nummer 604, banket på og gikk inn. Kristin lå i senga nærmest vinduet med en liten babyseng ved siden av seg.
«Hallo, Kristin! Gratulerer, jenta mi! Står det bra til med deg?»
«Hei, mor! Kjempefint! Se, der ligger barnebarnet ditt. Er hun ikke søt, kanskje?»
«Å jo! Hun ligner på deg.»
«Nei, synes du det? Jeg synes hun ligner mest på Håkon, jeg.»
«Nei, hun ligner mest på deg. Den runde pannen og den lille rette nesen har hun fra deg. Men munnen er kanskje Håkons.»
«Og øynene, mor, de er også helt like Håkons. Store, mørkeblå. Jeg har jo brune øyne.»
«Ja, men alle nyfødte har blå øyne, Kristin. De kan nok forandre seg.»
– Og så videre, og så videre. –
Fru Holm ble der en time. Så var visitt-tiden over.

4A

be'søk n	Besuch
kli'nikk m	Klinik
frue ['frʉːə] f, vor Na-	(verheiratete) Frau
men: fru	
var	war
som [sɔm] Rel.pron.	von dem wir ... gelesen
som vi leste om	haben
vi	wir
lese, -te, -t	lesen
lese om noe/noen	über/von etwas/jemand
	lesen
forrige ['fɔriə]	der/die/das vorige
ᵛstykke n, -r	Stück
mor [-uː-] f, Pl. ᵛmødre	Mutter
ᵛhadde	hatte
få (fikk, fått)	bekommen
selvfølgelig	selbstverständlich
[sel'fœlgəli]	
lyst f	Lust
jeg har lyst til å besøke	ich möchte sie besuchen
henne	
ᵛdatter f, Pl. 'døtre	Tochter
se (så, sett)	sehen
den [den]	der/die
ᵛlille (schwache Form	(der/die/das) kleine ...
v. liten)	
ᵛdatterdatter f	Enkelin (Tochtertoch-
	ter)
visitt-tid [vi'sitiː(d)] f	Besuchszeit
til	bis
ha fri	frei haben, Urlaub ha-
	ben
ᵛdenne	dieser/diese
kunne ['kʉnə]	konnte
kunne ha besøkt	hätte besuchen können
først	erst
aᵛlene	allein
ᵛville	wollte
ᵛvente, -et, -et	warten
mann m, Pl. menn	Mann
hjem [jem]	nach Hause
slik at	so daß
dra (dro, dratt)	ziehen, fahren
dit	dorthin
glede (-et, -et) seg til	sich auf etwas freuen
noe	
ᵛfire	vier
at [at]	daß
bli for'sinket	sich verspäten
ᵛmåtte	mußte
ᵛdette	dies, dieses
'fredag m	Freitag
tra'fikk m	Verkehr
bil m	Auto
gå (gikk [jik], gått)	gehen (hier: verkeh-
	ren)
trikk m	Straßenbahn
bussforbindelse	Busverbindung
['bʉsfɔrbinəlsə] m	

dårlig ['doːrli]	schlecht
ta (tok [tuk], tatt)	nehmen
til	zu
stoppe [-ɔ-], -et, -et	(an)halten
foran ['fɔran]	vor
hovedinngang ['huː-	Haupteingang
vəd-] m	
betale, -te, -t	(be)zahlen
gå ut av	aussteigen aus
informasjon [-'ʃuːn] m	Auskunft(sschalter)
spørre (spurte, spurt)	fragen
[-ʉː-])	
hvilket ['vilkət]	welches
rom [-u-] n	Zimmer
ligge (lå, ligget)	liegen
øyeblikk ['œjəblik] n	Augenblick
ᵛdame f	Dame, Frau
ᵛluke [-ʉː-] f	Schalter
se (så, sett) på ['seː-poː]	ansehen, betrachten
skjerm [ʃærm] m	Schirm
seg [sæj]	sich
sjette [ᵛʃetə]	sechster/-e/-es
etasje [e'taːʃə] m	Etage, Stockwerk
De [diː]	Sie
takk skal De ha ['tak	vielen Dank, danke
skal di 'haː]	schön
heis m	Fahrstuhl
opp [ɔp]	hinauf
finne (fant, funnet [ʉ])	finden
'nummer [-u-] n	Nummer
banke på	anklopfen
gå inn	hineingehen
seng f	Bett
'nærmest	hier: am
ᵛvindu [-ʉ] n, Pl. -er	Fenster
ved siden av [veː 'siːdən	neben
a]	
min, mi, mitt	mein(er), meine,
	mein(es)
jenta mi	mein Mädchen
hei [hæj]	hallo!
kjempe- [ᵛçempə-]	Riesen-
kjempefint	toll, großartig
din, di, ditt	dein, deine, dein
søt	süß
kanskje ['kanʃə]	vielleicht
ligne -et, -et på	ähneln
['liŋnə-poː]	
ᵛsynes (syntes, synes)	finden, meinen
mest	am meisten
rund [rʉn]	rund
ᵛpanne f	Stirn
rett	gerade
ᵛnese f	Nase
munn [-ʉ-] m	Mund
øye ['œjə] n, Pl. øyne	Auge
stor [-uː-]	groß
(ᵛmørke)blå	(dunkel)blau
brun [-uː-]	braun

ᵛnyfødt	*neugeboren*	bli (ble, blitt)	hier: *bleiben*
for'andre, -et, -et	*(ver)ändern*	ᵛtime *m*	*Stunde*
og så videre ['ɔsɔ ᵛviː-	*und so weiter, usw.*	over ['oːvər]	*vorüber*
dərə], osv.			

4B Sprachgebrauch und Landeskunde

1. Verkehrsmittel

Bil: Fru Holm kjører bil. Hun har bil selv. Kan du kjøre bil?
Kan du kjøre bilen inn i garasjen?
Jeg tar bilen til sykehuset *(nehme das Auto, mein Auto)*.
Jeg tar en*) bil til sykehuset *(nehme ein Auto, ein Taxi)*.

Drosje: Jeg tar en*) drosje til sykehuset *(nehme ein Taxi)*.
Rolf Kurland kjører drosje; han er drosjesjåfør.
Tar du buss eller drosje eller trikk dit?

Buss: Det går en*) buss fra sykehuset til Nordberg.
Bussen går hver halvtime *(jede halbe Stunde)*.
Jeg kjører sjelden med bussen.
Bussen kjører på veien *(auf der Straße)*.

Trikk: Trikken går på skinner *(auf Schienen)*.
Jeg tar ofte trikken; jeg kan ta toeren *(die Zwei)* til Nordberg og gå over på
(umsteigen) sekseren der.
Trikken stopper ved Grand hotell. Der går jeg av *(steige ich aus)*.

2. Feste Wortverbindungen – Betonung

Sehr viele feste Wortverbindungen erscheinen als **eine** rhythmische Einheit. Solche
Verbindungen bestehen aus einem bedeutungsarmen Verb mit einem Zusatz, der ein
Substantiv, ein Adjektiv oder ein Adverb ist. Sie sind mit entsprechenden Fügungen
der deutschen Sprache, darunter Verben mit abtrennbaren Vorsilben, vergleichbar.
Das Verb ist unbetont, der gesamte Druck liegt auf dem Zusatz:

komme hjem [kɔmə 'jem]	*heimkommen*
kjøre bil [çøːrə 'biːl]	*Auto fahren*
ta drosje [taː ᵛdrɔʃə]	*ein Taxi nehmen*
ha fri [haː 'friː]	*frei haben*
ha lyst til [haː 'lyst til]	*Lust haben*

---

*) „**en**" kann in diesen Sätzen wegfallen.

4C Grammatik

1. Genitiv und Genitivumschreibung

Genitiv:	Håkons bil	*Håkons Auto*
	Fru Holms bok	*Das Buch der Frau Holm*

Besitzer: Vorangestellt mit **-s**
Besitz: Nachgestellt in unbestimmter Form

Umschreibung:	Bil**en til** Håkon	*Das Auto von Håkon*
	Bok**a til** fru Holm	*Das Buch von Frau Holm*

Besitz: Vorangestellt in bestimmter Form
Besitzer: Nachgestellt mit der Präposition **til.**

Die Genitivumschreibung ist gebräuchlicher als der „s-Genitiv".

2. Präteritum der schwachen Verben

Die meisten schwachen Verben, deren Stamm auf **d, t** oder zwei oder mehr verschiedenen Konsonanten enden, haben die Präteritumsendung **-et:**
Hun gledet seg. *Sie freute sich.*

3. Präteritum der starken Verben

Wie im Deutschen haben die starken Verben im Präteritum einen anderen Vokal als im Infinitiv, aber keine eigene Präteritumsendung:

se – jeg så	være – jeg var	sitte – jeg satt
sehen – ich sah	*sein – ich war*	*sitzen – ich saß*

4. Modalverben

	können	*müssen*	*sollen*	*wollen*	*„ich möchte"*
Infinitiv	kunne	måtte	skulle	ville	ha lyst til å
Präsens	kan	må	skal	vil	har lyst til å
Präteritum	kunne	måtte	skulle	ville	hadde lyst til å

Jeg kan/må/skal/vil komme nå. Jeg har lyst til å komme nå.

5. Hilfsverben

	Inf.	*Präs.*	*Prät.*	*Perf.Ptz.*
haben	ha	har	hadde	hatt
sein	være	er	var	vært
werden	bli	blir	ble	blitt

6. Einige Kurzverben

ziehen	dra	drar	dro	dratt
nehmen	ta	tar	tok	tatt
bekommen	få	får	fikk	fått
gehen	gå	går	gikk	gått
sehen	se	ser	så	sett

7. Die gewöhnlichsten Fragewörter

hvem [vem]	*wer/wen/wem*	Hvem er det?
		Hvem ser du?
hvem sin	*wessen*	Hvem sin bil er det?
hva [vaː]	*was*	Hva sier du?
hvilken ['vilkən] m	*welcher/-en/-em*	Hvilken trikk tar du?
hvilken f	*welche/-er*	Hvilken bok?
hvilket ['vilkət] n	*welches/-em*	I hvilket hus?
hvor [vur]	*wo*	Hvor er du?
hvor(-hen)	*wohin*	Hvor går du (hen)?
hvor	*wie (vor Adj., Adv.)*	Hvor lenge blir du?
hvordan ['vurdan]	*wie*	Hvordan kjører du?
hvorfor ['vurfɔr]	*warum*	Hvorfor går du ikke?
når [nɔr]	*wann*	Når kommer du?

8. Die Zahlen von 1 bis 12

Die Grundzahlen:

1 en [eːn]	5 fem [fem]	9 ni [niː]
2 to [tuː]	6 seks [seks]	10 ti [tiː]
3 tre [treː]	7 sju [ʃʉː] (syv [syːv])	11 elleve [ˇelvə]
4 fire [ˇfiːrə]	8 åtte [ˇɔtə]	12 tolv [tɔl]

Die Ordnungszahlen:

1. første [ˇfœrstə]	5. femte [ˇfemtə]	9. niende ['niːənə]
2. andre [ˇandrə]	6. sjette [ˇʃetə]	10. tiende ['tiːənə]
3. tredje [ˇtreːdjə]	7. sjuende ['ʃʉːənə]	11. ellevte [ˇeləftə]
	(syvende ['syːvənə])	
4. fjerde [ˇfjæːrə]	8. åttende ['ɔtənə]	12. tolvte [ˇtɔltə]

4D Übungen

1. *Fragen zu Text I:*

   a) Hvem er fru Holm? b) Hvem ville fru Holm besøke? c) Hvem er Håkon? d) Hvor leste vi om Håkon? e) Hva hadde fru Holm lyst til? f) Hvor er Kristin? g) Hvem er Holm? h) Hva sa Holm i telefonen? i) Når omtrent kommer Holm hjem? j) Hvorfor ville ikke fru Holm kjøre bil? k) Hvorfor tok hun ikke trikken? l) Hvordan kom hun til klinikken?

2. *Fragen zu Text II:*

   a) Hvor stoppet drosjen? b) Hvor gikk fru Holm først? c) Hvor gikk hun så? d) Hvordan kom hun opp til 6. etasje? e) I hvilken seng lå Kristin? f) Hvem ligner babyen mest på? g) Hvordan er pannen til Kristin? h) Hvordan er øynene til babyen? i) Har Håkon brune øyne? j) Kan øynene til en nyfødt forandre seg? k) Hvor lenge *(lange)* ble fru Holm hos *(bei)* Kristin? l) Hvorfor måtte hun gå?

3. *Übersetzen Sie ins Norwegische:*

   a) Ich kann nicht Auto fahren. b) Heute nehmen wir den Bus nach Nordberg. c) Hält der Bus am Grand Hotel? d) Rolf Kurlands Vater war Busfahrer. e) Ich möchte dich besuchen. f) Wann kommst du nach Hause? g) Ich komme um fünf herum mit der Bahn nach Hause. h) Herr Holm fährt selten mit der Bahn. i) Er fährt nicht Auto; deshalb nimmt er oft ein Taxi. j) Frau Holm hat ein Auto, aber sie fährt trotzdem nicht oft. k) Frau Holm hat einen Opel gehabt; jetzt hat sie einen Volvo. l) Frau Holm ist Bibliothekarin; heute hat sie frei.

4. *Setzen Sie ins Präteritum:*

   Eksempel: Hun ser på skjermen foran seg.
   Hun så på skjermen foran seg.

   a) Fru Holm tar drosje til sykehuset. b) Håkon har fri i dag. c) Jeg har lyst til å gå hjem. d) Hvorfor tar du ikke drosje? e) Barnet ligner mest på Håkon. f) Jeg drar dit, men jeg kjører ikke selv.

5. *Setzen Sie ins Perfekt:*

   Eksempel: Hun ser på skjermen foran seg.
   Hun har sett på skjermen foran seg.

   a) Fru Holm er alene. b) Kristin får en datter, og Holm blir bestefar. c) Håkon ringer i dag. d) Tar du drosje? e) Nei, jeg kjører selv. f) Går bussen fra Nordberg nå? g) Besøker du henne ofte? h) Er det mye trafikk i dag? i) Hun tar heisen opp.

Eksempel: Kristin kjører ikke bil i dag.
Kristin har ikke kjørt bil i dag.
j) Kristin har også blå øyne. k) Håkon har ikke fri i dag. l) Hun tar sjelden heisen opp til 4. etasje. m) Jeg drar ofte hjem ved firetida. n) Paul og Eva kommer nok.

6. *Verbinden Sie die Fragewörter mit den passenden Sätzen:*
   Hvem   buss går til Nordberg?
   Hvem sin   er sykehuset?
   Hva   har Kristin det?
   Hvilken   kjører lastebil?
   Hvilket   er det visitt-tid?
   Hvor   lastebil er det?
   Hvor(-hen) gjør du?
   Hvordan   kjører ikke fru Holm bil?
   Hvorfor   kjører fru Holm?
   Hva   sykehus er det?
   Når   heter du?

7. *Treppenrätsel*

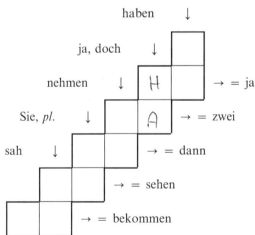

8. *Ersetzen Sie den s-Genitiv durch die „til"-Konstruktion:*
   Eksempel: de gamle foreldrenes hus
           huset til de gamle foreldrene
   a) Håkons bil står i garasjen.   b) Der ligger bestefars bøker.   c) Rolf Kurlands drosje er en Mercedes.   d) Paul Skogstads telefonnummer er 02/53 91 02.   e) Har du sett fru Holms datterdatter?   f) Dette husets hovedinngang er på nordsiden.   g) Kristin og Håkons barn skal hete Merete.   h) Herr og fru Holms barnebarn ligner mest på faren.

9. *Setzen Sie alle Zahlen von 1 bis 12 ein, waagerecht oder senkrecht (Jede Zahl nur einmal):*

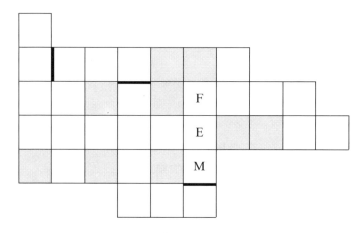

5A

5A Text

Leiligheten til familien Skogstad

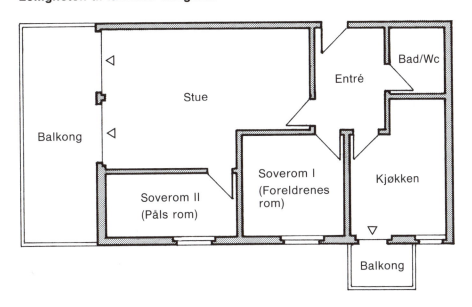

Paul og Eva Skogstad har en leilighet på ca 65 m². Den ligger i 4. etasje og består av stue, to soverom, kjøkken, bad med WC og entré. Det hører også en stor balkong (ca 2,5 × 6 meter) til leiligheten. Utenfor kjøkkenet er det enda en balkong, men den er ganske liten. Det er en pen og koselig leilighet med mye sol, men den er etter hvert blitt for liten for dem.
På tegningen kan du se hvordan rommene er plassert. Når man kommer inn i entréen, fører en dør til høyre inn til stua. En dør midt imot går inn til det største soverommet. Det er egentlig ikke så stort, bare ca 11 m². Gjennom den innerste døra til venstre kommer en ut på kjøkkenet, og den andre døra til venstre er til badet. Fra stua kan en også gå ut på balkongen gjennom en stor skyvedør med glass. Den kan skyves helt til siden, slik at stua og balkongen nesten blir ett sammenhengende rom. Om sommeren står den åpen for det meste. Det gjør stua større. Balkongen ligger mot sør-sørvest, så det er sol der til sent på kvelden.
Fra stua kommer en også inn i det minste soverommet. Det er rommet til Pål. Det er nokså lite, men det er et koselig rom, og Pål liker det godt. Men det er litt tungvint for ham at han må gå gjennom stua og gangen for å komme

49

5A

på badet. Vinduene på soverommene og kjøkkenet vender mot øst. Derfor blir det lyst tidlig på morgenen. Balkongen utenfor kjøkkenet bruker de lite. De er misfornøyde med den, fordi den er så liten. I det hele tatt er leiligheten i minste laget, synes de, og de ser av og til på annonsene i eiendomsspalten. Men foreløpig har de ikke konkrete planer om å flytte.

leilighet [ˈlæjliheːt] *m* — *Wohnung*
fa'milie *m* — *Familie*
på — hier: *von*
65 = 'seksti'fem — *fünfundsechzig*
ca = cirka ['sirka] — *zirka, etwa*
m² = kvadratmeter — *Quadratmeter* [kvadˈraːt-] *m*
den [den] — *er/sie (nicht Person)*
4. etasje — *3. Stock*
bestå, -stod, -stått av — *bestehen aus*
stue [ˈstʉːə] *f* — *Wohnzimmer*
soverom [ˈsoːvərum] *n* — *Schlafzimmer*
kjøkken [ˈçœkən] *n* — *Küche*
WC [ˈveː ˈseː] *m od. n* — *Klosett, Toilette*
entré [aŋˈtreː] *m* — *Diele, Flur*
høre til, -te, -t — *gehören zu*
bal'kong *m* — *Balkon*
× = ganger [ˈgaŋər] — *mal*
'meter *m, Pl.* - — *Meter*
utenfor [ˈʉːtənfɔr] — *außerhalb, vor*
ᵛenda — *noch*
ᵛganske — *ganz; ziemlich*
pen — *schön, hübsch, nett*
sol [suːl] *f* — *Sonne*
etter hvert [etərˈvært] — *nach und nach, allmählich*
for liten for dem — *zu klein für sie*
på — *auf*
tegning [ˈtæjniŋ] *m* — *Zeichnung*
pla'ssere, -te — *placieren, legen, setzen usw.*
plassert [plaˈseːrt] — *placiert; gelegen*
ᵛføre, -te, -t — *führen*
dør *f* — *Tür*
til høyre [-ˈhœjrə] — *rechts*
midt imot [ˈmit iˈmuːt] — *direkt gegenüber*
det/den største — *das/der/die größte*
egentlig [ˈeːgəntli] — *eigentlich*
gjennom [ˈjenɔm] — *durch*
'innerst — hier: *ganz hinten*
til 'venstre — *links*
en [eːn] — *man*
ut på kjøkkenet [ʉːt] — *in die Küche*
ut på balkongen — *auf den Balkon hinaus*
skyvedør [ˈʃyːvədøːr] *f* — *Schiebetür*
glass *n* — *Glas*
skyve [ˈʃyːvə], skjøv — *schieben* [ʃøːv], skjøvet

skyves *(Pass. v.* skyve) — *geschoben werden*
ᵛside *f* — *Seite*
ᵛsammenhengende — *zusammenhängend*
sommer [ˈsɔmər] *m* — *Sommer*
om sommeren [ɔm -] — *im Sommer*
ᵛåpen — *offen*
for det ᵛmeste — *meistens*
'større — *größer*
mot [muːt] — *gegen*
sør — *süd, Süden*
sørvest [søːrˈvest] — *südwest, Südwesten*
sent [seːnt] *v.* sen — *spät*
kveld [kvel] *m* — *Abend*
sent på kvelden — *spät am Abend, spätabends*
minst — *kleinster/-e/-es*
Pål [poːl] — (männl. Vorname)
nokså [ˈnɔksɔ] — *ziemlich*
ᵛlike, -te, -t; — *mögen*
han liker rommet — *das Zimmer gefällt ihm*
tungvint [ˈtuŋvint] — *umständlich, unpraktisch*
ham [ham] — *ihn, ihm*
gang *m* — *Gang;* hier *Flur*
for å komme — *um zu kommen*
vende [ˈvenə], -te, -t — *wenden, gehen*
øst [œst] — *ost, Osten*
lyst [lyːst] *v.* lys — *hell*
tidlig [ˈtiːli] — *früh*
morgen [ˈmoːrən] *m* — *Morgen*
bruke [ˈbrʉːkə], -te, -t — *gebrauchen, benutzen*
ᵛlite — *wenig*
misfornøyd [ˈmis- — *mißvergnügt, unzufrieden* fɔrnœjd]
fordi [fɔrˈdiː] — *weil*
'altfor — *allzu*
i det hele tatt [idə- — *überhaupt* ᵛheːlətat]
i minste laget [i ᵛminstə — *etwas zu klein/knapp* ˈlaːgə]
annonse [aˈnɔŋsə] *m* — *Anzeige, Inserat*
eiendom [ˈæjəndɔm] *m* — *Eigentum, Besitz*
ᵛspalte *m* — *Spalte*
i eiendomsspalten — *unter „Immobilien"*
foreløpig [ˈfoːrəløːpi] — *vorläufig*
konk'ret — *konkret*
plan *m* — *Plan*
ᵛflytte, -et, -et — *umziehen*

50

5B Sprachgebrauch und Landeskunde

1. Bolig – Wohnung und Unterkunft

enebolig *m*	*Einfamilienhaus*	gulv [-ʉ-] *n*	*Fußboden*
rekkehus *n*	*Reihenhaus*	vegg *m*	*Wand*
leilighet *m*	*Wohnung*	tak *n*	*Decke; Dach*
hybel *m*	*Zimmer, „Bude"*	trapp *f*	*Treppe*
3-roms leilighet	*Dreizimmerwohnung*		

bo: Hvordan bor familien Skogstad? – De bor i en leilighet.

eie: Eier de leiligheten? – Ja, de eier den selv, det er en selveierleilighet *(Eigentumswohnung)*.

leie: Øyvind Haug er student. Han leier et rom hos Johannessen. Han bor på hybel hos Johannessen. Han er leieboer [ˈlæjəbuːər]. Johannessen er huseier. Han leier ut rommet.

leie *m*: Leieboeren betaler leie (husleie) til huseieren.

Hjelp!
Ungt, forl. par søker hybel/leil. Ikke røykere. Hun lærer, han student. Tlf. 02/123456

Møblert to roms leilighet med peis, balkong, til leie på Eiksmarka. Leie kr. 4000 pr.mnd.Bm. 3709.

(Bm. = billett merket *Angebote erbeten unter . . .*, forl. = forlovet *verlobt*)

2. Gratisgloser – Gratisvokabeln

faˇsade *m*	'møbel *n*	stol [-uː-] *m*
gardeˇrobe [-uː-]	par'kett *m*	'villa *m*
kommode [-ˇmuːdə] *m*	piano *n*	
ˇlampe *f*	sofa [-uː-] *m*	

3. Falske venner – Falsche Freunde

kamin *m*	*Kamin (großer Ofen)*	brett *n*	*Tablett*
peis *m*	*offener Kamin*	bord [buːr] *n*	*Brett (Planke); Tisch*
pipe *f*	*Kamin (Schornstein)*		
		leie, -de	*mieten*
1. etasje	*Erdgeschoß*	låne, -te	*leihen*
2. etasje	*1. Etage*		
3. etasje	*2. Etage* usw.	tak *n*	*Dach; Decke*

51

5B/5C

4. Diftonger – Diphthonge

Die drei wichtigsten Diphthonge, **ei, øy** und **au,** entsprechen den deutschen Diphthongen **ei, eu/äu** und **au.** In der Aussprache unterscheiden sie sich jedoch etwas von den deutschen Zwielauten:

ei [æj]: leilighet, heis. In einigen Wörtern wird **eg** geschrieben, z. B. jeg, tegning.
øy [œj]: Øyvind, høyre, øye.
au [ɑʉ]: Paul, pause, automat.

5. Språkvariasjon

Unter den vielen Doppelformen der norwegischen Sprache finden sich oft die Gegensätze **ei:e** und **øy:ø,** seltener auch **au:ø.** Die Wortformen mit Diphthong gehören eher der mündlichen, mehr oder weniger mundartlich angefärbten Umgangssprache an, während die Formen mit einfachem Vokal vor allem in der konservativeren Schriftsprache zu finden sind.

Beispiele:

stein = sten *Stein*	røyke = røke *rauchen*	hauk = høk *Habicht*
sein = sen *spät*	Bygdøy = Bygdø *Ortsteil in Oslo*	graut = grøt *Grütze*
brei = bred *breit*		

5C Grammatik

1. Das Personalpronomen im Singular

Das persönliche Pronomen hat zwei Kasusformen:

Nominativ	jeg	du	han	hun
Akkusativ = Dativ	meg	deg	han/ham	henne

(Die Formen han/ham können wahlweise benutzt werden.)

Diese Pronomen beziehen sich nur auf Personen:
Jeg spør deg. Du ser meg. Hun betaler ham/han. Han ser på henne.

2. Das „unpersönliche" Pronomen

Für Nicht-Personen heißt das Pronomen der 3. Person Singular im Maskulinum und Femininum **den** [den] und im Neutrum **det** [deː]:

Hva koster boka? **Den** koster ikke mye.
Hva koster bilen? **Den** koster ikke mye.
Hvor stort er badet? **Det** er ca 2 × 2 meter.

52

Die Pronomen **den** und **det** haben keine besonderen Formen für die verschiedenen Kasus:

Hun betaler den (z. B. boka oder bilen).

Han maler *(malt)* det (z. B. badet).

3. Das Partizip Perfekt der schwachen Verben

Das Partizip Perfekt hat keine Vorsilbe (wie das deutsche *ge-*). Die Endung richtet sich nach der Präteritumsendung, vgl.:

	Präteritum **-et**	*Partizip Perfekt* **-et**
å vente	Han ventet.	Han har ventet.
å glede seg	Hun gledet seg.	Hun har gledet seg.

	Präteritum **-te**	*Partizip Perfekt* **-t**
å ringe	Telefonen ringte.	Telefonen har ringt.
å besøke	Han besøkte henne.	Han har besøkt henne.

4. Das Partizip Präsens

In Fügungen wie: *Er kam gelaufen* hat man im Norwegischen nicht Partizip Perfekt, sondern Partizip Präsens: Han kom løpende. Das Partizip Präsens hat die Endung **-ende**: gå – gående, løpe – løpende, røre – rørende *rühren – rührend*. Am häufigsten wird diese Verbalform als Adjektiv benutzt: en rørende historie *eine rührende Geschichte*.

5. Relativpronomen und Relativsatz

Das Relativpronomen heißt immer **som:**

balkongen **som** ..., døra **som** ..., badet **som** ..., vinduene **som** ...

Das Relativpronomen steht immer an der Spitze des Relativsatzes:

Balkongen som hører til leiligheten, er 3 × 6 meter.

Der Relativsatz kann entweder in den Hauptsatz eingegliedert oder an diesen angehängt werden. Wenn der Relativsatz eingegliedert ist, steht nach ihm ein Komma:

Det rommet som de bruker mest om sommeren, er balkongen.

Dies gilt für den Fall, daß der Relativsatz für die Bedeutung des ganzen Satzes notwendig ist. Ist das nicht der Fall, steht auch vor dem Relativsatz ein Komma:

Balkongen, som er stor og fin, bruker de mest om sommeren.

Wird der Relativsatz angehängt, steht **kein** Komma:

Balkongen er det rommet som de bruker mest om sommeren.

5C/5D

6. Passiv

Das Passiv endet im Infinitiv und im Präsens auf **-s:**
(Es gibt auch eine Variante, die so gebildet wird wie im Deutschen; s. Lektion 6.)

Jeg åpner *(öffne)* døra – Døra åpnes *(wird geöffnet)*
Man kan skyve den til side – Den kan skyves til side.
Rolf Kurland kjører bilen – Bilen kjøres av Rolf Kurland.

Das unpersönliche **man** als Subjekt im aktiven Satz entfällt beim Umsetzen ins Passiv.

7. Die Zahlen von 13 bis 20

Grundzahlen:

13 tretten [ˇtretən]	17 sytten [ˇsœtən (ˇsytən)]
14 fjorten [ˇfjurtən]	18 atten [ˇatən]
15 femten [ˇfemtən]	19 nitten [ˇnitən]
16 seksten [ˇsæjstən]	20 tjue [ˇçɯːə] (tyve [ˇtyːvə])

Ordnungszahlen:

13. trettende [ˇtretənə]	17. syttende [ˇsœtənə (ˇsytənə)]
14. fjortende [ˇfjurtənə]	18. attende [ˇatənə]
15. femtende [ˇfemtənə]	19. nittende [ˇnitənə]
16. sekstende [ˇsæjstənə]	20. tjuende [ˇçɯːənə] (tyvende [ˇtyːvənə])

5D Übungen

1. *Spørsmål til teksten – Fragen zum Text:*
   a) Bor familien Skogstad i et rekkehus? – Nei, de bor ... b) Synes de at boligen er stor? – Nei, ... c) Kan Pål gå direkte inn på rommet sitt (sein Zimmer)? d) Er det mørkt (dunkel) på balkongen om kvelden? e) Må man gå gjennom kjøkkenet for å komme på badet? f) Ligger balkongen mot nord? g) Ligger kjøkkenbalkongen mot nord? h) Vender vinduet på Påls rom mot vest? i) Er det vindu på badet? j) Må man gå opp fire trapper for å komme til Skogstad?

2. *Hva står det her? – Was steht hier?*

> **Møbl. leil.** 3 rom + kjk. og balkong til 1. 21/6-1/8, sentralt. Kr. 5000 pr.mnd. Dep. T. 23 73 69.

5D

3. *Oversett til norsk – Übersetzen Sie ins Norwegische:*

a) In der Küche stehen ein kleiner Tisch und ein Stuhl. b) Wo steht der Tisch? – Er steht an der Wand. c) Wo steht der Stuhl? – Er steht am Tisch. d) Wie breit ist die Balkontür? – Sie ist etwa 1 Meter breit. e) Im 2. Stock wohnen Øystein Ås und Grete Andersen. f) Er ist Lehrer, und sie ist Studentin. g) Øyvind Haug ist Student. Er mietet ein Zimmer bei der Familie Holm. h) Die Familie Holm hat ein großes Haus, eine Villa. i) Neben dem Sofa steht eine Kommode, direkt gegenüber steht das Klavier. j) Auf dem Klavier steht eine kleine Lampe. k) Es ist auch ein Kamin im Wohnzimmer. l) Am Abend sitzt Herr Holm oft am Kamin.

4. *Hvordan bor du? – Wie wohnst du/Wie wohnen Sie?*
(Art der Wohnung – Größe – Lage – Einrichtung – Möbel usw.)

5. *Sett om til preteritum – Setzen Sie ins Präteritum:*

a) Pål ligner på sin far. b) Jeg liker ikke det stedet. c) Om sommeren bader de hver *(jeden)* dag. d) Grete Andersen venter på bilen. e) Det vender seg til det beste. f) Anne Berg underviser i norsk. g) Han leser en engelsk bok. h) Jeg hører ikke hva du sier. i) Hun gleder seg som (wie) et barn.

6. *Sett om til perfektum – Setzen Sie ins Perfekt:*

a) Grete og fru Holm snakker med hverandre. b) Øystein ringer til Håkon. c) Jeg gratulerer ham med fødselsdagen. d) Rolf Kurland leverer henne en pakke *(Paket)*. e) Han stopper foran huset. f) Grete Andersen venter på bilen. g) Det vender seg til det beste. h) Rolf Kurland lærer norsk på et universitetskurs. i) Han leser en norsk bok.

7. *Sett inn rett form av adjektivet – Setzen Sie die richtige Form des Adjektivs ein:*

a) stor, pen: Leiligheten er – og –.
Kjøkkenet er – og –.
Stua er – og –.
Alle rommene er – og –.

b) søt, liten: Det er en – – pike.
Det er ei – – jente.
Det er et – – barn.

c) åpen: Døra mellom gangen og kjøkkenet står –.
Vinduet på rommet til Pål står –.
Alle vinduene i 2. etasje står –.

8. *Gjør disse setningene om til passivsetninger – Setzen Sie diese Sätze ins Passiv:*

a) Hvilket språk snakker man i Norge? b) Læreren underviser elevene i norsk. c) Fru Holm betaler sjåføren. d) Hvordan uttaler man dette ordet? e) Hvordan uttaler en islending dette ordet? f) Kan man uttale det annerledes *(anders)*?

5D

9. *Hvilken preposisjon er riktig? – Welche Präposition ist die richtige?*
   a) Pål går inn i/til/på rommet sitt.   b) Det står et bord i/av/på balkongen.
   c) Leiligheten består av/fra/til tre rom og kjøkken.   d) Jeg har en hybel av/med/på 12 m².   e) Bilen stoppet for/utenfor/foran hovedinngangen.   f) Håkon er svigersønnen av/fra/til fru Holm.   g) Står det bra til for/med/til deg?   h) Hun ligner ikke av/med/på/til faren.   i) Det står et bord på/til/ved veggen i/på/til kjøkkenet.

10. *Preposisjoner – Präpositionen*

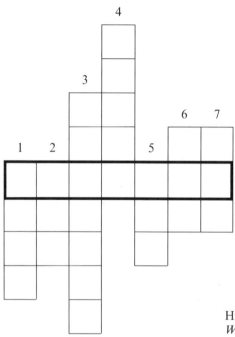

Von oben nach unten:

1 = ohne
2 = zu
3 = durch
4 = vor
5 = für
6 = gegen
7 = von

Hva betyr det vannrette ordet?
Was bedeutet das waagerechte Wort?

6A

6A Text

Avtale med avbrytelser

– Skogstad, vær så god!
– Er det hos Skogstad?
– Ja, det er det. Hvem vil De snakke med?
– Jeg ville gjerne snakke med herr eller fru Skogstad.
– Et øyeblikk.
  (– Pappa, det er en mann som vil snakke med deg eller mamma.
  – Ja, jeg kommer.
  – Du pappa, han høres ut som en utlending. Hvem tror du det er?
  – Han sier det nok.)
– Nå kommer papp ... – eh – herr Skogstad.
– Ja, hallo!
– God dag, mitt navn er Rolf Kurland. Jeg er en venn av Johannes Landmark, og jeg skal hilse fra ham.
– Takk skal De ha! Det var da en hyggelig overraskelse!
– Jeg har med en liten gave til Dem og Deres kone fra familien Landmark. Jeg ville gjerne gi Dem den.
– Så hyggelig! Men da må De komme og besøke oss. Kan De i dag?
– Ja, takk, det vil jeg gjerne. Kan jeg ta en trikk eller buss til Dem? Jeg bor på Grand hotell.
– Ja, det kan De i og for seg. Men det er nokså langt hit, så bussen tar lang tid. Dessuten går den ikke så ofte. Vi gjør det heller slik at jeg henter Dem på Grand.
– Men det er da altfor mye bry, herr Skogstad. Jeg har tid til å ta bussen.
– Nei, det er ikke noe bry. Jeg skal hente min kone på stasjonen, så jeg kan hente Dem med det samme. Skal vi si om en halv time?
  (– Ja, men pappa, ...
  – Hysj, vent litt, da!)
– Ja, tusen takk, herr Skogstad, da venter jeg i resepsjonen om en halv time.
– Det er greit. Ha det bra så lenge!
– Ha det bra!
  (– Ja, men pappa, du har jo lovet å bli med på treninga, jo!
  – Å søren, det hadde jeg glemt. Men jeg må jo hente mamma i alle fall.
  – Ja, men åssen skal jeg komme på treninga da, da?

6A

– Hør her: Jeg kan ikke være med deg og svømme i dag. Men jeg kjører deg til svømmehallen. Du kan ta bussen hjem. Jeg får heller bli med deg på treningen neste gang.
– Men mamma, da?
– Ja, så henter jeg henne da. Og så drar hun og jeg og henter denne vennen til Landmark.
– Du greier ikke det på en halvtime, pappa!
– Nei, jeg får ringe til Grand og gi beskjed.)

...   .

– Grand hotell, resepsjonen.
– Jeg vil gjerne snakke med en tysk gjest som heter Rolf Korlant eller noe lignende.
– Et øyeblikk. ... Ja, det må være Rolf Kurland. Han bor på 412. Et øyeblikk. ... Der er det opptatt. Vil De vente så lenge?
– Ja, jeg venter, jeg.
(– Kan ikke du gjøre deg klar så lenge da, Pål? Og så rydd vekk det på bordet!
– Hvor skal jeg gjøre av det da, pappa?)
– Kurland.
– Morn igjen, herr Kurland, dette er Paul Skogstad. Jeg tror jeg blir litt forsinket, for jeg må kjøre min sønn til svømmehallen først. Men vi kommer – altså min kone og jeg kommer om tre kvarter, tenker jeg, i alle fall innen en time.
– Ja, det er helt greit. Jeg skal være klar om tre kvarter.
– Det er bra. Morn'a!
– Morn'a!

ᵛavtale *m*	*Verabredung, Abmachung*	ᵛhyggelig [-li]	*angenehm, nett*
'avbrytelse *m*	*Unterbrechung*	overraskelse [ᵛoː-]	*Überraschung*
vær så god [guː]	*bitte*	ha med	*mitbringen*
hos [hus]	*bei (einer Person)*	ᵛgave *f*	*Geschenk*
gjerne [ᵛjæːrnə]	*gern*	Dem	*Sie, Ihnen*
deg [dæj]	*dich, dir*	ᵛDeres	*Ihr, Ihre*
ᵛhøres ut som ...	*sich wie ... anhören*	kone [ᵛkuːnə] *f*	*Frau (Ehefrau)*
utlending [ᵛʉːtleniŋ] *m*	*Ausländer*	ja, takk	*ja, gern*
tro [truː], -dde, -dd	*glauben*	i og for seg [-sæj]	*an und für sich*
hvem tror du det er?	*wer glaubst du, daß es ist?*	hit	*hierher*
		så	*daher*
		ta lang tid	*viel Zeit brauchen*
nok [nɔk]	*wohl, schon, sicher*	'dessuten [-ʉː-]	*außerdem*
venn *m*	*Freund*	ofte [ᵛɔftə]	*oft*
ᵛhilse, -te, -t	*grüßen*	'heller	*lieber*

slik	*so*	^vsvømmehall *m*	*Schwimmhalle,*
^vhente, -et, -et	*(ab)holen*		*Schwimmbad*
bry *n*	*Mühe*	få *hier: Modalvb.*	etwa: *müssen*
stasjon [sta'ʃuːn] *m*	*Bahnhof*	gang *m*	*Mal*
med det ^vsamme	*gleichzeitig*	^vneste gang	*das nächste Mal*
skal vi si ...	*sagen wir ..., wollen*	som [sɔm]	*wie*
	wir ... sagen	^vgreie, -de, -d	*schaffen*
om [ɔm] en time	*in einer Stunde*	^vhalvtime [hal-] *m*	*halbe Stunde*
hysj! [hyʃ]	*pst! still!*	på en halvtime	*in (im Laufe v.) einer*
'tusen	*tausend*		*halben Stunde*
resepsjon [-'ʃuːn] *m*	*Empfangshalle, Rezep-*	beskjed [-'ʃeː] *m*	*Bescheid*
	tion	gi beskjed	*Bescheid sagen*
grei	*klar; recht*	gjest [jest] *m*	*Gast*
det er greit	*das ist in Ordnung*	noe [^vnuːə]	*etwas*
ha det bra så lenge!	*etwa: bis gleich!*	lignende [^vliŋnənə]	*ähnlich*
love [^vloːvə], -et, -et	*versprechen*	opptatt ['ɔptat]	*besetzt*
bli med	*mitkommen*	gjøre klar	*fertigmachen*
^vtrening *f*	*Training*	så lenge	*so lange*
^vsøren!	*oje!*	^vrydde vekk, -et, -et	*wegräumen*
^vglemme, -mte, -mt	*vergessen*	gjøre av	*hintun*
i ^valle fall	*auf alle Fälle*	morn [mɔrn]!	*(guten) Tag!*
'åssen = hvordan	*wie*	igjen [i'jen]	*wieder, nochmals*
['vurdan]		kvarter [kvar'teːr] *n*	*Viertelstunde*
^vhøre, -te, -t	*hören*	^vtenke, -te, -t	*denken*
hør her [- hæːr]!	*hör mal her!*	^vinnen	*binnen, innerhalb*
være med	*mitkommen, mit-*	morn'a	*Tschüß, auf Wiederse-*
	machen		*hen*
^vsvømme, -mte, -mt	*schwimmen*		

6B Sprachgebrauch und Landeskunde

1. Höflichkeitsanrede De (Dem/Deres)

Kan De si meg telefonnummeret til drosjesentralen?
Jeg kan hente Dem på stasjonen.
De kan henvende Dem i luke 4.
Kan jeg hjelpe Dem med noe?
Kan jeg få telefonnummeret Deres?

Die höfliche Anrede mit **De** entspricht der deutschen Sie-Anrede, wird aber als viel formeller empfunden. Unter jüngeren Leuten ist die De-Anrede so gut wie ausgestorben. In amtlichen und geschäftlichen Verbindungen und als betont formelle Anrede wird **De/Dem/Deres** zum Teil noch gebraucht.

2. Herr, Frau – herr(e), fru(e)

herr Skogstad – Han er en virkelig herre *(ein wirklicher Herr)*
fru Skogstad – En frue er en gift kvinne *(eine verheiratete Frau)*
Das Wort frøken *(Fräulein)* wird heute kaum noch verwendet.

herre, frue (und konge *König*) verlieren vor Namen das auslautende **-e**: Kong Håkon var Norges konge fra 1905 til 1957.

6B

herr/fru + Name kommt immer seltener vor, meistens steht der Name (Familienname) allein: Jeg vil gjerne snakke med Skogstad.

Voller Name (Vorname + Familienname) ohne Titel ist neutral, korrekt und wird am meisten verwendet: Jeg vil gjerne snakke med Paul Skogstad/ ... med Eva Skogstad.

(Anredeformen wie „mein Herr", „sehr geehrter Herr", „gnädige Frau" u. Ä. werden auch im Schriftverkehr nicht verwendet. Dasselbe gilt für akademische Grade.)

3. Entschuldigung

Unnskyld! ['ʉnʃyl] *(Entschuldigen Sie!)*
Unnskyld forstyrrelsen *(die Störung)!*
Unnskyld, kan jeg komme forbi *(vorbei)?*
Antwort: **Ja, vær så god!** *(Ja, bitte!)*
(Auch nachträglich, bei kleineren Störungen, sagt man unnskyld.)

Nachträglich – um sich für ein Versehen oder etwas Unangenehmes zu entschuldigen – sagt man:

Om forlatelse: [ɔm fɔr'laːtəlsə] *(Verzeihung! Verzeihen Sie!)*
Antwort: **Det gjør ingenting** *(macht nichts)*.

4. Bitte

Vær så god, den er til deg *(für dich)*.
Vær så snill å vente litt!
Vent litt, **er du/De snill!**
Vennligst vent litt!
Ta et stykke kake til, **vær så god** *(bitte schön)!*
Ta et stykke kake til, **vær så snill** *(tu(n Sie) mir doch den Gefallen)!*

Wer etwas gibt, erlaubt, anbietet, sagt: **vær så god!** ['væˈrsoˈguː]
Wer etwas haben oder erreichen will, sagt: **vær så snill!** ['væːrsoˈsnil]

5. Danke – takk

Mange takk! *(Vielen Dank)*
Tusen takk! *(„Tausend Dank")*
Takk skal du/De ha!
Antwort: **Vær så god!**
          Ingenting å takke for! *(nichts zu danken)*
Vil du/De ha et stykke kake til?   – **Ja, takk** *(Ja, gern)*.
                   Nei, takk *(Nein, danke)*.

Nach jeder Mahlzeit dankt man dem Gastgeber/der Gastgeberin für das Essen mit den Worten: **Takk for maten!** *(Danke für das Essen)*. Es gilt als unhöflich, diesen Dank zu vergessen.

Die Antwort darauf lautet: **Vel bekomme!** *(Wohl bekomm's)*.

Der Norweger mag in vielen Zusammenhängen weniger höflich erscheinen als der Deutsche, dafür bedankt er sich um so häufiger. Zum Beispiel sagt man oft, wenn man einen Bekannten trifft: Takk for sist! *Danke für's letzte mal* – wobei das „letzte mal" gestern oder vor einem Jahr gewesen sein mag.

6. Ich möchte

Jeg **har lyst til** å gå nå. *Ich möchte jetzt gehen.*
Jeg **har lyst på** en sjokoladeis [ʃukuˠlaːdə-iːs].
Jeg **ville gjerne** snakke med Paul Skogstad. *(sehr höflich)*
Jeg **vil gjerne** snakke med Paul Skogstad. *(höflich)*
Kan jeg få snakke med Paul Skogstad? *(direkt, schlicht)*
Hva ønsker De? (Im Geschäft – höflich: *Was möchten Sie?*)

7. Språkvariasjon – Sprachvarianten

Der kleine Junge Pål spricht eine ziemlich lockere Umgangssprache. Sein Vater spricht etwas „steifer"; vgl.:

Umgangssprache:	*Hochsprache:*
trening**a**	trening**en**
'åssen	**hvordan** ['vurdan]
kon**a mi**	**min** kone
ha det!	ha det **bra!**
Hvor skal jeg gjøre av det, da:	
['vu ʃkaː jæ ˠjøːra də da]	[vur skal jæj ˠjøːrə a də da]

6C Grammatik

1. Zusammengesetzte Verben

Die zusammengesetzten Verben sind im Norwegischen entweder in allen Formen zusammengesetzt oder werden in allen Formen getrennt:

å uttale	uttaler	uttalte	har uttalt
å undervise	underviser	underviste	har undervist
å banke på	banker på	banket på	har banket på
å se ut	ser ut	så ut	har sett ut

2. Präposition am Ende des Satzes

Den bussen **som** de kjørte **med** ...	*Der Bus, mit dem sie fuhren, ...*
Hvem vil De snakke **med?**	*Mit wem wollen Sie sprechen?*
Hva venter du **på?**	*Worauf wartest du?*
Henne vil jeg ikke ringe **til.**	*Die will ich nicht anrufen.*

6C/6D

Ist das Präpositionalobjekt ein Relativpronomen oder ein Fragepronomen, wird es an die Satzspitze gestellt. Auch andere stark betonte Worte können die Spitzstelle einnehmen. Die dazugehörende Präposition bleibt jedoch am Satzende.

3. Passivumschreibung mit „bli"

Neben dem „s-Passiv" (vgl. 5C6) gibt es auch ein umschriebenes Passiv: Hilfsverb **bli** + **Ptz.Perf.**

Inf.:	bli åpnet	(= åpnes)
Präs.:	blir åpnet	(= åpnes)
Prät.:	ble åpnet	
Perf.:	er/har blitt åpnet	

Jeg kan hente henne   → Hun kan bli hentet = Hun kan hentes
Jeg henter henne   → Hun blir hentet = Hun hentes
Jeg hentet henne   → Hun ble hentet
Jeg har hentet henne   → Hun er/har blitt hentet

Während das s-Passiv nur im Infinitiv und im Präsens gebräuchlich ist, kann man mit der Umschreibung mit bli in allen Zeitstufen Passivformen bilden.

6D Øvelser

1. *Spørsmål til teksten:*

a) Hvem er Rolf Kurland? b) Hvem vil han snakke med? c) Hvem tar telefonen? d) Hvem skal Kurland hilse fra? e) Hvem har han en gave til? f) Kan Kurland ta en trikk til Skogstad? g) Hvorfor tar han ikke bussen? h) Hvem skal Skogstad hente? i) Hvor skal han hente henne? j) Hvor venter Kurland på Skogstad? k) Hva har Skogstad glemt? l) Hvor skal Pål hen? m) Hvordan skal Pål komme dit? n) Hvordan skal han komme hjem igjen? o) Hvorfor ringer Skogstad til Grand hotell? p) Hvilket rom har Kurland? q) Hvorfor må Skogstad vente et øyeblikk i telefonen? r) Hvem kommer og henter Kurland på hotellet?

2. *Oversett til norsk:*

a) Guten Tag, ich möchte gern Herrn Johansen sprechen. b) Entschuldigen Sie mich bitte einen Augenblick! c) Ich muß wohl anrufen und Bescheid sagen. d) Bitte, nehmen Sie Platz! e) Bitte schön, das ist für Sie. f) Verzeihung, wo ist das Grand Hotel? g) Möchten Sie noch ein Stück Kuchen? h) Ja, gern! – Nein, danke! i) Kannst du das wegräumen? j) Mit wem hast du gesprochen? k) Wo hast du das hingetan? l) Wie spricht man dieses Wort aus? m) Pål ging auf den Balkon hinaus. n) Haben Sie die Taxizentrale angerufen? o) Ich komme in einer halben Stunde. p) Paul Skogstad holt seine Frau am Bahnhof ab. q) Der deutsche Hotelgast heißt Rolf Kurland.

3. *Sett i riktig rekkefølge! – Setzen Sie in die richtige Reihenfolge:*
a) du hvem på ser? b) med du hvem snakker? c) du med vil hvem snakke? d) du fru har ringt Skogstad til? e) du hente hvem på skal stasjonen? f) venter på hva du? g) han ut en høres som danske. h) Pål gikk på kjøkkenet ut. i) på Pål far ligner sin. j) av boka denne gjøre hvor jeg skal?

4. *Si det på norsk:*
a) Ich habe ihn nicht gesehen. b) Was sagst du? c) Kannst du ihn sehen? d) Jetzt habe ich alles gesagt. e) Ich sah ein großes Auto. f) Er ging auf sein Zimmer. g) Was hast du ihm gegeben? h) Jetzt mußt du gehen, sagte Jo. i) Das will ich nicht sagen. j) Er gab mir etwas. k) Was willst du mir denn sagen? l) Kannst du mir 10 Kronen geben? m) Das Zimmer sah so nett aus.
Also, was bedeutet: ga – gi– gå – sa – se – si – så?
und: gitt – gått – sagt – sett?

5. *Sett inn den riktige høflighetsformel:*
vær så god / vær så snill / om forlatelse / unnskyld
a) –, vil du ha denne? b) –, er dette Det norske teatret? c) –, det gjør vel ikke vondt (weh)? d) – å gi meg den! e) –, hvor går bussen til Nordberg? f) –, er det plass ved siden av Dem? g) Ja, –!

6. *Sett om til „s-passiv" (s. 5C6) – Utelat subjektet i aktiv (Lassen Sie das aktive Subjekt im Passiv weg):*
a) Jeg skal hente min kone på stasjonen. b) Jeg kan hente Dem med det samme. c) Jeg må jo hente mamma i alle fall. d) Jeg kjører deg til svømmehallen. e) Så henter jeg henne da.

7. *Sett om til „bli-passiv" (vgl. 6C6) – Utelat subjektet i aktiv:*
Eksempel: Det forsinker meg litt → Jeg blir litt forsinket.
a) Jeg kjører Pål til svømmehallen. b) Jeg kjørte Pål til svømmehallen. c) Jeg har kjørt Pål til svømmehallen. d) Kan du hente meg om en time? e) Læreren underviser elevene i norsk. f) Man har ikke spurt meg om det. g) De behandlet ham pent.

6D

8. *Hva er dette?*

VIL DU	MED MEG?	*(sprechen)*
JEG	PÅ EN VENN.	*(warte)*
ET	!	*(Augenblick)*
	PÅL, ER FAR DER?	*(Morgen!)*
JEG SNAKKER	EN TYSKER.	*(mit)*
DET	IKKE NOE BRY.	*(ist)*
	, DETTE ER HANSEN	*(Hallo)*
	GÅR BRA	*(Alles)*
JEG BLIR	FORSINKET.	*(ein bißchen)*
DET ER EN	GAVE FRA HENNE.	*(kleines)*
JEG ER	VENN AV ANDREASSEN.	*(ein)*
DET ER	LANGT HIT.	*(ziemlich)*

7A

7A Text

Et brev om sol og sommer.

Lillevika 27 juni

Kjære Eva!

Takk for at vi får låne hytta deres disse dagene! Vi har det så fint her, sover godt, spiser godt og koser oss.
I går var vi på Langestrand og badet. Der var det virkelig fint! Dere har jo aldri vart der selv, det må dere rette på. Magnus og jeg syklet dit. Jeg lånte din gamle sykkelen dere har stående på hytta. Magnus brukte sin egen. Vi har nemlig tatt med sykkelen hans hit ut. Da vi skulle dra hit, satte Magnus det som betingelse at han skulle få med sykkelen sin, og det var egentlig bra, for han har god bruk for den her.
Men tilbake til Langestrand. Det siste stykket av veien var en koselig sti som snodde seg mellom trærne. Så kom vi ut på stranda. Den var annerledes enn vi hadde ventet. Vi hadde ventet oss en vanlig bukt med litt sand innerst. Men det vi så, var en slette som strakte seg ut med sand og svaberg, blomster, gras og tuster av marehalm. Skog og kratt i bakgrunnen. Det var ikke bare én bukt, men mange, små og store, dype og grunne.

65

7A

Det var ikke så mange mennesker der, for det er jo tidlig på sommeren ennå. Så det var god plass. Vi fant et fint lite svaberg for oss selv som stakk ut i sjøen. Vi hadde ikke med oss noe annet enn badetøy og et par håndklær, men når du har et svaberg å ligge på, kan du ikke ha det bedre. Strandmadrasser, luftmadrasser, stråmatter – alt sånt er helt overflødig. Du ligger der på det varme, blanke fjellet og ser ut over sjøen på skipene som drar forbi langt ute, båtene som går ut sundet på vei til en eller annen øy eller holme, brettseilerne som øver seg innimellom skjærene. Vinden stryker deg lett over ryggen, og måkene seiler høyt i det blå. Det var så varmt og deilig vær i går! Inne hos dere var det vel ubehagelig varmt, men her ute hadde vi en svalende sørvest bris hele dagen. Det var 20 grader i vannet. Jeg vet ikke hvor mange grader det var på land. Da vi kom tilbake til hytta ved 7-tiden, stod termometeret på nesten 50 grader. Men termometeret henger jo midt i sola, så det sier ikke så mye.
I dag har det også vært fint, men i ettermiddag hørte vi torden langt borte.
   Ha det bra, da. Eva, og hils Paul
           Hilsen Guri

(Siehe auch 7B1 und 7B2!)

brev *n*	*Brief*
ᵛkjære	*lieber, liebe*
takk for at ...	*vielen Dank dafür, daß*
	...
ᵛlåne, -te, -t	*leihen*
ᵛhytte *f*	*Hütte, Wochenendhaus*
ᵛderes	*euer*
ᵛdisse	*diese* (Pl.)
vi har det fint	*uns geht es gut*
her [hæːr]	*hier*
sove [ᵛsoːvə], sov, sovet	*schlafen*
ᵛspise, -te, -t	*essen*
kose [ᵛkuːsə] seg, -te, -t	*sich wohl fühlen*
i går	*gestern*
ᵛdere	*ihr*
ᵛaldri	*nie*
ᵛrette på, -et, -et	*ausbessern, abhelfen*
Guri [ᵛgʉːri]	*(weibl. Vorname)*
ᵛsykle, -et, -et	*radfahren*
'sykkel *m*	*Fahrrad*
stå, stod, stått	*stehen*
ha stående [ᵛstoːənə]	*etw. stehen haben*
sin ᵛegen	*sein/ihr eigener*
ᵛnemlig	*nämlich*
ᵛhennes	*ihr* (Sg.)
da	*als (Zeit)*
ᵛsette, satte, satt	*setzen, stellen*
be'tingelse *m*	*Bedingung*
ha bruk for	*nötig haben*
tilᵛbake	*zurück*
det siste	*das letzte*
vei *m*	*Weg*
sti *m*	*Pfad*
sno, -dde, -dd	*winden*
trær *Plur. v.* tre *n*	*Baum*
ᵛannerledes	*anders*
enn	*als (Vergleich)*
ᵛvente, -et, -et	*erwarten*
ᵛvanlig	*gewöhnlich*
det vi så	*was wir sahen*
ᵛslette *f*	*Ebene, Fläche*
ᵛstrekke (strakte, strakt)	*strecken*
strekke seg ut	*sich ausdehnen*
ᵛsvaberg *n*	*glattgeschliffener Felsen am Meer*
blomst [-ɔ-] *m*	*Blume*
gras *n*	*Gras*
tust [-ʉ-] *m*	*Büschel*
ᵛmarehalm *m*	*Strandhafer, Dünengras*
skog [-uː-] *m*	*Wald*
kratt *n*	*Gebüsch*
bakgrunn [ᵛbaːkgrʉn] *m*	*Hintergrund*

små	*kleine* (Pl.)
dyp	*tief*
grunn [-ʉ-]	*seicht*
ᵛmenneske *n*	*Mensch*
ᵛennå	*noch*
plass *m*	*Platz*
god plass	*reichlich Platz*
selv [sel]	*selbst*
ᵛstikke, stakk, stukket [u]	*stechen, stecken*
stikke ut	*herausragen*
annet [ᵛaːənt]	*anderes*
ikke noe annet enn	*nichts als*
et par	*ein paar*
badetøy *n*	*Badesachen*
håndkle [ᵛhɔnkle] *n, Pl.* -klær	*Handtuch*
noe å ligge på	*was zum draufliegen*
bedre [ᵛbeːdrə]	*besser*
ᵛstrandmadrass *m*	*Strandmatratze*
'luftmadrass *m*	*Luftmatratze*
ᵛstråmatte *f*	*Strohmatte*
alt sånt	*all das*
ᵛoverflødig	*überflüssig*
fjell *n*	*Felsen; Berg*
over ['oːvər]	*über*
skip [ʃiːp] *n*	*Schiff*
for'bi	*vorbei*
langt ute	*weit draußen*
en eller annen	*irgendein*
'brettseiler *m*	*Surfer*
ᵛøve, -de, -d	*üben*
ᵛinnimellom	*zwischen (vielen)*
ᵛstryke, strøk, strøket	*streichen*
skjær *n*	*Schäre, Klippe*
lett	*leicht*
rygg *m*	*Rücken*
ᵛmåke *f*	*Möwe*
ᵛseile, -te, -t	*segeln, schweben*
høy	*hoch*
ᵛdeilig	*herrlich, schön*
vær *n*	*Wetter*
ᵛinne	*drinnen*
ube'hagelig	*unangenehm*
ᵛsvale, -te, -t	*kühlen*
grad *m*	*Grad*
ᵛvite, (*Präs.* vet), visste, visst	*wissen, weiß*
hvor ᵛmange	*wie viele, wieviel*
på land	*auf dem Land*
termo'meter *n*	*Thermometer*
ᵛhenge, hang, hengt	*hängen* (intr.)
i ᵛettermiddag	*heute nachmittag*
torden [ᵛturdən] *m*	*Donner*
ᵛhilsen *m*	*Gruß*

7B Sprachgebrauch und Landeskunde

1. Ved sjøen – An der See

hav [haːv] *n Meer* – sjø *m die See, der See* – ᵛinnsjø *m Binnensee* – vann *n (kleinerer Binnensee)*

fjord [fjuːr] *m Fjord* – bukt [-u-] *f Bucht*

vik *f schmale Bucht, Wiek* – sund [sʉn] *n Meerenge, Sund*

øy *f Insel* – ᵛhalvøy [ᵛhaløj] *Halbinsel* – ᵛholme *m kleine Insel, Holm* – skjær *n kleine Felseninsel, Schäre*

vind *m Wind:* bris *m schwacher Wind, Brise* – kuling [ᵛkʉːliŋ] *m starker Wind, Kühlte* – storm [-ɔ-] *m Sturm* – or'kan *m*

ᵛbade *baden* – ᵛvasse *waten* – ᵛsvømme *schwimmen* – ᵛhoppe *springen* – ᵛstupe [-ʉː-] *einen Kopfsprung machen*

badetøy: ᵛbadebukse [-u-] *f Badehose* – ᵛbadedrakt *f Badeanzug* – bikini *m* – ᵛbadekåpe *f Bademantel*

2. Gratisgloser

tang *m*	ᵛanker *n*	ᵛklippe *m*
vind *m*	bad *n*	luft *f*
blank	bi'kini *m*	mast *f*
glatt	båt *m*	natur [na'tʉːr] *m*
klar	dekk *n*	sand *m*
mild	ᵛhimmel *m*	stein *m*
kai *f*	strand *f*	varm

3. Falske venner

ᵛbrygge *f*	*kleiner Kai, Anlegestelle*
bro *m* = bru *f*	*Brücke*
dam *m*	*Pfütze; Teich*
ᵛdemning *m*	*Damm*
ᵛreke *f*	*Krabbe, Garnele*
ᵛkrabbe *f*	*(Strand-)Krebs*
kreps *m*	*Flußkrebs*
kreft *m*	*Krebs (Krankheit)*
orm [ɔrm] *m*	*Schlange, Kreuzotter*
mark *m*	*Wurm; Made*
'snabel *m*	*Rüssel*
nebb *n*	*Schnabel*

4. Nære slektninger – Nahe Verwandte

Deutschem **ch** entspricht meistens norwegisches **k**, vgl.:

| *brauchen* | *brechen* | *Bucht* | *Eiche* | *Fracht* | *Jacht* | *Lachs* |
| bruke | brekke | bukt | eik | frakt | jakt | laks |

Ebenso entspricht deutschem **sch** = norwegisches **sk**, vgl.:

| *Dorsch* | *Fisch/er* | *frisch* | *Schauer* | *Schaum* | *scheinen* | *Schiff* |
| torsk | fisk/er | frisk | skur | skum | skinne | skip |

7C Grammatik

1. Das Personalpronomen im Plural

| *Nominativ:* | vi | *wir* | dere | *ihr* | de | *sie* |
| *Akkusativ = Dativ:* | oss | *uns* | dere | *euch* | dem | *sie, ihnen* |

Vi hørte dere. De hørte oss. Hørte dere noe? Jeg så dem.

2. Das Reflexivpronomen seg

Han gleder seg. Hun gleder seg. Gleder de seg?

3. Das Possessivpronomen

	jeg	du	han	hun	vi	dere	de
mask.:	min	din	hans	hennes	vår	deres	deres
fem.:	mi	di	hans	hennes	vår	deres	deres
neutr.:	mitt	ditt	hans	hennes	vårt	deres	deres
plur.:	mine	dine	hans	hennes	våre	deres	deres

Das Possesivpronomen kann vor oder nach dem Substantiv stehen.
Wenn das Possessivpronomen **vor** dem Substantiv steht, muß dieses in der **unbestimmten** Form stehen:
Jeg låner **hennes sykkel**. Kjenner du **mine foreldre?**
Steht das Possessivpronomen **nach** dem Substantiv, so erscheint dieses in der **bestimmten** Form:
Jeg låner **sykkelen hennes**. Kjenner du **foreldrene mine?**

7C

4. Das reflexive Possessivpronomen

sin – si – sitt – sine

weist auf das Subjekt zurück:

Han tar sykkelen sin: *sein (eigenes) Fahrrad*
Hun tar sykkelen sin: *ihr (eigenes) Fahrrad*
De tar syklene sine: *ihre (eigenen) Fahrräder*
aber:
Hun tar sykkelen **hans,** og han tar **hennes.** Vi tar **deres** sykler.

5. Das Relativpronomen

Jeg har en venn som er elektriker.

Wenn **som** Subjekt des Relativsatzes ist, darf man es nicht weglassen. In allen anderen Fällen kann es wegfallen:

Jeg lånte en sykkel som jeg fant bak huset =
Jeg lånte en sykkel jeg fant bak huset.
Toget som vi reiste med, gikk til Kristiansand =
Toget vi reiste med, gikk til Kristiansand.

6. Zeitkonjunktionen:

Da und **når** werden verwendet wie **als** und **wenn:**
Da vi var der, badet vi hver dag. *(Als wir ...)*
Når vi er der, bader vi hver dag. *(Wenn wir ...)*

(**da** hat auch andere Bedeutungen: da, dann, denn; **når** ist auch Frageadverb: *wann*)

7. Tallene fra 20 til 100 – Die Zahlen von 20 bis 100

20 tjue ['çuːə] (auch: tyve)	50 femti ['femti]
21 tjueén*) [-'eːn]	60 seksti ['seksti]
22 tjueto*) [-tuː]	70 sytti ['sœti]
...	80 åtti ['ɔti]
30 tretti ['treti] (früher: tredve)	90 nitti ['niti]
40 førti ['fœrti]	100 hundre ['hundrə]

---

*) Die ältere („deutsche") Zählart: en og tyve, to og tyve usw. ist noch immer weit verbreitet.

7D Øvelser

1. *Spørsmål til teksten:*

a) Har Magnus leid eller lånt en hytte?   b) Hvem eier hytta?   c) Er Magnus alene på hytta?   d) Hvor gammel tror du Guri er?   e) Hvor var Magnus og Guri i går?   f) Hva gjorde de der?   g) Hvordan kom de dit?   h) Har Magnus sykkel med seg til hytta?   i) Hvordan kan du vite det?   j) Hvorfor har Guri sykkelen sin med seg?   k) Hvordan var veien til Langestrand?   l) Var det mange mennesker på stranda?   m) Hadde Magnus og Guri luftmadrass med?   n) Hva lå de på?   o) Hvordan er svabergene blitt blanke og glatte, tror du?   p) Hva så Magnus da han lå og solte seg?   q) Hvor skulle båtene hen?   r) Hvordan ser en måke ut?   s) Hadde Magnus og Guri mat med seg?   t) Hvorfor vet ikke Magnus hvor varmt det var?

2. *a) Lag relativsetninger – Bilden Sie Relativsätze:*
b) Ta bort relativpronomenet hvor det er mulig! – Lassen Sie das Relativpronomen weg, wo dies möglich ist!

Eksempel:
Jeg lånte en sykkel. Den var blå.
a) Den sykkelen som jeg lånte, var blå.
b) Den sykkelen jeg lånte, var blå.

a) Vi leide en hytte. Den var gammel.   b) Vi så en stor slette. Den lå ved stranda.   c) Guri brukte en sykkel. Den var hennes egen.   d) De fant et svaberg å ligge på. Det stakk ut i sjøen.   e) De gikk på en sti. Den snodde seg gjennom skogen.   f) Fru Holm spurte en mann om veien. Det var den tyske gjesten til Paul Skogstad.

3. *Hvilke ord mangler her? Welche Wörter fehlen hier?*

Bruk din poetiske begavelse til å fylle ut dette sommerdiktet!
Gebrauchen Sie Ihre poetische Begabung, um dieses Sommergedicht auszufüllen!

I går var det – vær.
– svømte mellom holmer og –.
Måkene – høyt – – blå.
Jeg – – svaberg – ligge –.

4. *Oversett til norsk:*

a) Da wohnt ein alter Mann, der Fischer ist.   b) Wir fahren heute nachmittag dorthin.   c) Hier liegt das Badezeug, aber wo ist dein Bikini?   d) Er möchte so gern hierher kommen.   e) Ich habe ihr Fahrrad geliehen.   f) Hilde hat ihr eigenes Fahrrad genommen.   g) Eva ging ihren Weg.   h) Hans ging seinen Weg.   i) Als sie badeten, war es über 20 Grad im Wasser.   j) Können wir euer Boot benutzen?   k) Wenn Paul und Eva nach Langestrand wollen, nehmen sie ihr Boot.   l) Ihr Boot, also das Boot von Eva und Paul, ist ziemlich groß.

7D

5. *Kryssord*

1	2		3	4	5	6		7	8	9
10		11		12			13			
			14						15	
16	17		18		19		20		21	22
23				24			25			
26	27		28				29			
30		31				32				
33			34	35		36	37			
38	39		40			41			42	43
44										

Vannrett:

1. ganze 4. Gruß 10. meine 11. Menschen 14. ihr 15. müssen 16. wohl, schon 18. Aksjeselskap, abgekürzt 19. gestern (zwei Wörter) 21. legte 23. einige 24. mehr 25. sein 26. hier 28. Chef 29. hinaus 30. überflüssige 33. weit 35. Lust 38. man 40. nehmen 41. Weg 42. Ja, doch 44. Nachmittag

Loddrett:

2. besitzen 3. zwei gleiche Vokale 5. zwischen, zwischendurch 6. lange 7. Eksempel, abgekürzt. 8. nämlich 9. blau heißt blå; grau heißt? 10. Mann 11. Möwen 12. Nase 13. sehen 14. sein 17. zwei gleiche Vokale 20. Jahr 22. irgendein: en eller – 25. Pfad 26. kleine Insel 27. weibl. Name 31. als 32. Insel 34. nimmt 36. sehen 37. Zeit 39. daß 40. Tee 41. wir 42. ja 43. und

72

8A

8A Text
1 Været i dag

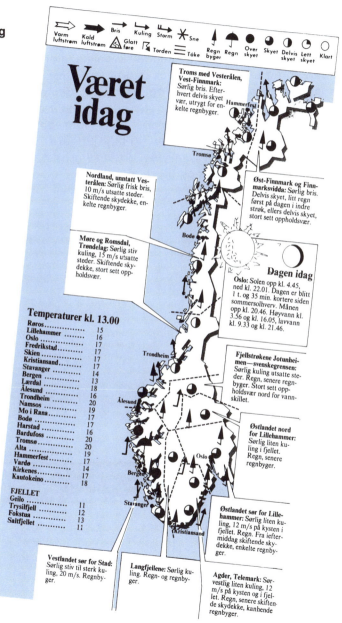

8A

2 Været de neste døgn

Østafjells: Skiftende bris. Skiftende skydekke. Regn og regnbyger av og til, men lettere vær midt i perioden.
Vestlandet: Skiftende bris. Skiftende skydekke, stort sett opphold. Sist i perioden sørlig bris, litt regn, vesentlig i ytre strøk.
Møre og Romsdal, Trøndelag og Nordland: Skiftende bris. Regn og regnbyger, tåkebanker på kysten. Senere opphold og til dels pent.
Resten av Nord-Norge: Sørøstlig bris. Utrygt for regn i indre strøk, ellers pent og varmt. Senere litt regn av og til. Kjøligere.
Skagerrak og Nordsjøen: Overveiende vestlig bris. Stort sett opphold. Senere økende sørlig bris og litt regn.

(Windstärke → 8B3; Himmelsrichtungen → 8B4)

ᵛbyge	Bö	kjølig, -ere [ᵛçøːli, -ərə]	kühl, -er
dagen i dag	der heutige Tag	kl. = klokka/klokken	um ... Uhr
delvis [ᵛdeːlviːs]	teilweise	[ᵛklɔ-]	
døgn [dœjn] n	Tag (24 Stunden), Tag u. Nacht	klar	klar
*(efterhvert =) etter hvert	allmählich	kort, -ere [-ɔ-]	kurz, kürzer
		kyst [çyst] m	Küste
*(ieftermiddag =) i et- termiddag	heute nachmittag	'kyststrøk n	Küstengebiet
		lavvann [ᵛlaːvan] n	Niedrigwasser
'ellers	sonst	lett, -ere	leicht, -er
'enkelte	einzelne	luftstrøm ['lʉftstrœm] m	Luftstrom
ᵛfjellstrøk n	Gebirgsgegend	m/s = meter per se- kund [sə'kʉn]	Meter je Sekunde
glatt ᵛføre	glatte Straße/Schnee- decke	midt i	mitten in
ᵛhøyvann n	Hochwasser	min = minutt [mi'nʉt] n	Minute
ᵛindre	inner-		
(kanhende =) kan hende	vielleicht	ᵛmåne m	Mond
		(gå) ned	unter(gehen)

HÅREK DEN HARDBALNE   © King Features / Distrib. Bulls

– Du machst dir zuviel Streß und Hetze, Hårek! Du mußt dir auch Zeit nehmen, an den Blumen am Lebenspfad zu riechen!
– Wo siehst du die?

(Nynorsk – Neunorwegisch, vgl. Lektion 12, 14 usw.)

nedbør [ˇneːdbøːr] *m* — *Niederschlag*
Nordsjøen [ˇnuːrʃøːən] — *die Nordsee*
opphold [ˇɔphɔl] n, — *Aufheiterung*
  oppholdsvær *n*
overskyet [ˇoːvərʃyːət] — *bewölkt*
overveiende — *überwiegend*
  [ˇoːvərvæjənə]
periode [-ˇuːdə] *m* — *Periode*
regn [ræjn] *n* — *Regen*
ˇregnbyge *m* — *Regenbö, Schauer*
rest *m* — *Rest*
sen, -ere — *spät, -er*
ˇsiden — *seit*
sist i — *am Ende von*
skiftende [ˇʃiftənə] — *wechselnd, umlaufend*
sky [ʃyː] *f* — *Wolke*
ˇskydekke *n* — *Bewölkung*
ˇskyet — *wolkig*
(sne =) snø *m* — *Schnee*
sommersol(h)verv — *Sommersonnenwende*
  [ˇsɔmərsuːlværv] *n*
stort sett [ˈstuːrt ˈset] — *im großen und ganzen*

strøk n — *Gegend, Gebiet, Land-*
  strich
svenskegrensen, -a — *die Grenze nach Schwe-*
  den
særlig [ˇsæːrli] — *besonders*
t = time *m* — *Std. = Stunde*
til dels — *zum Teil*
ˇtåke *f* — *Nebel*
ˇtåkebanke *m* — *Nebelbank*
unntatt [ˈʉ-] — *ausgenommen*
utrygt [ˈʉː-] — *unsicher; unbeständig*
utsatte steder [ˈʉːtsatə — *an gefährdeten Orten;*
  ˇsteːdər] — *örtlich*
ˇvannskille *n* — *Wasserscheide*
ˇvesentlig — *wesentlich*
Vestlandet [ˇvestlanə] — *der westl. Teil v. Süd-*
  norwegen
vær *n* — *Wetter*
ˇværmelding *f* — *Wettervorhersage*
ˇytre — *äußer-, außen-*
ˇøkende — *zunehmend*
ˇøstafjells — *im südöstl. Norwegen*

Die Formen mit * entsprechen einer älteren Sprachnorm, werden aber noch benutzt, beispielsweise von einigen Tageszeitungen.

8B Sprachgebrauch und Landeskunde

1. Lys og varme, vind og væte

Adjektiv:		Substantiv:		Verb:	
lys	*hell*	lys *n*	*Licht*	lysne	*sich aufhellen*
mørk	*dunkel*	ˇmørke *n*	*Dunkel*	mørkne	*dunkeln*
het*)	*heiß*	ˇhete *m*	*Hitze*		
varm		ˇvarme *m*	*Wärme*	bli varm(ere)	
ˇkjølig	*kühl*			kjølne	*erkalten*
kald		ˇkulde *f*	*Kälte*	bli kald(ere)	
		vind *m*		blåse	*blasen, wehen*
ˇstille		ˇstille *f*		stilne	*nachlassen*
tørr	*trocken*	ˇtørke *f*	*Dürre*	tørke	*trocknen*
ˇfuktig	*feucht*	ˇfuktighet *m*			
rå	*naßkalt*				
våt	*naß*	ˇvæte *f*	*Nässe*	bli våt	

*) Das Wort **het** wird fast ausschließlich in übertragener Bedeutung gebraucht:
het kjærlighet   *heiße Liebe*   *dagegen:* varmt vann   *heißes Wasser*
en het diskusjon   *eine heiße Diskussion*   Det er varmt i dag!   *Es ist heiß heute!*

2. Norges fylker (Geographische und Verwaltungsgliederung)

Fylke *Verwaltungsbezirk*	Viktige byer *Wichtige Städte*	Landsdel *Landesteil*	Innbygger *Einwohner*
Finnmark Troms Nordland	Vardø, Hammerfest Tromsø Narvik, Bodø	Nord-Norge	nordlending
Nord-Trøndelag Sør-Trøndelag	Steinkjer Trondheim	Trøndelag	trønder

Møre og Romsdal
 	
Sogn og Fjordane
Hordaland
Rogaland
	Kristiansund,
	  Molde, Ålesund
	Florø
	Bergen
	Haugesund,
	  Stavanger
		Vestlandet	vestlending

Vest-Agder Aust-Agder	Kristiansand Arendal	Sørlandet	sørlending
Telemark Vestfold Buskerud Oppland Hedmark Oslo Akershus Østfold	Skien Sandefjord, Tønsberg Drammen Lillehammer Hamar Oslo Fredrikstad	Østlandet	østlending

3. Beauforts vindskala

Vindstyrke

0	Stille	*Windstille*
1	Flau vind	*leiser Zug*
2	Svak vind	*leichte Brise*
3	Lett bris	*schwache Brise*
4	Laber bris	*mäßige Brise*
5	Frisk bris	*frische Brise*
6	Liten kuling	*starker Wind*
7	Stiv kuling	*steifer Wind*
8	Sterk kuling	*stürmischer Wind*
9	Liten storm	*Sturm*

10 Full storm *schwerer Sturm*
11 Sterk storm *orkanartiger Sturm*
12 Orkan *Orkan*

4. Himmelretninger

	-*lich:*	-*wärts:*	-*wind:*
nord [nuːr]	ᵛnordlig	'nordover	ᵛnordavind
sør (syd)	ᵛsørlig (syd-)	'sørover (syd-)	ᵛsønnavind
øst (aust)	ᵛøstlig (aust-)	'østover (aust-)	ᵛøstavind (austa-)
vest	ᵛvestlig	'vestover	ᵛvestavind

'Norden = die nordischen Länder, vgl. Lektion 2
'Syden = die Mittelmeerländer und tropische Länder
'Østen = die Länder in (Ost-)Asien
'Vesten = Europa + (Nord-)Amerika

Eksempler:
Jeg er lei av snø og kulde – vi reiser en uke til Syden.
Onkel Pål hadde fått malaria da han var i Østen.
De bor vest i landet = i den vestlige delen av landet.
Hvordan er været i nord?
Kl. 12 står sola i sør.
Sørøya ligger vest for Hammerfest *(westlich von)*.

5. Falske venner

Deutsch:	**Norwegisch:**	**Deutsch:**
Nordland	= Norden	
	Nordland	= Reg.bezirk in Nord-Norwegen
Nordländer	= nordbo	
	nordlending	= Nordnorweger
Südländer	= sydlending	
	sørlending	= Bewohner der norw. Südküste
Isländer	= islending	
	islender	= dicker wollener Pullover

6. Dag og natt.

En dag + en natt = et døgn (24 timer)
Nord for polarsirkelen har de midnattsol. Da er det dag hele døgnet. Om vinteren er det mørketid. Da er det natt hele døgnet.

om morgenen *am Morgen*	i morgen *morgen*
om kvelden *am Abend*	i kveld *heute abend*
om dagen *am Tag*	i dag *heute*
om natta *in der Nacht*	i natt *heute nacht*
	i går *gestern*
	i forgårs *vorgestern*
	i overmorgen *übermorgen*
i går morges *gestern früh*	– i går kveld *gestern abend*
i dag morges *heute früh*	– i kveld *heute abend*
i morgen tidlig *morgen früh*	– i morgen kveld *morgen abend*

7. Klokkeslett – Uhrzeit

Hva
Hvor mye } er klokka?
Hvor mange

Zwischen diesen drei Fragen nach der Uhrzeit gibt es keinen Bedeutungsunterschied.

Klokka er ett.   Klokka er ti over ett.   Klokka er kvart over ett.   Klokka er ti på halv to.

Klokka er halv to.   Klokka er ti over halv to.   Klokka er kvart på to.   Klokka er ti på to.

Filmen begynner kvart på åtte.
Kan du komme klokka fem *(um fünf)*?
Han kom ved tre-tiden *(gegen drei Uhr)*.

8C Grammatik

1. Adjektiv – Steigerung

Positiv	Komparativ	Superlativ
varm	varm**ere**	varm**est**
kjølig	kjølig**ere**	kjølig**st**
stor	st**ørre**	st**ørst**

Wie varm werden die meisten Adjektive gesteigert.
Wie kjølig gehen die Adjektive auf -ig, -lig und -som.
Die Steigerung mit Umlaut (wie in stor) ist relativ selten.

2. Gegenwart und Zukunft

Det regner i dag – Det kommer til å regne i morgen.
Es regnet heute – Es wird morgen regnen.

Die „ kommer til å"-Form ist eine sehr häufig vorkommende Form des Futur im Norwegischen. Wie im Deutschen kann man die Zukunft auch durch das Präsens ausdrücken, vor allem dann, wenn der Satz eine entsprechende Zeitangabe enthält:
Vi reiser til Oslo neste sommer. *Wir fahren nächsten Sommer nach Oslo.*

Wenn es um das Wetter geht, kann man Zukunft auch auf folgende Art ausdrücken:
Det er regn i dag   – Det blir regn i morgen også.
Heute ist Regenwetter – Morgen gibt es auch Regenwetter.
Vi har det varmt i dag – Vi får det varmt i morgen også.
Es ist warm heute   – Morgen wird es auch warm.

Außerdem kann man Futur auch mit einem Hilfsverb bilden:
Jeg skal reise til Oslo neste sommer. *Ich habe die Absicht, nächsten Sommer nach Oslo zu fahren.*
Det vil nok bli varmt i sommer. *Es wird wahrscheinlich diesen Sommer warm werden.*

3. Tallene fra 100 og oppover – Die Zahlen von 100 aufwärts

100	hundre	100 000	hundre tusen
101	hundre og én	1 000 000	én million [mili'u:n]
200	to hundre	2 000 000	to millioner
1000	tusen ['tɯ:sən]	1 000 000 000	én milliard [-'ard]

Jahreszahlen:
30-årskrigen varte fra 1618 til 1648.

Heute sagt man: Trettiårskrigen varte fra seksten-atten til seksten-førtiåtte.
Früher sagte man: Tredveårskrigen ... seksten (hundre og) åtte og førti (*oder:* ... åtte og førr).

8D Øvelser

1. *Spørsmål til teksten:*
Været i Tromsø:
a) Hvor varmt blir det kl. 13 i dag? b) Kommer det til å blåse der? Fra hvilken kant? c) Blir det sterk vind? d) Blir det skyet? e) Kommer det til å regne? f) Hvilke andre byer i Europa får samme temperatur som Tromsø? g) Hvilken temperatur blir det kl. 13 i Ålesund? h) Blir det vind i Ålesund? i) Får de nedbør på kysten av Vestlandet? j) Hvilken del av landet får mest sol i dag?

2. *Hvordan er været hos deg i dag? – Wie ist heute das Wetter bei dir?*
(Vind? Skyer? Nedbør? Temperatur?)

3. *Hva slags vær ønsker du deg når du skal*
– bade? / – fiske? / – seile? / – kjøre bil? / – gå på ski (schilaufen)? / – lære norsk? / – spise middag ute på balkongen?
Eksempel: Når jeg skal bade, ønsker jeg meg pent vær.

4. *Eksempel:* I dag er det pent vær.
   I morgen blir det pent vær.
a) I dag er det varmt. I morgen .... b) I dag har Bergen over 20 grader. c) I dag blåser det fra sørvest. d) I dag er det skyet vær og regn. e) I dag har vi det nokså kaldt. f) I dag lyner og tordner det. g) I dag er det kaldt, og det regner. h) I dag skinner sola, men det er litt skyet av og til.

5. *Bruk ord som uttrykker himmelretning:*
a) Hvor bor du? b) Hvor blåser det fra i Hammerfest? c) Hvor ligger Oslo? d) Hvor ligger Bergen? e) Hvor ligger Tromsø? f) Hvor ligger Trondheim? g) Hvor ligger Stavanger? h) Hvor vil du helst reise hen om sommeren? i) Hvor vil du helst reise hen om vinteren? j) Hvilken vind er kaldest?

6. *Oversett til norsk:*
a) Die Besuchszeit im Krankenhaus ist von sechs bis sieben Uhr. b) Das Training beginnt um viertel vor vier. c) Er ruft um halb drei wieder an. d) Der Norwegischkurs beginnt um halb acht und endet um neun Uhr. e) Sie war da von fünf vor elf bis zehn vor halb zwölf.

7.

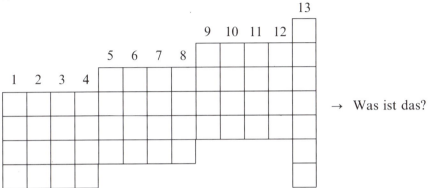

→ Was ist das?

1. Ikke først, men –   2. Ikke under, men –   3. Ikke sol, men –   4. Ikke på kanten, men – i.   5. Ikke sol, men –   6. Ikke kuling, men –   7. Ikke vestavind, men – vind.   8. Ikke sør, men –   9. Ikke varm, men –   10. Ikke våke (wachen), men –   11. Ikke under, men –   12. Ikke Sør-Norge, men – -Norge.   13. Ikke høyvann, men –

9A

9A Text

Frokost

«Mamma og pappa, kom og spis!»

«Har du lagd frokost, Pål? Det var snilt! Vi kommer med én gang.»

«Jeg har kokt egg også, men det ene sprakk. Det tar jeg. Også torde jeg ikke koke kaffe, for jeg var redd den skulle koke over. Men jeg tenkte dere kunne ta pulverkaffe, så kunne dere bruke eggevannet. Men så sprakk det egget, og så ble det − −»

«Vi koker opp nytt vann, vi, Pål. Det er fort gjort. Men vi kan jo begynne mens vannet koker og eggene er varme.»

Pål hadde dekket frokostbordet riktig pent. Han hadde lagt duk på bordet. Han hadde dekket på med asjetter, kniver, kopper, glass, eggeglass og eggeskjeer, og han hadde satt en blomst midt på bordet. Ja, han hadde til og med husket papirservietter. Kopper var det bare til de voksne, for Pål selv drakk bare melk. Det sto smør og pålegg på bordet, knekkebrød i en liten kurv, og melk, både H-melk og skummetmelk. Men brød hadde han glemt. Moren ville skjære brød, men det ville ikke Pål. «Nei, sitt du, mamma! Jeg skal skjære brød, jeg. Det er jo jeg som lager maten nå.»

Og Pål skar opp brød, både grovbrød og loff. Det ble litt tykke skiver, men det var nytt, ferskt brød, så det smakte godt. Pål hadde prøvd å legge smøret i smale skiver på en liten glass-skål, så det var nesten synd å røre det, men de måtte jo smøre på maten.

«Vil du ha fløte i kaffen, pappa?»

«Nei takk, jeg tar melk, jeg.»

«Du mamma, har ikke vi rundstykker i fryseren? Skal vi ta og steke dem i stekeovnen? Hadde ikke det vært godt?»

«Jo, men det tar så lang tid nå, Pål. Det gjør vi heller en annen dag.»

«Synes dere eggene er passe harde?»

«Ja, det er helt nydelig, Pål. Men kan du sende meg salt?»

«Ja, vær så god, pappa! Å søren, der hvelva jeg glasset ditt, mamma. Det er bra det ikke var noe melk i det.»

«Du Pål, det står en liten boks med gaffelbiter i kjøleskapet. Kan du ta den ut og åpne den, tror du? − − Nei, ikke her ved bordet, gjør det ved kjøkkenbenken! − − Ja, det var fint.»

Det var en deilig frokost. De satt lenge og spiste, men en gang måtte det jo bli slutt.

9A

«Tusen takk for maten, Pål!»
«Vel bekomme», sa Pål.

frokost ['fruːkɔst] *m*	*Frühstück*
med én gang	*sofort*
ᵛkoke [-uː], -te, -t	*kochen*
egg *n*	*Ei*
det ene [də ᵛeːnə]	*das eine, eines*
ᵛsprekke, sprakk, sprukket [u]	*zerspringen*
tore [tuːrə] (*Präs.* tør), torde [uː], tort [uː]	*wagen*
'kaffe *m*	*Kaffee*
være redd	*Angst haben, fürchten*
koke over	*überkochen*
pulverkaffe ['pʉlvər-]	*Pulverkaffee*
ᵛeggevann	*Eierwasser*
koke opp	*abkochen*
ny	*neu*
fort [u]	*schnell*
det er fort gjort [... 'furt 'jurt]	*das ist schnell getan*
begynne [bə'jynə], -nte, -nt	*beginnen*
mens	*während*
ᵛdekke, -et, -et (på)	*(den Tisch) decken*
riktig ['rikti]	*wirklich*
ᵛlegge, la, lagt	*legen*
duk [dʉːk] *m*	*Tischtuch*
bord [buːr] *n*	*Tisch*
asjett [a'ʃet] *m*	*kleiner Teller*
kniv m	*Messer*
kopp [kɔp] *m*	*Tasse*
glass *n*	*Glas*
ᵛeggeglass	*Eierbecher*
ᵛeggeskje *f*	*Eierlöffel*
'til og 'med	*sogar*
huske ['hʉːskə], -et	*nicht vergessen, denken an*
pa'pirserviett *m*	*Papierserviette*
de voksne [di ᵛvɔksnə]	*die Erwachsenen*
ᵛdrikke, drakk, drukket [u]	*trinken*
melk *f*	*Milch*
smør [smœr] *n*	*Butter*
ᵛpålegg *n*	*Aufschnitt, Aufstrich, Belag*
ᵛknekkebrød [-brøː] *n*	*Knäckebrot*
kurv [-ʉ-] *m*	*Korb*
H-melk ['hoːmelk] *m*	*Vollmilch*

skummetmelk ['skʉmət-]	*Magermilch*
brød [brøː] *n*	*Brot*
ᵛskjære (opp), skar [aː] skåret [oː]	*(auf)schneiden*
ᵛsitte, satt, sittet	*sitzen (bleiben)*
det er jo jeg som ...	*ich bin es doch, der ...*
mat *m*	*Essen*
både ... og	*sowohl ... als auch*
grovbrød ['groːvbrøː]	*Graubrot; Mischbrot*
loff [luf] *m*	*Weißbrot*
tykk	*dick*
ᵛskive *f*	*Scheibe*
fersk [færsk]	*frisch (gebacken)*
ᵛsmake, -te, -t	*schmecken*
ᵛprøve, -de, -d	*versuchen*
smal	*schmal*
glass-skål ['glaskoːl] *f*	*Glasschale*
synd [syn]	*schade*
ᵛrøre, -te, -t	*(an)rühren*
ᵛsmøre (på), smurte [ʉː], smurt [ʉː]	*(auf)schmieren, (be-streichen)*
ᵛfløte *m*	*Sahne*
rundstykke ['rʉnstykə] *n, Pl.* -r	*Brötchen*
ᵛfryser *m, Pl.* -e	*Tiefkühltruhe*
ᵛsteke, -te, -t	*braten, backen*
skal vi ta og ...	*wollen wir mal ...*
ᵛstekeovn [-ɔvn] *m*	*Brat-, Backofen*
hadde ikke det vært ...	*wäre das nicht ...*
annen ['aːən]	*anderer*
ᵛpasse	*passend, gerade richtig*
hard [haːr]	*hart*
sende ['senə], -te, -t	*senden, reichen*
salt *n*	*Salz*
ᵛhvelve, -et, -et	*umkippen*
boks [bɔks] *m*	*Dose*
'gaffelbiter *Pl.*	*Gabelbissen (Fisch-konserve)*
ᵛkjøleskap *n*	*Kühlschrank*
åpne ['oːpnə], -et, -et	*öffnen*
ved bordet	*am Tisch*
'kjøkkenbenk *m*	*Küchenschrank mit Arbeitsplatte*
ᵛlenge	*lange*
slutt [slʉt] *m*	*Schluß*
bli slutt	*aufhören*

83

9B Sprachgebrauch und Landeskunde

1. Nesten det samme, men ikke helt – Fast dasselbe, aber nicht ganz

en tal'lerken – en asjett. Tallerkner blir bare brukt til middagsmat *(Mittagessen)*. De kan være dype eller flate *(flach)*. En asjett er mindre enn en tallerken.

en mugge ['mʉgə] – en kanne. En kanne har tut [tʉːt] *(eine Tülle)*. Derfor heter det kaffekanne og tekanne, men melkemugge og fløtemugge.

en bolle – en skål – et fat. En bolle er større og dypere enn en skål *(eine Schale)*. En skål er også *„eine Untertasse"*. Et fat er en mer eller mindre flat skål. En bolle er rund, en skål er også oftest rund, mens *(während)* et fat kan ha alle former.

Noe helt annet er en bolle – et rundstykke. Et norsk rundstykke er omtrent det samme som *„ein Brötchen"*, og en bolle ser ut som et rundstykke. Men en bolle er bløt *(weich)* og søt *(süß)*, fordi den er bakt med melk og sukker.

fersk – frisk. «**Fersk**» betyr:
1. *„neu, eben zubereitet"*: ferskt brød, på fersk gjerning *(Tat)*;
2. ferskvann = *Süßwasser*,
3. *„nicht konserviert"*: Er fisken fersk eller dypfryst *(tiefgefroren)?*

mens «**frisk**» betyr:
1. *„frisch, erfrischend"*: frisk luft, frisk bris, gi blomstene friskt vann;
2. *„gesund"*: frisk som en fisk, bli frisk.

2. Rare tyske kjøkkengjester – Sonderbare deutsche Küchengäste

En hamburger er en karbonadekake *(Frikadelle)* – en slags tysk-amerikaner! Du forstår sikkert hva en sveitserost er!

Berlinerkranser er småkaker *(Kleingebäck)* som man spiser til jul *(zu Weihnachten)*, men berlinerboller *(Berliner, Krapfen)* kan man få hele året.

Et wienerbrød er et geografisk mysterium, for i Tyskland tror mange at det kommer fra Danmark. Derfor kan det hete *„Kopenhagener"* på tysk. Men i alle fall smaker det godt!

Pils heter egentlig pilsnerøl og er en populær drikk, for øl betyr ikke *„Öl"*, men *„Bier"!* Pils er lyst øl, mens bayerøl er mørkt.

Og rinskvin vil si «rhinsk vin», med andre ord *„Rheinwein"!*

3. Smørbrød = brød + smør + noe mer

Pålegget er det som blir igjen *(übrigbleibt)* av et smørbrød når man tar bort smøret og brødet!

Kjøttpålegg: ᵛskinke *f* – *Schinken*, ᵛpølse *f* – *Wurst*, ᵛspekemat *m* – *gepökeltes Fleisch*, ᵛleverpostei *m* – *Leberpastete* osv.

Fiskepålegg: an'sjos *m* – *Anschovis*, ᵛbrisling *m* – *Sprotten*, sar'diner, kavi'ar osv.

Ost (norske sorter): nor'vegia *(Holländertyp)*, 'jarlsberg *(mit dem Emmentaler vergleichbar)*, geitost [ᵛjæjtust] *m (brauner Hartkäse aus Ziegenmilch)*, gudbrands-

dalsost ['gʉdbransdaːlsust] *m (brauner harter Mischkäse aus Kuh- und Ziegenmilch).*
Disse ostesortene skjærer man med en ostehøvel *(Käsehobel).*
Syltetøy *n:* jordbærsyltetøy ['jurbæːrsyltətœj], 'bringebær-, 'blåbær-, 'solbærsyltetøy osv. *(Erdbeermarmelade, Himbeer-, Blaubeer-, Johannisbeermarmelade usw.)*
Marmelade *m:* Bare av appelsiner; alt annet er syltetøy.

4. Melk i Norge

H-melk = homogenisert melk *homogenisierte Vollmilch.* Diese Milch hat also nichts mit deutscher H-Milch (H = haltbar) zu tun!
skummet melk *Magermilch*
lettmelk *fettarme Milch*
fløte *süße Sahne*
rømme *saure Sahne*
kulturmelk *eine Art Sauermilch*

5. Motsetninger – Gegensätze

spørre:	«Vil du ha fløte i kaffen, pappa», spurte Pål.
svare:	«Nei takk, jeg tar melk», svarte Skogstad.
huske:	Husker du hva han heter? *(Weißt du noch, wie er heißt?)*
glemme:	Nei, jeg har glemt navnet hans *(seinen Namen vergessen)*
dekke (på):	Pål hadde dekket (på) bordet.
rydde av:	Da de hadde spist, ryddet far av bordet.
barn:	Barna drikker melk til frokost.
voksen:	De voksne drikker kaffe.
ny:	Han er blitt et nytt menneske.
gammel:	Alt var bedre i gamle dager *in der alten Zeit.*
lang:	Der fikk du lang nese! *Ätsch!*
kort:	Han hadde kort vei hjem, bare et par minutter.
hard:	Knekkebrødet er hardt.
bløt:	Bollene er bløte.
mindre:	En båt er mindre enn et skip.
større:	Et skip er større enn en båt.

RØDKLØVER

Pasteurisert, homogenisert lettskummet melk.
Holdbar til stemplingsdato forutsatt oppbevaring ved 0–4°C.

Næringsinnhold:
100 g vare gir ca. 190 kJ (45 kcal) og inneholder ca.:
3,3 g protein Tiamin
1,5 g fett (Vit. B$_1$) 0,05 mg
4,8 g karbohydrat Riboflavin
Kalsium 100 mg (Vit. B$_2$) 0,15 mg

9B/9C

6. Grupper – Gruppen

mat og drikke   frokost, middag og aftens
Speise und Trank Frühstück, Mittag und Abendessen

sitte og spise   ligge og sove
„am Essen sein" „schlafen liegen"

til og med   av og til
sogar, obendrein ab und zu, dann und wann

9C Grammatik

1. Schwache Verben mit Vokalwechsel

Bei einigen schwachen Verben ändert sich der Stammvokal bei der Flexion, z. B.:

Infinitiv	Präsens	Präteritum	Perfekt
å smøre	smører	smurte	har smurt
å sette	setter	satte	har satt

Diese Verben decken sich **nicht** mit der Gruppe der deutschen Verben, die einen ähnlichen Stammwechsel aufweisen, wie „denken, dachte, gedacht" usw., vgl. z. B.:

å tenke   tenker   tenkte   har tenkt
å sende   sender   sendte   har sendt

2. Paarverben

Paarverben sind miteinander verwandte Verben, bei denen eines stark und intransitiv, das andere schwach und transitiv (oder reflexiv) ist: De sitter ved bordet: De setter seg til bords.

Stark intrans.	Schwach trans.	Stark intrans.	Schwach trans.	Stark intrans.	Schwach trans.
å sitte	å sette	å ligge	å legge	å brenne	å brenne
sitter	setter	ligger	legger	brenner	brenner
satt	satte	lå	la	brant	brente
har sittet	har satt	har ligget	har lagt	har brent	har brent

3. Deponente Verben

Deponente Verben sind Verben mit passiver Form (auf -s), aber aktiver Bedeutung:

Han høres ut som en utlending *(hört sich an wie ...)*.
Jeg synes egget er godt *(Ich finde ...)*.
Finnes det reinsdyr *(Gibt es Rentiere)* i Sør-Norge også?

Die meisten deponenten Verben haben kein Partizip Perfekt.

Infinitiv	Präsens	Präteritum	Perfekt
å synes	synes (syns)	syntes	–
å høres ut	høres ut	hørtes ut	–
å finnes	finnes (fins)	fantes	–

4. Unregelmäßige Adjektivdeklination

Nach Vokal Neutrumsendung **-tt**:   Huset er ny**tt**.
Adjektivendung **-e** fällt weg nach **å**:   Hun har blå øyne.
Keine Neutrumsendung nach **-(l)ig**:   Det er dei**lig** vær i dag.
und in gewissen Wörtern nach **-sk**:   Det er et nor**sk** skip.
                           (Vgl. aber: Det er et fersk**t** brød.)

5. Imperativ

Der Imperativ hat nur eine Form: **Infinitiv – e:**
send! = *sende!, sendet!, senden Sie!*
Bei Kurzverben: Imperativ = Infinitiv: gå! – se her!
Auslautendes **mm** wird vereinfacht: kom! – ikke glem det!

9D Øvelser

1. *Spørsmål om Pål:*
   a) Hvor mange har han dekket på til? b) Hva er det som gjør frokostbordet hans
   så pent? c) Hva slags *(was für)* pålegg tror du han har satt på bordet? d) Er det
   noe han har glemt? e) Hvor gammel tror du han kan være? f) Hvorfor har han
   satt fram bare to kopper? g) Hvorfor har han ikke kokt kaffe? h) Hva skal han
   ta ut av kjøleskapet?

   Spørsmål om foreldrene til Pål:
   i) Hvem av dem drikker kaffen svart? – Hvordan kan du vite det? j) Hvorfor ber
   (bittet) faren eller moren om salt? k) Hvem ber om gaffelbiter? l) Hvorfor satt
   de så lenge ved bordet?

   Spørsmål til deg:
   m) Hva har du spist til frokost i dag? n) Spiser du noen gang *(jemals)* noe varmt
   til frokost? – Hva da? o) Liker du egg? – Hvordan vil du ha det? p) Hva slags
   brød liker du best? q) Hva slags pålegg synes du er godt på loff? – Og på
   grovbrød? r) Hva drikker du til frokost? s) Hvor mange kopper/glass pleier
   (pflegst) du å drikke? t) Hva sier man i Norge når man har spist?

9D

2. *Sett om til preteritum og til perfektum:*
   Eksempel: Han gjør ikke noe.
   Han gjorde ikke noe. Han har ikke gjort noe.
   a) Pål smører på brødet. b) Vi tør ikke være alene. c) De strekker seg i sola. d) Jeg setter en blomstervase på bordet. e) Han legger smørbrødet på asjetten. f) Hun sier alt hun tenker. g) Hvem spør deg om det? h) Hva tenker du å gjøre? i) Jeg sender et brev fra Nordkapp. j) Hun vender ryggen til oss. k) Skogen brenner. l) Brenner du deg?

3. *Sett inn det riktige ordet:*
   a) Hun har – barna i seng. *(gelegt)* b) De – seg ved bordet og – på menyen. *(setzten, sahen)* c) Sykkelen – ved veggen. *(stand)* d) Han har – maten i dag. *(gemacht)* e) Hvem har – i min seng? *(gelegen)* f) Båten – ved brygga. *(lag)* g) Hun – boka fra seg på bordet. *(legte)* h) De – ved siden av hverandre og – ikke et ord. *(saßen, sagten)* i) Har du – disse blomstene på bordet? *(gesetzt)*

4. *Oversett til norsk:*
   a) Hast du etwas Neues gehört? b) Wie hoch ist diese Brücke? c) Wie hoch sind die Bäume? d) Wie heißt dies auf deutsch? e) Der Weg nach Hause war ganz kurz. f) Das ist nett von dir. g) Das Haus ist ganz neu. h) Ist das Wasser weich? i) Wie hoch ist der höchste Berg in Norwegen? j) Ist das Schiff norwegisch? k) Ja, das ist ein norwegisches Schiff. l) Sie wohnen in einem neuen Haus. m) Wie schmeckt es? – Schmeckt es gut? n) Das neue Haus ist abgebrannt. o) Wie heißt „bekommen" auf norwegisch? – Das norwegische Wort ist ganz kurz. p) Hat sie braune Augen oder blaue Augen? q) Sie hat blaue Augen. r) Nein, das ist nicht richtig, sie hat ein braunes und ein blaues Auge!

5. *Velg det riktige ordet – Wähle das richtige Wort:*
   I kafeteriaen er det selvbetjening *(Selbstbedienung)*. Ved disken *(Am Büfett)* tar jeg en/et bord/brett. Jeg vil ha kaffe. Derfor tar jeg en/et kopp. Det hører selvfølgelig en/et bolle/fat/skål til koppen, det er ja/jo en kaffekopp. Og jeg vil ha en/et bolle/fat/skål å spise. Derfor tar jeg en/et asjett/tallerken som jeg kan legge/sette den/det på. Ved kaffeautomaten kan jeg velge mellom «Kopp» og «Kanne/Mugge». I glassdisken ligger/står det mye god/godt. Det er boller/rundstykker med opplegg/pålegg, københavnere/wienerbrød, småkaker, fersk/frisk frukt og mye annet/andre. Jeg tar en / et fersk/frisk bolle/fat/skål med rosiner. Ved kassen betaler/taler jeg. Så finner jeg en/et brett/bord og sitter/setter meg. Det smaker god/godt/vel.

6. *Uten mat og drikke duger helten ikke*
   Ohne Essen und Trinken taugt auch der Held nichts (Sprichwort)

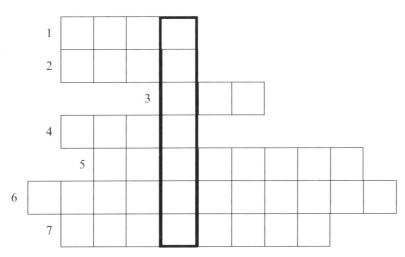

1 Brødsort (fint brød)
2 Mellom brød og pålegg
3 Pålegg som er laget av melk
4 Hva drikker små barn?   Wie heißt das gesuchte Wort?
5 Brødsort (mørkt brød)
6 Små brød
7 Pålegg som er laget av bær eller frukt

10A

10A Text

Spise ute?

«Rolf Kurland må treffe onkelen din», sa Paul, «Skal vi be dem hit?»
«Hvem?» sa Eva.
«Det forstår du vel. Hjalmar Holm. Når Kurland kommer med hilsen til meg fra Johannes Landmark, så er det jo klart at det egentlig er Holm de er ute etter. De vet jo at han er onkelen din.»
«Nei, Paul. For det første er det slett ikke klart. Da kunne vel Kurland gå direkte til Holm. For det annet er ikke Holm onkelen min. Han er gift med tanta mi – dessverre! Og for det tredje kan jeg ikke fordra min kjære såkalte onkel Hjalmar. Jeg har ikke det grann lyst til å ha dem her. Det går ikke, vi har ikke plass!»
«Ja men du Eva, vi er nesten nødt til det. Det er viktig for meg også.»
«Jeg har så liten lyst. Tante Merete er forsåvidt all right, men hun er sånn en prektig husmor. Og denne distingverte eldre herr Holm – jeg får meg ikke til å si ‹onkel Hjalmar› – vet du hva han er? Han er bortskjemt.»
«Da gjør vi det på en annen måte. Se her, Eva, se på den annonsen her fra Sundvollen hotell! Vi tar dem med dit. Og så tar vi med Håkon også, så blir det litt lettere.»
«Ja, det ville være deilig. Men det blir dyrt: De to og Kurland – det blir tre, Håkon – fire, du og jeg og Pål – det blir syv stykker i alt. Det er ikke billig der, vet du.»
«Ja men Eva, kan ikke du snakke litt med tante Merete og få dem til å betale for seg selv? Og for Håkon også. Han har i hvert fall ikke råd. Men det har de.»

– – –

«Null – seks – sju – tre – ni – én – fire – null. Der ringer det.»

Sundvolden Hotel

Vi har igjen gleden av å ønske Dem velkommen til vårt tradisjonsrike

Søndagskoldtbord

— Flere varme retter
— Mange desserter
— Hver søndag kl. 12-16

Som samlingspunkt for hele familien foreslår vi vår

Familiemiddag

A la carte-servering fra kl. 12 i vår gamle restaurant anno 1648.

Vi anbefaler:
— **Aspargessuppe**
— **Kalvestek** m/fløtesaus
— **Hjemmelaget** karamellpudding

**Bordbestilling
tlf. 067/39 140.**

KILDE HOTELS

10A

«Sundvollen hotell, vær så god!»
«God dag, dette er Paul Skogstad, jeg vil gjerne bestille et bord til middag
i morgen.»
«Ja, det skal vi notere. Når kommer De?»
«Vi kommer klokken fem, og vi er syv personer i alt.»
«Ja vel. Vil De sitte i den røykfrie salen?»
«Nei, det er et par av oss som gjerne vil ha lov til å røyke.»
«Ja vel. Jeg oppfattet ikke navnet Deres.»
«Det var Skogstad. Men De kan reservere bordet for direktør Holm.»
«Ja vel. Da skulle alt være klart. Velkommen skal De være.»

Gloser til lesestykket:

ᵛtreffe, traff, truffet [u]	*treffen*
onkel ['u-] *m*	*Onkel*
be, bad [baː], bedt [bet]	*einladen*
klar	*klar*
egentlig ['eːg-]	*eigentlich*
være ute etter	*etwa: nachstellen*
det er H. (som) de er	*es ist H., den sie suchen*
ute etter	
for det ᵛførste	*erstens*
slett ikke	*gar nicht*
for det ᵛannet	*zweitens*
gift [j-]	*verheiratet*
ᵛtante *f*	*Tante*
dessverre [des'værə]	*leider*
ikke kunne for'dra	*nicht ausstehen können*
'såkalt	*sogenannt*
ikke det grann	*kein bißchen*
være nødt til	*gezwungen sein; müssen*
ᵛviktig	*wichtig*
for'såvidt	*an und für sich*
ᵛprektig	*brav*
husmor [ᵛhʉːsmuːr] *f*	*Hausfrau*
distingvert [-'veːrt]	*distinguiert*
'eldre	*älter*
få seg til å	*es über sich bringen, können*
bortskjemt ['burt-]	*verwöhnt*
ᵛmåte *m*	*Art, Weise*
hotell [hu'tel] *n*	*Hotel*
ta med	*mitnehmen*
dyr	*teuer*
i alt	*insgesamt*
ᵛbillig	*billig*
få en til å	*j-n dazu bringen, bewegen*
hver [væːr]	*jeder*
ha råd (til)	*Geld(mittel) haben, sich leisten können*
be'stille, -lte, -lt	*bestellen*

no'tere, -te	*notieren, vormerken*
person [-'suːn] *m*	*Person*
ᵛrøykfri	*„rauchfrei", für Nichtraucher*
sal *m*	*Saal*
ha lov [loːv] til å	*Erlaubnis haben, dürfen*
ᵛrøyke, -te, -t	*rauchen*
oppfatte ['ɔp-], -et, -et	*auffassen, mitbekommen*
navn *n*	*Name*
reservere [resær've:rə], -te, -t	*reservieren*
direktør [-'tøːr] *m*	*Direktor*
vel'kommen	*willkommen*

Gloser til annonsen:

ᵛglede *f*	*Freude*
ᵛønske, -et, -et	*wünschen*
ønske velkommen	*willkommen heißen*
tradisjonsrik [-'ʃuːns-]	*traditionsreich*
koldtbord ['kɔltbuːr] *n*	*kaltes Büfett*
'flere	*mehrere*
rett *m*	*Gericht*
dessert [de'sæːr] *m*	*Nachtisch*
som [sɔm]	*als*
ᵛsamlingspunkt *n*	*Treffpunkt*
foreslå [ᵛfoːrəsloː], -slo [-uː], -slått [-ɔt]	*vorschlagen*
ser'vering *f*	*Servieren*
restaurant [restəʉ'raŋ] *m*	*Restaurant*
anno ['anu]	*anno*
'anbefale, -te, -t	*empfehlen*
as'pargessuppe [-ʉ-] *f*	*Spargelsuppe*
ᵛkalvestek *m*	*Kalbsbraten*
ᵛfløtesaus *m*	*Sahnesoße*
ᵛhjemmelaget	*hausgemacht*
kara'mellpudding [-ʉ-] *m*	*Karamelpudding*
bordbestilling [ᵛbuːr-] *f*	*Reservierung*

91

10B Sprachgebrauch und Landeskunde

1. På restauranten – Im Restaurant

Der Kellner heißt servi'tør, aber wird mit 'kelner angeredet. Eine Kellnerin kann man auch als ser'veringsdame bezeichnen. Meistens benutzt man keine Anrede, sondern sagt zum Beispiel:

Er det 'ledig her? *Ist hier noch frei?*
Kan jeg få me'nyen, takk! *Bitte, die Speisekarte!*
Vi vil ᵛgjerne ha ... *Wir möchten gern ...*
Jeg vil ᵛgjerne be'tale. *Ich möchte gern zahlen.*
De (oder auch du) kan be'holde 'resten. *Behalten Sie den Rest!*

kjøtt	*Fleisch*
fisk	*Fisch*
vilt	*Wild*
poteter	*Kartoffeln*
grønnsaker	*Gemüse*

stek	*Braten*
biff	*Beefsteak*
kjøttkaker	*Frikadellen*
pølser	*Würste*
karbonader	*dt. Beefsteak*

kokt	*gekocht*
stekt	*gebraten*
bakt	*gebacken*
ristet	*geröstet*
krydret	*gewürzt*

øl og vin	*Bier und Wein*
alkoholfrie drikkevarer:	
brus	*Limonade*
eplesaft	*Apfelsaft*
vann	*Wasser*

2. Franske gjester – Französische Gäste

Wie die deutsche Sprache hat auch das Norwegische viele Lehnwörter aus dem Französischen, besonders im Hotel- und Restaurantgewerbe. In diesen Wörtern liegt der Druck meistens auf der letzten Silbe; im übrigen haben solche Wörter heute eine rein norwegische Aussprache. So sind zum Beispiel die besonderen französischen Nasallaute im Norwegischen ausgeschlossen. Meistens ist auch die Schreibweise „norwegisiert" worden. Daher können manchmal sowohl die norwegische Aussprache als auch die Schreibung solcher Wörter vom Deutschen abweichen.

Man schreibt zum Beispiel:

champagne [ʃamˈpanjə] *(Champagner – Wein),*
aber: konjakk, medalje, patrulje, vanilje

ensemble [aŋˈsambəl], Grand restaurant [-ˈaŋ, -ˈaŋ],
aber: balkong, poeng *(Pointe, Punkt)*

charme [ʃarm], ingeniør [iŋʃenˈjøːr],
aber: sjanse [ᵛʃaŋsə], garasje, budsjett [bʉdˈʃet] *(Budget)*

92

journal, journalist [ʃur-],

aber: rute [ˈruːtə] *(Route)*, tur [tʉːr] *(Tour)*, kupé *(Abteil)*

debut [deˈbyː],

aber: meny sjåfør, servitør, direktør.

Det spiller ingen rolle – Das spielt keine Rolle
Servitøren: Kan jeg foreslå franske poteter til middagen?
Gjesten: Spiller ingen rolle. Vi skal ikke snakke med dem.

---

3. Gratisgloser på menyen ...

Alfabetisk ordnet, blandet innhold, men likevel: God appetitt!

buljong	lam	**... og nesten gratis:**
dill	majones [-uˈneːs]	agurk [aˈgʉrk]
filet [fiˈleː]	omelett [ɔ-]	blomkål [ˈblɔm-]
gelé [ʃeˈleː]	rosenkål [ˈruː-]	makrell [-ˈrel]
hummer	salat	skinke [ˈʃiŋkə]
kotelett [ɔ]	selleri [-ˈriː]	tomatsuppe [tuˈmaːtsʉpə]
kål	sjampinjong	
laks	spinat	

4. Falske venner

ledig [ˈleːdi] *frei, unbesetzt, unbeschäftigt*
ugift [ˈʉːjift] *ledig*

øl [œl] *Bier*
olje [ˈɔljə] *Öl*

flesk *Speck*
kjøtt *Fleisch*

10C Grammatik

1. Feste Wortgruppe

Jeg har **lyst til å** gå.
etwas (nicht) tun wollen

Hun har **ikke lyst til å** gå.

Har han **råd til å** reise?
sich etwas (nicht) leisten können

Jeg har **ikke råd til å** reise.

Vi har **lov til å** ta den.
etwas (nicht) dürfen

Du har **ikke lov til å** gjøre det.

10C

Har vi **plass til** å danse?
(keinen) Platz haben, um etwas zu tun
Har du **tid til** å hjelpe meg?
(keine) Zeit haben, um etwas zu tun
Vi har **anledning til** å velge.
(keine) Gelegenheit haben, etwas zu tun

Nei, det har vi **ikke plass til.**

Nei, jeg har **ikke tid til** det.

De har **ikke anledning til** det.

2. Partizip Perfekt als Adjektiv

Wenn das Partizip Perfekt in attributiver Stellung steht, bekommt es im Plural und in der schwachen Form die Endung **-e**; vgl. 3C 1:
bortskjemt – den bortskjemt**e** onkelen din *dein verwöhnter Onkel.*
In prädikativer Stellung ist es meistens unflektiert:
Han er bortskjemt. De er bortskjemt (seltener: De er bortskjemte)
Vor der **e**-Endung ändert sich die Partizipendung **-et** zu **-ed**-:
en uvent**et** gjest – uvent**ed**e gjester *unerwartete Gäste.*
Von **laget** *gemacht* lautet das flektierte Partizip **lagde**:
nylagde kjøttkaker *frische („neugemachte") Frikadellen.*

3. Modalverben mit Konjunktivbedeutung

Im Norwegischen gibt es keine eigenen Konjunktivformen. Die Bedeutung des Konjunktivs wird ausgedrückt durch die Präteritumsform der modalen Hilfsverben:

Han kunne vel gå direkte	*könnte*
Det ville være deilig	*würde sein = wäre*
Da skulle alt være i orden	*sollte sein = wäre wohl ...*
Jeg måtte være dum hvis ...	*müßte dumm sein, wenn ...*

4. Kurzverben

	Inf.	*Präs.*	*Prät.*	*Perfekt*
Schwach:	-	**-r**	**-dde**	**-dd**
	å bo	bor	bo**dde**	har bo**dd**
	å bety	betyr	bety**dde**	har bety**dd** *(bedeuten)*
	å ha	har	ha**dde**	har hatt
Stark:	-	**-r**	**-***	**-tt***
	å dra	drar	drog	har dratt
	å se	ser	så	har sett
	å be	ber	bad	har bedt
	å bli	blir	ble	har/er blitt

10C/10D

5. Verben ohne Präsensendung

vil *will*	skal *soll*	kan *kann*	må *muß*	vet *weiß*
er *ist*	spør [œ] *fragt*	tør [œ] *wagt*	gjør [jø:r] *tut*	bør [bø:r] „*müßte*"

Du vet ikke hva du gjør. Hva vil du?

10D Øvelser

1. *Spørsmål til teksten:*
   a) Hvem er Hjalmar Holm?   b) Hvordan er han?   c) Hvorfor vil Paul Skogstad be Holm og Kurland hjem til seg?   d) Hvorfor vil ikke Eva det?   e) Hvor tror du Paul finner navnet Sundvolden Hotel?   f) Hvorfor tror du det står «Sundvollen hotell» i teksten, men «Sundvolden Hotel» i annonsen?   g) Hvem tror du er eldst av de personene som er nevnt i stykket? Og nesteldst, og så videre? Hvorfor tror du det?   h) Hvorfor ringer Paul til Sundvollen?   i) Hvorfor vil han ikke ha bord i salen for ikke-røykere?   j) Hvem skal betale for middagen, tror du?   k) Paul ber om å få bordet reservert for direktør Holm. Hvorfor det, tror du?

2. *Oversett til norsk:*
   a) Der hausgemachte Karamelpudding schmeckt gut.   b) Die erwartete Antwort kam nicht.   c) Paul ist mit Eva verheiratet.   d) Rolf Kurland ist ledig.   e) Das neugeborene Mädchen soll Gerd heißen.   f) Das bestellte Buch kostet über 500 Kronen.   g) Der Zug (toget) hat 10 Minuten Verspätung.   h) Es stand „Besetzt" auf der einen Tür, auf der anderen „Frei".   i) Es gibt immer mißvergnügte Menschen.   j) Sie wohnen in einem sogenannt besseren Viertel (strøk).   k) Für morgen erwartet man vereinzelte Regenschauer.

3. *Bestill tre kjøttretter og tre fiskeretter:*
   (Alt forskjellig: Tillaging, hovedrett, tilbehør, drikkevarer –
   Alles verschieden: Zubereitung, Hauptgericht, Beilagen, Getränke)

   Eksempel:
   Jeg vil gjerne ha ...
   stekt flyndre med agurksalat og kokte poteter, og et glass pils.

   ↑   ↖   ↖———————↖—↗   ↑

   tillaging   hovedrett   tilbehør   tillaging   drikkevarer

4. *Hva bestiller han egentlig?*

   > Gjesten: Pst, kemner!
   > Kelneren: Det heter ikke kemner, det heter kelner!
   > Gjesten: Å ja. Kan jeg få et gmass pims?

10D

5. *Eksempel: Sett inn et passende uttryk (fast ordgruppe)*

   (Gelegenheit haben, können:) Vi har ikke anledning til å gjøre det.

   a) *(Zeit haben:)*   Jeg må rekke trikken. Jeg har ikke . . . . . snakke med deg nå.
   b) *(„möchte":)*   «Har du . . . . . besøke meg?» sa han.
   c) *(„können":)*   «Nå må vi spare penger», sa far. «Vi har ikke . . . . . reise noe sted.»
   d) *(Platz haben:)*   Her har vi god . . . . . danse.
   e) *(„dürfen":)*   Jeg har . . . . . komme og gå når jeg vil.

6. *Oversett! Bruk modalverb i preteritum:*

   a) Ich möchte gern ein Bier.   b) Die Mutter sagte, er solle sofort nach Hause kommen.   c) Er sagte, er müsse zuerst etwas machen.   d) Er könnte ein ganzes Buch schreiben, wenn er Lust hätte.   e) Ich würde ein paar Tage warten, wenn ich könnte.   f) Das müßte doch gehen.   g) Er könnte es gesagt haben.   h) Wenn es morgen regnet, bleiben wir zu Hause.

7. *Sett om til presens:*

   a) Jeg tok et bad.   b) Han bad dem komme.   c) Hun så dem ikke så ofte.
   d) Bjørn ble litt forsinket.   e) Fikk du brev fra dem noen gang?   f) Mor trodde ikke at det var mulig.   g) Han sa ikke et ord, han bare gikk sin vei.   h) De bodde i Bergen.   i) Det stod et bord under treet.   j) De tre mennene tok det vekk.

8. *Verdens minste kryssord – das kleinste Kreuzworträtsel der Welt*

   Vannrett: **Loddrett:**
   1. ach, oh!   1. zu (vor Infinitiv)

9. *Noen litt større kryssordoppgaver*
   Greier du dem på under ett minutt?

   Vannrett: 2 ziehen 4 bekommen 5 bitten; einladen
   Loddrett: 1 haben 3 gehen 5 bleiben; werden

   Vannrett: 2 glauben 3 sehen; 4 nehmen
   Loddrett: 1 wohnen 3 stehen

11A

11A Text

Den første

– Du er så dum! sa hun.
  Han svarte ikke.
– Å Gud! Du er så dum. Du skal si: Jeg elsker deg! Og så skal jeg si:
Jeg elsker deg! Og så skal du kysse meg. Du er nødt for det. Det står i alle
bøkene.
  Hun så på ham.
  Han sa ikke noe.
– Si: Jeg elsker deg!
– Jeg el- sa han. Det var ikke mulig å si det. Det var umulig.
– Huff! Sånn en bonde. Du er en orntlig bonde!
  Hun furtet litt. Men så kom hun til å tenke på noe.
– Si: Jeg er glad i deg! da.
– Jeg er glad i deg! sa han. Det var ingen sak.
– Det får klare seg! sa hun. – Det er ikke riktig, men det får klare seg. Nå
kan du få kysse meg.

– – – – – – – – – –

– Hva? Vil du ikke? Å Gud, *kan* du ikke? Nei, nå – kysser du ikke din mor,
da?
– Vi bruker ikke slikt, sa han. Han var brennrød og hadde lyst til å tute.
  Hun var rystet.
– Nei, dere bønder! sa hun. – Det hører jo med til alminnelig dannelse. Se
nå her –

– – – – – –

  Det var så rart. Han var rar lenge etterpå.
  Hun ble mer stille hun også. Hun sto og så ned.
– Er jeg den første du er glad i? sa hun.
– Ja! sa han.
– Nei. Jeg tror ikke på deg. Du skal tenke deg om. Du skal få fem minutter
til å tenke deg om, og så skal du svare meg. Jeg setter meg nede ved
stranden så lenge. Fem minutter.
Hun så på klokken. Hun hadde klokke også, med langt kjede rundt halsen,
enda hun ikke var eldre enn han.

– – – – – –

– Nå, sa hun. – har du tenkt deg om nå?
  Han hadde glemt henne.

97

11A

De fem minuttene hadde gått nå, altså.
– Ja, sa han. – Jeg har tenkt –.
– Nå? Og så?
Hvis hun var den første, så ville hun slå armene rundt halsen på ham og trykke seg inn til ham og kysse ham.
Hun sto og så på ham med store, stille øyne.
– Du er den første, sa han.

(Fra: Sigurd Hoel, Veien til verdens ende)
[Copyright Gyldendal Norsk Forlag A/S 1933. Sitert etter Gyldendals skoleutgave 2. utg., 3. oppl. 1975]

å Gud! [oː 'guːd]	*oh Gott!*
ᵛelske, -et, -et	*lieben*
ᵛkysse, -et, -et	*küssen*
være nødt for (*dial.* = være nødt til)	
ikke noe [ˈikənuː, ᵛikə ᵛnuːə]	*nichts*
mulig [ᵛmuːli]	*möglich*
umulig [uˈmuːli]	*unmöglich*
huff! [huf]	*du liebe Güte!*
bonde *m*, *Pl.*: bønder [ᵛbunə, 'bœnər]	*Bauer*
orntlig = ordentlig ['ɔrntli]	*ordentlich, richtig, echt*
furte [ᵛfurtə], -et	*schmollen, beleidigt sein*
hun kom til å tenke på noe	*etwas fiel ihr ein*
være glad [glaː] i	*gern haben, mögen*
sak *m*	*Sache*
ingen sak	*kein Problem, keine Kunst*
ᵛklare seg, -te, -t	*genug sein, reichen*
riktig [ᵛrikti]	*richtig*
kunne få	*dürfen*
bruke [ᵛbruːkə], -te, -t	*brauchen; pflegen*
Vi bruker ikke slikt.	*So was ist bei uns nicht üblich.*

slikt	*so was*
brennrød [ᵛbrenrøː]	*heftig errötet*
ᵛtute, -et, -et	*heulen; brüllen*
ᵛrystet	*erschüttert*
høre med til [høːrəˈmeː til]	*zu etw. gehören*
alminnelig [alˈminəli]	*allgemein*
ᵛdannelse *m*	*Bildung*
se nå her [hæːr]!	*sieh mal her!*
rar	*merkwürdig, seltsam*
ᵛetterpå	*nachher*
ned [neː(d)]	*nieder, her-, hinab*
tenke seg om	*nachdenken, sich bedenken*
minutt [miˈnut] *n*, *Pl.* -er	*Minute*
ᵛnede	*unten*
klokke [ᵛklɔkə] *f*	*Uhr*
ᵛkjede *n*	*Kette*
rundt [runt]	*um*
hals *m*	*Hals*
ᵛenda	*obwohl*
slå armene rundt halsen på en	*j-n. umarmen, umhalsen*
ᵛtrykke, -kte, -kt	*drücken*
inn til	*an (– hinan)*

11B Sprachgebrauch und Landeskunde

1. Fra hat til kjærlighet – Von Haß zu Liebe

hate *(hassen)*:
Ola hater Kari.   Kari hater uklare avtaler.

ikke kunne fordra *(nicht ausstehen können)*:
Guri kan ikke fordra Svein.   Svein kan ikke fordra fisk.

være/bli sint (på) *(zornig sein/werden)*:
Knut er sint på Siri.   Siri blir lett sint.

ikke like *(nicht leiden können)*:
Anne liker ikke Per.   Per liker ikke å danse *(tanzen)*.

være/bli lei av *(leid sein/überdrüssig werden)*:
Bjørg er lei av Jan.   Bjørg er lei av all trafikken.

ikke kjenne *(nicht kennen)*:
Ingunn kjenner ikke Pål.

være/bli kjent (med) *(kennen[lernen]; sich auskennen)*:
Finn blir kjent med Unn.   Unn er ikke kjent i byen.

kjenne *(kennen)*:
Ingeborg kjenner Alf godt.   Alf kjenner veien ut og inn.

like *(mögen, „gefallen")*:
Per liker Anne *(A. gefällt P.)*   Anne liker best ost og rødvin.

være/bli glad i *(gern haben/bekommen)*:
Nora er glad i Jo.   Jo er glad i å gå på ski *(skilaufen)*.

elske *(lieben)*:
Steinar elsker Torill.   Torill elsker jazz [jas].

11C Grammatik

1. Feste Wortgruppen mit „få"

(die Gelegenheit, die Erlaubnis, Lust usw. bekommen:)

Vi **får** sikkert **anledning til** å være alene.
Vi **får lov til** å ta den.
Når han snakker sånn, **får** jeg **lyst til** å protestere.
Får du **råd til** å reise til Tromsø i sommer?
Jeg skal hente den når jeg **får tid** (**til å** gjøre det).
Får vi **plass til** å danse der da, tror du?
Får du **til** den norske y-lyden? *Kriegst du den norwegischen y-Laut hin?*

11C

2. Das modale Hilfsverb „få"

(„wohl/halt/eigentlich müssen/dürfen/können/werden" usw.)

Det **får klare** seg.	*Das reicht/dürfte genug sein.*
Du **får ta** deg tid.	*Du mußt einfach ...*
Får jeg **låne** sykkelen din?	*Darf ich ...?*
Jeg **får bli** med deg neste gang.	*Ich werde schon das nächste Mal mitkommen.*
Får jeg **snakke** med Holm?	*Kann/Darf ich ...?*
Nå **kan** du **få kysse** meg.	*Jetzt kannst/darfst du ...*

3. „få" + Substantiv ohne Artikel

Hun **får brev** fra ham.	*(einen Brief oder Briefe, „Post")*
Har du **fått mat?**	*(etwas zu essen)*
De har **fått barn.**	*(ein Kind/Kinder, „Nachwuchs")*
Får vi **regn,** tror du, eller **får**	*(Regen)*
vi **pent vær?**	*(schönes Wetter)*
Skogstad har fått **ny bil.**	*(ein neues Auto)*

4. Einige Konstruktionen mit „være" + Adjektiv + Präposition

Jeg **er nødt til å** gå.	*(bin gezwungen, muß)*
Er du **glad i å** danse?	*(hast gern, magst)*
Hun **er flink til å** svømme.	*(ist tüchtig, kann es gut)*
Han **var lei av å** vente.	*(war leid, hatte es satt)*
De **var klar over at** ...	*(waren sich darüber im klaren, wußten)*

5. Konstruktionen mit „bli" (werden, beginnen zu ...)

Hvis de spør direkte, **blir** jeg **nødt til å** si det.
Han **er blitt** så **glad i å danse.**
Den sommeren **ble** hun **flink til å** svømme.
Tiden gikk, og hun **ble lei av å** vente.
Etter hvert **ble** de **klar over at** de hadde tatt feil *(Allmählich sahen sie ein, daß sie sich geirrt hatten).*

6. Vergleich – Steigerung

	Adjektiv:	
Positiv:	Du er ikke klok.	
	Du er så dum (som ei ku)!	**så – som**
Komparativ:	Hun var eld**re** og klok**ere** (enn han).	**enn**
Superlativ:	Hun var den eld**ste** og klok**este** (av dem).	**av**
	Hun var eld**st** (av dem).	

100

Wichtig: Im Norwegischen wird auch dann der Superlativ benutzt, wenn zwei Dinge miteinander verglichen werden: Hun var den eldste av de to søstrene.

Adverb:

Positiv:	Han snakket lav**t** *(leise)*, så lavt som mulig.
Komparativ:	Han snakket lav**ere** enn før.
Superlativ:	Han snakkest lav**est** av alle.

7. Zukunft

Modalverb:	Jeg **skal si** det.	*(soll/werde)*
	Jeg **vil si** det.	*(will/werde)*
«komme til å»:	Jeg **kommer til å** si det.	*(werde, unabwendbar)*
Präsens:	Jeg **sier** det når jeg **treffer** ham, f.eks. i morgen. *(Ich sage es, wenn ich ihn treffe, z. B. morgen.)*

11D Øvelser:

1. *Spørsmål til teksten (Han heter Anders. Hun heter Alfhild):*
   a) Hva vil Alfhild at Anders skal si?   b) Hvorfor får han ikke til å si det?   c) Hva kaller *(nennt)* Alfhild ham?   d) Hva er det ingen sak å si?   e) Hva får Anders lov til?   f) Hvorfor kan eller vil han ikke gjøre det?   g) Hvor vil Alfhild være mens Anders tenker seg om?   h) Hvor lenge skal Anders tenke seg om?   i) Hvordan kan man forstå at Alfhild er fra byen *(aus der Stadt)?*   j) Hvordan kan man forstå at Anders er fra landet?   k) Hvem er eldst av de to? – Hvordan kan du vite det?   l) Hvor gamle tror du de er?   m) Hva hadde Alfhild rundt halsen?   n) «. . . enda hun ikke var eldre enn han», står det. Hva har dette med alder *(Alter)* å gjøre?

2. *Lag setninger med komparativ og superlativ av:*
   Eksempel: Det er **kaldere** i dag enn i går.
     Hvilken dag var **kaldest?**
   kald – dum – fin – god – lang – lenge – ofte – stor – åpen.

3. *Motsetninger*

Eksempel: A er **dum.**	B er **klok.**
A er **mindre** enn B.	B er **større** enn A.
A er den **korteste.**	B er den **lengste.**

   a) USA er et **stort** land.   Luxemburg er . . .
   b) Sverige er **større** enn Norge.   Norge . . .
   c) 1. januar er den **første** dagen.   31. desember . . .
   d) Lillebror (Brüderlein) er **ung.**   Bestefar . . .
   e) Else er **eldre** enn Bjørg.   Bjørg . . .

11D

f) Dette er min **eldste** bror.   ... søster.
g) De **store** fikk øl eller kaffe.   ... brus eller melk.
h) Håkon kommer **ofte** på besøk.   Ola ...
i) Ola kommer **sjeldnere** enn Håkon.   Håkon ...
j) Anders er ganske **rar.**   Alfhild ...

4. *Lag setninger med alle verbene/verbaluttrykkene i 11B:*

Bilden Sie erzählende, verneinende und fragende Sätze. Gebrauchen Sie „jeg"/„meg" als Subjekt oder Objekt der Sätze. („fordra" nur im verneinten Satz!)
Eksempel:
Fortellende/Erzählend: Jeg er sint på deg.
Nektende/Verneinend: Jeg er ikke sint på Berit.
Spørrende/Fragend: Er du sint på meg?

Mit mehreren Teilnehmern kann man aus dieser Aufgabe ein Gesellschaftsspiel machen:

1. Jeder Teilnehmer schreibt seinen eigenen Namen auf einen Zettel. Die Zettel werden gemischt.
2. Schreiben Sie die Verben/Verbalausdrücke (wie „hate", „bli lei av" usw.) in 11B auf andere Zettel – jeweils nur ein Verb/Verbalausdruck – und mischen Sie die Zettel.
3. Die Teilnehmer ziehen der Reihe nach einen Zettel von jedem Haufen und bilden Sätze mit „jeg"/„meg", z. B.: „Jeg liker (ikke) Hilde". „Hilde liker (ikke) meg".

5. *Sett om til presens og perfektum:*

a) Han svarte ikke.   b) Hun så på ham.   c) Han sa ikke noe.   d) Det var ikke mulig å si det.   e) Hun furtet litt.   f) Så kom hun til å tenke på noe.   g) Han hadde lyst til å gråte.   h) Hun stod og så ned.

6. *Lag setninger med ett ord fra hver gruppe:*

(Die Wörter in Gruppe 2 und 4 können mehrmals vorkommen).

Eksempel:

| Guri | er | redd | for | å være alene |

jeg		flink		å svømme
vi		full	av	mennesker
Anders		glad	for	Alfhild
Håkon	er	klar	i	at Håkon kommer
du	var	lei	mot	å vente
salen	blir	nødt	over	å stoppe for rødt lys
dere	ble	redd	på	tordenvær
hun		sikker	til	at Holm betaler
han		sint		meg
de		snill		små barn

102

7. Kryssord

(Kryssord / crossword grid)

Vannrett:

1 Akkusativ av «vi» 4 Plural av «bonde» 10 Motsatt av «tørr» 11 Knut kom ikke; han hadde – glemt adressen. 13 Husdyr (melkeprodusent) 14 Forkortelse (= se dette!) 15 Notere 16 Nektelse (Verneinung) 17 Måned nr. 10 19 Mannsnavn 20 Mannsnavn 22 Vindstyrke 12 23 Nasjonalitetskjennetegn på bil = Storbritannia 24 Som 23, men = Danmark 25 Tittel for gift kvinne 27 Himmelretning 28 Tidskonjunksjon

Loddrett:

1 -er: Preposisjon 2 Du er – dum! 3 Rom (plural) 5 Vil gjerne ha 6 Hun satt – ved stranden. 7 Forkortelse (= desimeter) 8 Være svært glad i 9 Rett, virkelig 12 Brødsort (mørkt brød) 13 Tid mellom dag og natt 17 Mannsnavn 18 Leve 21 Forkortelse (= eksempel) 26 Stormakt, «Amerika»

12A

12A Text

Nynorsk*

Noko om Noreg

Noreg er eit langt land. Det er like langt frå Lindesnes (sørspissen av Noreg) til Nordkapp som det er frå Lindesnes til Roma. Og norskekysten – når du **ikkje** reknar med fjordane, – er like lang som kysten frå nordspissen av Danmark, innom Tyskebukta, langsmed Holland, Belgia og heile Frankrike til Nord-Spania. Reknar du med heile kystlinja, inn og ut alle fjordane, kjem du fram til 21 000 kilometer. Til samanlikning er det 20 000 km frå Nordpolen til Sørpolen!

Naturen vekslar mykje i Noreg. Landet ved kysten er det viktigaste. Der bur dei fleste nordmenn, og mest alle byane ligg ved sjøen. Berre ni byar ligg inne i landet. Landet ved Oslofjorden har eit særleg godt klima, så her er det frodig. Det er varmt om sommaren og ikkje så kaldt om vinteren. Sørlandskysten er idyllisk. Her er alt smått. Øyane er helst små holmar, fjella er åsar og låge heiar, byane er små klyngjer av låge, kvite trehus. Vestlandet er annleis med høge, bratte fjell og lange, trange fjordar. Den største isbreen i Europa – når vi ikkje reknar med Island, – ligg på Vestlandet. Det er Jostedalsbreen. I Nord-Noreg er dimensjonane store. Der oppe har dei høge fjell, store øyar, lange og breie fjordar og eit endelaust hav mot vest, mot nord og mot aust.

Inne i landet er det meste fjell, skogar og innsjøar. Berre 3% – tre prosent! – av heile landet er dyrka mark. Det aller meste av denne jorda finn ein på Austlandet, lengst sør på Vestlandet (ved Stavanger) og i Trøndelag. Trøndelag er landet ved Trondheimsfjorden. Men 97% av Noreg er udyrka. Ein firedel av dette er skog, men det meste er høgfjell og vidder, slik som Finnmarksvidda i nord og Hardangervidda i sør. Alt i alt har Noreg utruleg mykje å by folk som elskar naturen. Ola Nordmann er sjølv ein stor naturelskar og lever godt i landet sitt.

---

* Eine Übertragung dieses Textes in bokmål findet sich auf S. 182.

Schon bekannte (d. h. in den Lektionen 1–11 vorkommende), regelmäßig flektierte Wörter werden nicht aufgeführt, wenn sie sich nur durch ihre grammatische Flexion vom Bokmål unterscheiden. Aufgeführt werden daher nur „neue" Wörter:
1. In beiden Sprachformen vorhandene Wörter, die in den Lektionen 1–11 nicht erscheinen. Diese werden nicht besonders gekennzeichnet.
2. Wörter, deren lautliche oder schriftliche Form sich vom Bokmål unterscheidet. Die neunorwegische Variante wird mit ° gekennzeichnet.
3. Wörter, die nur im Neunorwegischen vorkommen. Auch diese werden mit ° gekennzeichnet.

Von regelmäßigen schwachen Verben werden neben dem Infinitiv die Endungen der Hauptformen Präteritum und Partizip Perfekt angegeben: °rekne, -a, -a *rechnen;* °bu, -dde, -dd *wohnen.* Das heißt: Von rekne heißt das Präteritum rekna und das Perfekt har rekna; von bu heißt das Präteritum budde und das Perfekt har budd.

°noko [ᵛnuku]	*etwas*	helst	*hier: meistens*
°Noreg [ᵛnoːreg]	*Norwegen*	ås [oːs] *m*	*kleiner (bewaldeter)*
°ein, ei, °eit	unbest. Art. *ein, eine,*		*Berg(rücken)*
	ein	°låg	*niedrig*
like – som	*ebenso – wie*	hei *f*	*Hügel(landschaft),*
°frå	*von*		*Vorgebirge*
spiss *m*	*Spitze*	°klyngje [ᵛ] *f*	*Gruppe, Haufen*
Roma ['ruːma]	*Rom*	°kvit	*weiß*
norskekysten	*die norw. Küste*	trehus [ᵛtreːhʉːs] *n*	*Holzhaus*
[ᵛnɔrskəçystən]		°annleis [ᵛ]	*anders*
°ikkje [ᵛiçə]	*nicht*	°høg	*hoch*
°rekne (med), -a, -a	*rechnen (mit)*	bratt	*steil*
innom [ᵛinɔm]	*(als Einbuchtung) um*	trang	*eng*
Tyskebukta [ᵛ--ʉ-]	*Deutsche Bucht*	isbre [ᵛiːsbreː] *m*	*Gletscher*
langsmed ['--meː]	*an – entlang*	dimensjon [-'ʃuːn] *m*	*Dimension, Größe*
°heil: heile Frankrike	*ganz: ganz Frankreich*	der oppe [dæːr ᵛɔpə/	*da oben*
linje [ᵛ] *f*	*Linie*	ᵛupə]	
inn og ut	*ein und aus*	brei	*breit*
°kjem: Präs. v. komme		°endelaus [ᵛenə-]	*endlos*
komme fram til	*kommen zu(m Ergeb-*	°aust	*ost; Osten*
	nis)	det (aller) meste [de 'a-	*das (aller)meiste*
°samanlikning [ᵛ] *f*	*Vergleich*	lər ᵛmestə]	
21 000 = °tjueein tu-		dyrke [ᵛ], -a, -a	*kultivieren*
sen [çʉːəˈæjn 'tʉːsən]		mark *f*	*(Wald-)Boden*
Nordpolen [ᵛnuːrpuː-	*der Nordpol*	dyrka mark	*Ackerland*
lən]		jord [juːr] *f*	*Erde; Ackerland*
°Sørpolen [ᵛsøːr-]	*der Südpol*	°finn: Präs. v. finne	*finden*
natur [na'tʉːr] *m*	*Natur*	lengst sør	*im südlichsten Teil*
veksle [ᵛ], -a, -a	*(ab)wechseln*	udyrka [ᵛʉːdyrka]	*nicht kultiviert, unbe-*
°mykje [ᵛmyːçə]	*sehr; viel*		*baut*
°bu [bʉː], -dde, -dd	*wohnen*	firedel [ᵛfiːrədeːl] *m*	*Viertel*
°dei	Plur.: *sie; die*	°høgfjell [ᵛhøːg-] *n*	*Hochgebirge*
°mest	*fast*	vidde [ᵛ] *f*	*(vegetationsarme)*
by *m*	*Stadt*		*Hochfläche*
°ligg: Präs. v. °liggje	*liegen*	slik som	*so wie*
ved [veː]	*an; bei*	alt i alt	*alles in allem*
°berre [ᵛ]	*nur*	°utruleg [ᵛʉːtrʉːleːg]	*unglaublich*
°særleg [ᵛ]	*besonders*	by, bydde, bydd	*(an)bieten*
klima ['] *n*	*Klima*	folk Plur.	*Leute*
frodig [ᵛfruːdi]	*üppig, fruchtbar*	°sjølv [ʃœlv, ʃøːl]	*selbst*
°sommar [ᵛsɔm-] *m*	*Sommer*	°elskar *m*	*Liebhaber*
vinter ['vint] *m*	*Winter*	naturelskar	*Naturfreund*
idyllisk	*idyllisch*	leve [ᵛleːvə], -de, -d	*leben*
smått	*klein*		

105

12B Sprachgebrauch und Landeskunde

1. Nokre Noregs-rekordar:

Størst, lengst og eldst – høgast og djupast – kaldast og varmast

Det største fylket:	Finnmark 48 649 km²	(Sveits 41 288 km²)
Den største øya:	(Vest-Spitsbergen 39 043 km²) Hinnøy 2198 km²	
Den største innsjøen:	Mjøsa 366 km²	(Bodensee 538 km²)
Det eldste dampskipet:	Skibladner, frå 1856	(går på Mjøsa)
Den høgaste fossen:	Mongefoss 774 m	(foss = Wasserfall)
Det høgaste fjellet:	Galdhøpiggen 2469 m	(pigg = Gipfel)
Den djupaste innsjøen:	Hornindalsvatnet 514 m	(vatn = kleiner See)
Den lengste fjorden:	Sognefjorden 204 km	
Det lengste leidningsspennet:	Rabnaberg – Flatlaberg 4889 m (Elektrisk kabel over Sognefjorden)	
Den eldste avisa:	Adresseavisen, Trondheim, frå 1767	
Varmast:	Hallingdal 20. 6. 1970: + 35,6° (dal = Tal)	
Kaldast:	Karasjok 1. 1. 1886: ÷ 51,4°	

2. Lange bruer i nord – Lange Brücken im Norden:

Sandnessundbrua (i Tromsø)	1220 m
Tromsøbrua	1016 m
Gisundbrua (Senja)	1146 m

Lofotbruene: Fire store bruer i Lofoten, kvar på ca. 1000 m.

... og i sør – und im Süden:

Sotra bru (ved Bergen) (lengste hengebru i Noreg)	1236 m
Drammensbrua (Noregs lengste bru)	1892 m
Sandesundbrua (ved Sarpsborg)	1530 m
Mjøsbrua (Moelv-Biri, over Mjøsa)	1421 m

3. Tunnelar overalt – Tunnels überall (['tɯːnɔl]; häufiger [tɯ'nel])

For tog:	Askertunnelen (mellom Oslo og Drammen)	10,7 km
	Kvinesheitunnelen (på Sørlandet)	9,1 km
For bilar:	Gudvangtunnelen (E 68, Sogn)	11,4 km
	Steigentunnelen (Nordland)	8,2 km
	Svartistunnelen (Nordland)	7,6 km
	Haukelitunnelen (sør for Hardangervidda)	5,7 km
Under sjøen:	Freitunnelen (ved Kristiansund)	5,2 km
	Valderøytunnelen (ved Ålesund)	4,2 km
	Vardøtunnelen (Aust-Finnmark)	2,9 km
	fleire tunnelar på Mørekysten.	

12B/12C

4. Noreg: langt, smalt og skrått – lang, schmal und schräg

Noreg er **langt** – veglengda (Straßenentfernung) Nordkapp (71 °) – Lindesnes (59 °) 2560 km (Oslo–Wien 1840 km; Oslo–Roma: 2630 km)

Nord-Noreg er **smalt,** om lag som Schleswig-Holstein:
Minste breidd: Hellemobotn – svenskegrensa (v/Narvik): 6,3 km
(Schleswig-Holstein på det smalaste: 40 km)

Sør-Noreg er mykje breiare:
Største breidd er 430 km (som Luxemburg–Tsjekkoslovakia).

Noreg ligg **på skrå:**

Lengst mot aust:	**Lengst mot vest:**
Vardø 31 °	Steinsøy (Sognefjorden) 4 ° 30′
(som Leningrad eller Istanbul)	(som Rotterdam eller Lyon)

5. Kor stort er Noreg? – Wie groß ist Norwegen?

Eigentlege Noreg:	324 000 km²
Svalbard (Spitsbergen)	62 000 km²
i alt:	386 000 km²

Landet har noko over 4 millionar innbyggjarar, dvs. 12 innb./km²(12 innbyggjarar pr. kvadratkilometer).

6. Noregs grenser

Grensa mot Sverige er Europas lengste landegrense mellom to land: 1619 km.
Grensa mot Finland måler *(mißt)* 716 km.
Grensa mot Sovjet-Samveldet: 196 km.

12C Grammatik

1. Substantiv und Artikel – bestimmte und unbestimmte Form

Das Substantiv hat drei Geschlechter, Maskulinum, Femininum und Neutrum. Im nynorsk wird zwischen Femininum und Maskulinum streng unterschieden.
Die Mehrzahlendungen sind für die drei Geschlechter verschieden.

	Singular		Plural	
	unbestimmt	*bestimmt*	*unbestimmt*	*bestimmt*
Mask.	**ein** fjord	fjord**en**	fjord**ar**	fjord**ane**
Fem.	**ei** vidde	vidd**a**	vidd**er**	vidd**ene**
Neutr.	**eit** fjell	fjell**et**	fjell	fjell**a**

Es gibt auch abweichende Pluralendungen, z. B.:

Mask.: ein stad (Ort) staden stader stadene
Fem.: ei øy øya øyar øyane

2. Infinitiv und Präsens

Die meisten Verben enden im Infinitiv auf **-e.** (Die gleichwertige **a-** Endung wird in diesem Buch nicht gebraucht.)

Die (schwachen und starken) **Kurzverben** enden auf einen betonten Vokal.

Die Endung des Präsens ist für alle Personen gleich, jedoch von Klasse zu Klasse verschieden: **-ar, -er, -r** oder - (keine Endung):

Schwache Verben:	*Infinitiv*	*Präsens*
Klasse 1	å elsk**e**	elsk**ar**
Klasse 2	å mål**e**	mål**er**
Klasse 3 (schwache Kurz-verben)	å bu -	bu**r**
	å set**je**	set -
Klasse 4	å finn**e**	finn -
Starke Verben	å by -	by**r**
(Starke Kurzverben)		

3. Adjektiv

Die Adjektivendungen sind im Positiv dieselben wie im bokmål.

		Attributiv	*Prädikativ*	
stark	*Mask.*	ein lang fjord	Fjorden er lang.	**lang**
	Fem.	ei lang natt	Natta er lang.	
	Neutr.	eit langt hus	Huset er langt.	**langt**
	Plur.	lange fjordar	Fjordane er lange.	
schwach		den fjorden den lange natta det huset dei fjordane		**lange**

Es gibt viele Ausnahmen!

108

4. Steigerung

Das Adjektiv hat im Komparativ und Superlativ die Endungen **-are, -ast,** vgl. brei, oder **-re, -st** und Umlaut, vgl. lang. Es gibt aber auch viele Unregelmäßigkeiten, vgl. mykje, mange:

brei	breiare	breiast
lang	lengre	lengst
mykje	meir	mest
mange	fleire	flest

Oslofjorden er lang, men ikkje så djup.
Hardangerfjorden er lengre og djupare.
Sognefjorden er lengst og djupast.

5. Talord – Zahlwort

Grundzahlen: Wie bokmål; jedoch: 1 **ein,** 21 **tjueein** usw.
Ordnungszahlen: Wie bokmål; jedoch: 7. sju**ande,** 13. trett**ande** usw.; vgl. 4C8, 5C7, 7C7, 8C3.

12D Øvingar

1. *Spørsmål til teksten:*
   (kven? = *wer,* kvar? = *wo,* kvifor? = *warum,* korleis? = *wie)*
   a) Kvar ligg Nordkapp.   b) Kvar bur dei fleste nordmenn?   c) Kvifor bur det så mange ved Oslofjorden?   d) Kva er ein holme?   e) Kva er ein ås?   f) Kva er det mest av i Noreg, fjell, skogar eller dyrka mark?   g) Kvar er det mest dyrka mark?   h) Kvar trur du det er mest regn, på Austlandet eller på Vestlandet? i) Kva er Jostedalsbreen, og kvar ligg han?   j) Kva er skilnaden *(der Unterschied)* mellom fjordane på Vestlandet og i Finnmark?   k) Kvifor er det så mange tunnelar i Noreg?   l) Kvar ligg dei fleste byane i Noreg?   m) Korleis ser ein sørlandsby ut?   n) Veit du kvar Bergen ligg?   o) Kven er Ola Nordmann?

2. *Les høgt eller skriv med bokstavar!*
   + pluss [plʉs]   ÷ minus ['miːnʉs]   = er (lik)
   × gonger ['ᵛgɔŋər]   : delt på [deːlt poː]
   a) $2 + 2 = 4$ b) $27 + 3 = 30$ c) $80 : 5 = 16$ d) $420 \text{ kr} : 4 = 105 \text{ kr}$
   e) $67 \div 12 = 55$ f) $7 \times 9 = 63$ g) $25\% = {}^{1}/_{4}$ h) $320 \text{ kr} + 20\% \text{ mva}^*$ $= 320 + 64 = 384 \text{ kr}$ i) $800 \text{ kr} \div 10\% = 800 \div 80 = 720 \text{ kr}$
   j) – Kan du 7-gongen?
   – Ja: $7 - 14 - 21 - 28 - 35 - 42 - 48 - 56 - 63 - 70.$
   – Nei, det er en feil: Kor mykje er 7×7?

---

*) mva (od. „moms") = *Mwst., Mehrwertsteuer*

3. *Set om til nynorsk:*
   a) Der Sommer ist warm.   b) Der Berg ist hoch.   c) Der Fjord ist lang und breit.   d) Das Meer ist endlos.   e) Die Berge sind hoch.   f) Die Fjorde sind eng und tief.   g) Die norwegische Küste – ohne die Fjorde – ist 2600 km lang.   h) Im Sommer sind die Tage lang.   i) Im Winter ist es kalt.   j) Der Winter ist kalt.   k) Die Winter sind kalt.   l) Das Haus ist weiß.   m) Die Häuser sind nicht hoch, sie sind niedrig.   n) Die Inseln in Lofoten ['luːfuːtən] sind groß.   o) Die Inseln an der Skagerrak-Küste sind klein.

4. *Fyll ut med positiv, komparativ og superlativ av det adjektivet som står i parentes*
   Døme:
   Åsen er *(hoch)*.   Berget er .....   Fjellet er .....
   Åsen er høg.   Berget er høgare.   Fjellet er høgast.
   a) Innsjøen er *(tief)*. Fjorden er ...... Havet er ......   b) Det brune huset er *(alt)*. Det gule huset er ..... . Det kvite huset er ....   c) Rørosvidda er ei *(groß)* vidde. Hardangervidda er ...... Finmarksvidda er ......   d) Øyvind er *(klein)*. Anders er ...... Merete er ......   e) Det bur *(viele)* samar i Finland. Det bur ..... samar i Sverige, men dei ..... samane bur i Noreg.   f) Fredag var ein *(kalt)* dag. Søndag var ..... , men måndag var den ..... dagen i heile januar.   g) Tysdag var det *(warm)*, onsdag var det ..... , men torsdag var det ......   h) Det ligg *(viel)* snø i skogen. Det ligg ..... snø på fjellet. På vidda ligg det ......
   (snø m = Schnee)

5. *Fyll ut med alle tal frå 1 til 12 vassrett eller loddrett (waagerecht oder senkrecht). Kvart tal berre ein gong!*
   (Talet 2 står der alt.)

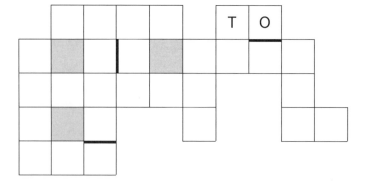

13A

13A Text

Bokmål

Tjue spørsmål

Magnus:	Nå kan dere gjette hva jeg tenker på. Jeg svarer bare ja og nei.
Guri:	Tenker du på en ting?
Magnus:	Ting? Noe som er laget, mener du? Ja, på en måte.
Eva:	Er det konkret eller abstrakt?
Øyvind:	Du kan ikke spørre sånn. Du må spørre om bare én ting av gangen!
Eva:	Er det noe konkret?
Magnus:	Tja, jeg vet egentlig ikke hva jeg skal si.
Eva:	Det er ikke noe svar!
Magnus:	Vel, jeg kan si én ting: Det er et symbol.
Eva:	Et symbol for hva da?
Magnus:	Nei, det skal dere finne ut.
Eva:	Dette blir jo bare tull! Skal vi finne symbolet eller det det står for?
Øyvind:	Vi finner fram til symbolet først. Det er jo mest konkret.
Guri:	Vet du egentlig noen ting om symboler, du da Øyvind?
Eva:	I alle fall er det min tur til å spørre. Er det et slags bilde eller noe sånt?
Magnus:	Ja, det er et slags bilde.
Eva:	Hva forestiller det bildet, da?
Øyvind:	Ikke spør på den måten!
Eva:	Nei, jeg bare tenkte høyt, dette teller ikke som spørsmål. Er det bilde av noe fra planteriket?
Magnus:	Nei.
Øyvind:	Da er det min tur. Er det bilde av noe fra dyreriket, da?
Magnus:	Ja.
Øyvind:	Da er det sikkert en løve.
Magnus:	Nei, det er det ikke.
Rolf:	Vi må spørre mer systematisk og avgrense det etter hvert. Det er ikke sikkert at det er et dyr. Det kan like gjerne være et menneske, en konge for eksempel. Er det det?
Magnus:	Hva da? Jeg skjønner ikke hva du spør om.

13A

Rolf:	Er det et menneske?
Magnus:	Nei, verken konge eller vanlig menneske.
Fru Holm:	Er det et dyr?
Magnus:	Ja.
Fru H.:	Et dyr som finnes i Norge?
Magnus:	Ja, det fins flere steder i Norge.
Fru H.:	Da er det altså et vilt dyr?
Magnus:	Både ja og nei. Det dyret jeg tenker på, er ikke vilt.
Guri:	Da er det et husdyr. Holder vi dette husdyret først og fremst for å få kjøtt?
Magnus:	Ja, på en måte har du rett.
Øyvind:	Sier det nøff-nøff og gir oss flesk til jul?
Guri:	Du tuller så fælt! Dessuten er det ikke din tur. «På en måte» hadde jeg rett, sa du. Jeg husker bare ikke hva jeg sa.
Rolf:	Du sa: «Holder vi dette dyret for å få kjøtt?»
Magnus:	Nei, Guri sa «husdyret» – det var det jeg ikke var helt enig i.
Guri:	Ja, men hør her, da – enten er det et husdyr eller så er det vilt. Nå skjønner jeg ingen ting!
Eva:	Men det gjør jeg. Er det et reinsdyr?
Magnus:	Ja, det stemmer.
Eva:	Aha! Et reinsdyr som symbol, som symbol på hva? Den frie natur? De endeløse vidder? Laila og samenes land?
Rolf:	Han sa «et slags bilde» – et frimerke, kanskje? Nei, nå har jeg det: Er det fylkesvåpenet for Finnmark?
Magnus:	Nei, det er ikke noe fylkesvåpen.
Øyvind:	Da tror jeg det er et byvåpen. Sikkert i Nord-Norge. Hammerfest?
Magnus:	Nei, der har de en isbjørn.
Guri:	Det er ikke byvåpenet for Tromsø, vel?
Magnus:	Jo, det er det. Du vant, Guri. Gratulerer!

112

spørsmål ['spœrsmo:l] n	Frage	dyr n	Tier
ᵛgjette [j-], -et, -et	(er)raten	ᵛskjønne, -nte, -nt	verstehen
tenke på [ᵛteŋkə-po:]	denken an	ᵛspørre om	(er)fragen um
ting m, Pl. -	Ding usw., s. 13B2	ᵛverken – 'eller	weder – noch, s. 13C1
noe som [ᵛnu:ə sɔm]	etwas, was	ᵛfinnes, fantes, funnes	sich finden, existieren
ᵛmene, -te, -t	meinen	[ʉ]	
kon'kret	konkret	det fin(ne)s	es gibt
ab'strakt	abstrakt	vill	wild
en av gangen	immer der Reihe nach	ᵛbåde – og	sowohl – als auch, s.
tja [tja:] od. [tça:]	s. 13B4		13C1
ikke noen	kein	husdyr [ᵛhʉ:sdy:r] n	Haustier
svar n	Antwort	holde [ᵛhɔlə], holdt,	halten
vel	gut	holdt	
symbol [sym'bu:l] n	Symbol	først og fremst	zuerst, vor allem
finne ut [ᵛfinəʉ:t]	herausfinden	ha rett	recht haben
tull n	dummes Zeug	si nøff-nøff = ᵛgrynte	grunzen (Schwein)
stå for ['sto:fɔr]	vertreten, stehen für	ᵛtulle, -et, -et	dummes Zeug reden
finne 'fram til	ermitteln, ausfindig	fæl	furchtbar, schrecklich
	machen	ᵛhusker ikke	weiß nicht mehr
tur [tʉ:r] m	s. 13B3	være enig [ᵛe:ni]	einverstanden sein
slag [-a:-] n	Art, Sorte, Schlag	ᵛenten – 'eller	entweder – oder,
en/et slags [-a-]	eine Art von		s. 13C1
ᵛbilde n	Bild	'reinsdyr n (= rein m)	Rentier, Ren
noe sånt	so etwas	ᵛstemme, -mte, -mt	stimmen
ᵛforestille, -lte, -t	vor-, darstellen	Laila	(lappländ. Mädchen-
høy	laut		name; norw. Heimat-
telle, telte, telt	zählen		film aus den 30er Jah-
ᵛplanterike n	Pflanzenreich		ren)
ᵛdyrerike n	Tierreich	'frimerke n	Briefmarke
'sikker	sicher	(ᵛfylkes-, 'by)våpen n	(Provinz-,
ᵛløve f	Löwe		Stadt-)Wappen
syste'matisk	systematisch	ᵛisbjørn m	Eisbär
'avgrense, -et, -et	abgrenzen	vinne, vant, vunnet [ʉ]	gewinnen

13B Sprachgebrauch und Landeskunde

1. Noen dyr i Norge

Ville dyr:

bjørn m –	ulv m –	rev m –	elg m
Bär	Wolf	Fuchs	Elch

Tamme dyr:

hest m –	ku f –	geit f –	hund m –	katt m
Pferd	Kuh	Ziege	Hund	Katze

Dyr som er farlige for tyskere:

En **sau** er et dyr som gir oss ull (Wolle): ein Schaf!
(Ei purke er mora i grisefamilien: eine Sau!)

En **stut** er et hanndyr (männliches Tier): ein Stier!
(Ei hoppe er et hunndyr, en hest: eine Stute!)

En **gris** er et dyr som grynter: ein Schwein!
(En olding er en svært gammel mann: ein Greis!)

2. Ting

En ting kan være alt mulig mellom himmel og jord *(Ding, Sache, Gegenstand, Angelegenheit)*.

Et ting er en rådsforsamling *(Ratsversammlung)*. Det norske parlament heter Stortinget. Men småting = bagateller!

én ting	*eins, etwas*
en eller annen ting	*irgendetwas*
noen ting	*(überhaupt) etwas*
allting	*alles*
ingenting	*nichts*

3. Tur

En tur er en liten reise, en utflukt eller vandring:
Herr og fru Holm **går tur** – *Sie gehen spazieren.*
Vi er **på tur** – *Wir machen einen Ausflug o. ä.*
De går på fottur i fjellet – *Sie gehen im Gebirge wandern.*
Men: Guri og Øyvind spør **etter tur** – *der Reihe nach.*
Nå er det **min tur,** det er ikke **hennes tur** – *Jetzt bin ich an der Reihe, sie ist nicht an der Reihe.*

4. Ja eller nei eller noe midt imellom – Ja oder nein oder etwas dazwischen

| nei | Ser du noe? | – Nei, jeg ser ingen ting! |

| tja | Ser du noe? | – Tja, jeg er ikke sikker. |

| ja | Ser du noe? | – Ja, helt tydelig! |

| jo | Ser du **ikke** noe? | – Jo, jeg ser noe der. |

„Tja" ist die Antwort der Unschlüssigkeit: *„Ich weiß nicht".*
„Jo" ist die positive Antwort auf eine negative Frage: *„Doch".*

13C Grammatik

1. Doppelkonjunktionen

verken	**– eller:**	Verken Rolf eller Eva visste det *(weder – noch)*.
		Han verken røyker eller drikker.
enten	**– eller:**	Det er enten i Tromsø eller i Narvik *(entweder – oder)*.
		Du må gå enten du vil eller ikke *(... ob – oder nicht ...)*
både	**– og:**	Både Rolf og Eva visste det *(sowohl als auch)*.
		Han både røyker og drikker.

2. Fragen – wie im Deutschen

		(Antwort:)
Ja/Nein-Fragen:	**Ser** du noe?	(ja *oder* nei)
Alternativfragen:	**Ser** du en sau **eller** en geit?	(en sau *oder* en geit)
Wortfrage:	**Hva** ser du?	(en sau, en bil)
(ohne Präposition)	**Hvem** ser du?	(Rolf, Eva ...)
	Hvor ser du det/Rolf?	(der, bak garasjen)

– abweichend vom Deutschen

Wortfrage:	**Hva** spør du **om?**	nach was, wonach
(mit Präposition)	**Hvem/Hva** tenker du **på?**	an wen/was, woran
	Hvor kommer han **fra?**	von wo, woher

3. Wegfall von Einleitewörtern im Nebensatz

Sowohl das Relativpronomen **som** (wenn es nicht als Subjekt steht!), als auch die Konjunktion **at** können weggelassen werden. Die Wortstellung wird dadurch nicht geändert.

Det dyret **som** jeg tenker på, er ikke vilt: Det dyret jeg tenker på, ...
Det var det **som** jeg ikke var enig i: Det var det jeg ikke var enig i.
Jeg tror **at** det er et byvåpen: Jeg tror det er et byvåpen.
Han sier **at** han ikke kommer: Han sier han ikke kommer.

4. Verbundene Pronomen

wer = *derjenige, der:*	**han som**
wer = *diejenige, die:*	**hun som**
wer = *wer auch immer:*	**den som**
wer als Subjekt im fragenden Nebensatz:	**hvem som**
was als Subjekt im fragenden Nebensatz:	**hva som**
was = *etwas, was/das:*	**noe (som)**

13C/13D

Han **som** går der, er en venn av Guri.
Den som ler sist, ler best.
Jeg vet ikke **hvem som** har sagt det.
Jeg vet ikke **hva som** er skjedd.
Han tenker på **noe som** hun sa =
Han tenker på **noe** hun sa.

(derjenige, der ...)
(Wer zuletzt lacht, lacht am besten.)
(wer es gesagt hat)
(was geschehen ist)

(etwas, was/das)

13D Øvelser

1. *Oversett*

   a) ein wilder Bär – ein zahmer Bär – der wilde Bär – der zahme Bär – ein wildes Tier – ein zahmes Tier – einige zahme Rentiere.

   b) eine dumme Frage – die dumme Frage – zwei dumme Fragen – Diese Frage ist so dumm. – Du fragst so dumm! – Deshalb bekommst du eine dumme Antwort.

   c) Magnus ist ziemlich dick. – Eva ist ziemlich dünn *(tynn)*. – Dieses Papier *(papir n)* ist allzu dick. – Das andere Papier ist zu dünn. – Es lag dicker Nebel über der Stadt.

   d) Rolf war ganz sicher, aber die anderen waren nicht so sicher. – Ich weiß nicht sicher, ob es hier so etwas gibt.

2. *Sett om til preteritum*

   a) Hva forestiller dette bildet?   b) Hun skjønner ikke hva jeg sier.   c) Øyvind finner ikke veien.   d) Øyvind kommer 10 minutter for sent.   e) De kjenner ikke noen ting.   f) Jeg vet ikke om det stemmer.   g) Servitøren teller pengene.

3. *Raten:*

   Viele norwegische Wörter, die auf -e enden, gleichen deutschen Wörtern ohne -e, z. B.: bilde *Bild,* stråle *Strahl,* menneske *Mensch,* rike *Reich.*

   Hva betyr disse ordene / Was bedeuten diese Wörter:
   fyrste og greve – herre og frue – hane og høne – hjerte og smerte – øre og øye?

4. *Raten:*

   Du har ikke lært alle disse ordene, men mange kan du gjette fordi de ligner på tysk eller fordi de ligner på den lyden som det er snakk om.
   Ta et ord fra hver gruppe og lag åtte setninger etter mønster av eksemplet. Hvert ord forekommer bare én gang.
   Sie haben die folgenden Wörter nicht gelernt, aber durch die Ähnlichkeit mit dem entsprechenden deutschen Wort oder mit dem Laut, von dem die Rede ist, können Sie wahrscheinlich den Sinn erraten.
   Bilden Sie acht Sätze mit einem Wort aus jeder Gruppe, vgl. Beispielsatz. Jedes Wort soll nur einmal erscheinen.

Eksempel:
geit + mekre + me-e: Når geita mekrer, sier den me-e

gris	hane
ku	hest
katt	høne
sau	hund

bjeffe	gale
grynte	breke
klukke	vrinske
mjaue	raute

bæ	klukk
mø	nøff
kykeliky!	mjau
prr	vov-vov

5. *Oversett (Vgl. 13C3):*
a) Sie sagten, daß sie Musik *(musikk)* liebten.　b) Sie sagten, sie liebten Musik.　c) Sie erzählt, daß sie studiert (studieren: *studere*).　d) Sie erzählt, daß sie nicht studiert.　e) Sie sagt, sie studiert nicht.　f) Ich dachte, daß ich es lesen könnte.　g) Ich dachte, ich könnte es lesen.　h) Ich dachte, daß du es vielleicht lesen wolltest.　i) Ich dachte, du wolltest es vielleicht lesen.　j) Er glaubte, daß es ihr gefallen würde.　k) Er glaubte, es würde ihr gefallen.　l) Er glaubte, daß es ihr vielleicht gefallen würde.　m) Er glaubte, es würde ihr vielleicht gefallen.

6. *„den som" und Steigerung*
Lesen Sie folgende Angaben gründlich durch und versuchen Sie anschließend, die Fragen a) bis d) zu beantworten:

Anne, Astrid og Bjørn er søsken *(Geschwister)*. De er nokså ulike, én av dem har rødt hår *(rotes Haar)*, én er mørk og én lyshåret. Den eldste er 26, og den yngste er 19 år gammel *(19 Jahre alt)*. Alle er i arbeid, én arbeider i Bergen Bank, én i Postverket, og én er ansatt *(angestellt)* i SAS.

Her får du noen opplysninger som kan hjelpe deg *(Auskünfte, die helfen können)* til å svare på spørsmålene til slutt:

Anne har ikke rødt hår.
Den som er ansatt i SAS, er 24 år gammel.
Den mørkhårete er ikke yngst.
Bjørn er eldre enn hun som er ansatt i Postverket.
Hun som har rødt hår, er eldst.

Tenk høyt (og gjør det på norsk!) når du svarer på spørsmålene:
Denken Sie laut (und zwar auf norwegisch!), wenn Sie die Fragen beantworten:

a) Hvem av dem er eldst, Anne, Astrid eller Bjørn?　b) Hvor arbeider Astrid?　c) Hvilken hårfarge *(Haarfarbe)* har Anne?　d) Hvor gammel er Bjørn?

14A

14A Text

Nynorsk

Nokon som passar for meg?

Ho sat og las i bladet. Alt var så leitt. Ho kjende seg så aleine, hadde ikkje noko å sjå fram til, ikkje nokon å vere saman med lenger. På side 59 stod spalta «Kjennskap – Vennskap» med alle dei små annonsane. Ho ville først bla over «dette tullet», men så kom ho likevel til å sjå litt meir på det, og auga fall på:

> **VESTLANDET KALLAR.**
> Mann på 46 søkjer kontakt med liketil og grei jente som kan gle seg over dei små og nære ting. Har gard med sauer og frukttre og trivst best med den frie natur, reiser, musikk, psykologi m.m. Ikkje røyk eller alkohol, og kristent livssyn. B.m. 7247 Ei lysare framtid.

Og så tenkte ho: Kva gjer eg? Eg søkjer da òg kontakt. Det er nettopp det eg gjer. Eg synest at livet glir frå meg. Det er derfor eg kjenner meg så einsam. Eg er liketil og grei. Men er eg «jente» lenger med mine 43 år? Eg er glad i livet på landet i alle fall, eg er glad i naturen, og eg elskar musikk. Det er nå merkeleg så godt det passar elles òg – eg ville jo studere psykologi ein gong! Eg stumpa røyken for 15 år sidan og har aldri drukke noko sterkare enn øl. Kristent livssyn? Tja, kva finst det elles? Eg har iallfall ikkje noko anna livssyn. Skal eg skrive til han, tru? Tør eg? Og kva skal eg skrive?

Von regelmäßigen starken Verben wird neben dem Infinitiv der Stammvokal der Hauptformen Präsens, Präteritum und Supinum angegeben: °fare (e, ó, a) *fahren.*
Das heißt: Von fare heißt das Präsens fer, das Präteritum heißt fór, und das Supinum heißt fare (und somit Perfekt har fare).
Von allen anderen starken Verben werden die vier Hauptformen vollständig aufgeführt: °sjå – ser – såg – sett *sehen.*

°nokon	*jemand*	lese °(e, a, e)	*lesen*
°ho [hu:]	*sie* (sg.)	blad [bla:] *n*	*Blatt*
°sitje (i, a, e)	*sitzen*	°leitt: *neutr. v.* lei	*unerfreulich, traurig*

kjenne, °-nde, -nt	kennen; fühlen
°aleine [aˇlæjnə]	allein
°sjå (ser – såg – sett)	sehen
sjå fram til	entgegensehen
°vere (er – var – vore)	sein
°saman [ˇ]	zusammen
kjennskap [ˇ] m	Bekanntschaft
vennskap [ˇ] m	Freundschaft
bla, -dde, -dd	blättern
bla over	überblättern
°meir	mehr
°auge [ˇ] n	Auge
falle °(e, a, a)	fallen
kalle, -a, -a	rufen
°søkje, -kte, -kt	suchen
liketil [ˇliːkətil]	ungekünstelt
grei	unkompliziert, gerade
liketil og grei	etwa: schlicht und na-türlich
°gle, -dde, -dd: seg	sich freuen
nær	nahe
°gard [gaːr] m	(Bauern-)Hof
frukttre [ˈfrʉktreː] n	Obstbaum
°trivast (i, ei, i) (med noko)	Gefallen finden (an et-was)
reise [ˇ] f	Reise
musikk [mʉˈsik] m	Musik
psykologi [(p)sykuluˈgiː]	Psychologie
m.m. = med °meir	u.a.m., und anderes mehr
røyk m	(Tabak-)Rauch; Ziga-rette
alkohol [ˈalkuhuːl, …ˈhuːl] m	Alkohol

kristen [ˇ]	christlich
livssyn [ˈlifsyːn] n	Lebensanschauung
b.m. = billett °merkt	Chiffre
framtid [ˇframtiː] f	Zukunft
°kva	was
°gjere (gjer – gjorde – gjort)	tun
°eg	ich
òg [oːg]	auch
nettopp [ˈnetɔp]	eben, gerade
°synast, -test: eg synest (at) …	mir ist, als ob …
liv n	Leben
gli (i, ei, i)	gleiten, wegtreiben
°einsam [ˇ]	einsam
lenger [ˈ] Adv.	länger, mehr
°merkeleg [ˇ]	merkwürdig
°elles [ˈ]	sonst
studere [stʉˈdeːrə], -te	studieren
stumpe [-uˈ], -a	ausdrücken, „kappen"
stumpe røyken	hier: mit dem Rauchen aufhören
for – °sidan	vor
drikke (i, a, u [u])	trinken
sterk	stark
°finnast (i, a, u [ʉ]) det finst	dasein, sich finden: es gibt
iallfall [iˈalfal] = i alle fall	jedenfalls
°anna [ˇ], neutr. v. °an-nan	anderes
skrive (i, ei, i)	schreiben
°tru: skal eg skrive, tru?	ob ich wohl schreiben soll?

14B Sprachgebrauch und Landeskunde

1. Nokre gratisgloser

Heilt lik tysk: mann *m* – arm *m* – bein *n* – hals *m* – auge *n* – stein *m* – land [-n] *n* – luft [-ʉ-] *f* – gras *n*.

Nesten lik tysk: berg *n* – natur [-ˈtʉːr] *m* – blome [ˇbluːmə] *m* – vind [vin] *m*.

2. Lautentsprechungen

Viele norwegische Wörter mit den Lautverbindungen **-je-, -jo-, -jø-** entsprechen deutschen Wörtern mit einem **e**-Laut (e, ä) **ohne j**, seltener einem **i (e)**, z. B.:

gjelde	*gelten*	jord	*Erde*	sjø	*See*
gjerne	*gern*	fjorten	*vierzehn*	bjørn	*Bär*

Die Lautgruppe **-jø-** kommt im nynorsk häufiger vor als im bokmål, vgl.:

Nynorsk	Bokmål	Tysk
sjølv	selv	*selbst*
mjøl	mel	*Mehl*
mjølk	melk	*Milch*
tjøre	tjære	*Teer*
fjør	fjær	*Feder*
bjørk	bjerk	*Birke*

nynorsk **-ju-** entspricht manchmal bokmål **-y-** und deutsch **-ie- (-i-):**

sjuk	syk	„*siech*" (also: *krank*)
tjuv	tyv	*Dieb*
tjukk	tykk	*dick*
djup	dyp	*tief*

3. Han og ho

Barn og halvvaksne:

ein gut:	**ei jente:**
ein smågut	ei småjente
ein gutunge	ein jentunge
ein unggut	ei ungjente
(ein tenåring)	(ein tenåring)

Vaksne:

ein mann:	**ei kvinne:**
eit mannfolk	eit kvinnfolk
ein kar	ei kjerring
ein gamling	ei gammal kone
ein gammal mann	ei gammal dame

Du skjønner sikkert kva barn, halvvaksne og vaksne er.

Smågutar og småjenter er barn under 6–7 år. Gutungar og jentungar er opp til 12 år. Ein unggut = ein ung gut, ei ungjente = ei ung jente. Tenåringane heiter slik fordi dei er frå tretten til nitten år gamle. Men frå dei er 0 til dei er langt oppi åra (25–30 år), kan dei kallast for gutar og jenter.

Eit mannfolk eller ein kar er mykje maskulin og kraftig, om lag som ein „*Bursche*" eller ein „*Kerl*". Eit kvinnfolk eller ei kjerring lyder om lag som „*Weib*" på tysk. Ver varsam *(vorsichtig)* med desse orda!

Ei gammal kone og ein gammal mann er vanlege ord, men gamling lyder ikkje så godt. Ei gammal dame er noko finare enn ei gammal kone.

4. Feste Verbindungen (vgl. auch 9B6)

Verb + verb:

°liggje, °sitje, stå *(liegen, sitzen, stehen)* mit „Tätigkeitsverb", z. B. lese, °ete, vente, sove *(lesen, essen, warten, schlafen)*:

sitje og lese:	Ho sit og les. Ho sat og las.
sitje og ete:	Dei sit og et. Dei sat og åt.
stå og vente:	Han står og ventar. Han stod og venta.
liggje og sove:	Dei ligg og søv. Dei låg og sov.

Substantiv + substantiv, ofte rimord (Reimwörter):

kjennskap og vennskap – kunst og kultur
Han gjekk frå gard og grunn (verlor Haus u. Hof, Grund u. Boden)
Dette er berre tull og tøys (Quatsch, Unsinn).

Adjektiv + adjektiv:

Ho var lei og kei av dette (überdrüssig, müde).
I går var det surt og kaldt (feuchtkalt).
I dag er det godt og varmt (schön warm).
Eg er stor og sterk: du må vere snill og god.
Dei små og nære ting er kjende og kjære ting.
Ähnliche feste Wortverbindungen gibt es auch im bokmål.

5. Kva kan ein gjere i fritida?

Eg er interessert i	Eg likar å
– dans	– sjå på TV
– fotball	– gå på kino
– frimerke	– reise
– hestar	– vere saman med nokon
– litteratur	– lese (bøker og blad)
– musikk	– skrive brev
– politikk	– drikke øl
– skiturar	– gå på ski

Merken Sie sich diese Strukturen!

14C Grammatik

1. Präteritum und Perfekt

Das **Präteritum** der meisten schwachen Verben endet auf -a oder -te. Nach stimmhaften Konsonanten steht meistens -de, nach Vokal -dde. Die starken Verben haben wie im Präsens keine Endung; der Stammvokal ist aber ein anderer als im Präsens.

14C

Das **Partizip Perfekt** läßt sich beim schwachen Verb vom Präteritum ableiten; die meisten starken Verben enden hier auf -e. (Die gleichwertige i-Endung wird in diesem Buch nicht gebraucht.)

Im **Perfekt** kann man bei allen Verben das Hilfsverb ha benutzen. Das Hauptverb steht dann im Supinum (Neutrumsform des Partizips Perfekt):

	Infinitiv	Präsens	Präteritum	Perfekt
Schwache Verben				
Klasse 1	å elske	elskar	elsk**a**	har elsk**a**
Klasse 2	å studere	studerer	studer**te**	har studer**t**
	å kjenne	kjenner	kjen**de**	har kjen**t**
	å leve	lever	lev**de**	har lev**d**
Klasse 3	å bla	blar	bla**dde**	har bla**dd**
Klasse 4	å fortelje	fortel	fortal**de**	har fortal**t**
Starke Verben	å lese	les	las	har lese
(Starke Kurzver-ben)	å stå	står	stod	har stått

2. Deponente Verben = Verben auf -st

	Infinitiv	Präsens	Präteritum	Perfekt	
Schwach:	å synast	synest	syntest	har synst	*(meinen)*
	å finnast	finst	fanst	(har fun-	*(geben im Sinne*
Stark:				nest)	*von: es gibt...)*
	å trivast	trivst	treivst	(har trivest)	*(gedeihen)*
(Vgl. å syne	syner	synte	har synt)	*(zeigen)*
(Vgl. å finne	finn	fann	har funne)	*(finden)*

3. Die wichtigsten Fragewörter

kven	wer/wen/wem
kva	was
kva (for)	welcher
kva slag	was für (ein, eine, ein)
kva tid = når	wann
kvar, kor	wo
kor (stor, lang ...)	wie (groß, lang ...)
korleis	wie, auf welche Weise
kvifor	warum

14D Øvingar

1. *Spørsmål til teksten:*
   a) Kva las ho? b) Kvifor var ho så lei? c) Kva slag stoff stod på side 59 i det bladet som ho las? d) Var ho eigentleg interessert i dette stoffet? e) Kva yrke *(Beruf)* har han som har avertert *(annonciert)*? f) Kvar kjem han frå? g) Bur han på landet eller i ein by? h) Kva for interessar har dei sams *(gemeinsam)*? i) Trur du nokon av dei er glad i dyr? Han? Ho? Begge to? j) Korleis kan du vite at ho ikkje har studert psykologi?

2. *Set desse setningane om til preteritum:*
   a) Guri studerer matematikk. b) Han er mykje aleine for tida. c) Eg har ein katt som eg er så glad i. d) Kva ser du nå? e) Ho tenkjer så mykje merkeleg. f) Kjenner du denne vestlendingen som kallar? g) Boka fell frå han. h) Han sit og ventar på dei andre. i) Håkon ligg alltid så lenge om morgonen. j) Rolf vekslar 200 tyske mark til norske kroner.
   Set setning a) c) d) e) g) i) og j) om til perfekt!

3. *Kva trur du desse orda tyder? (Sjå 14 B2. *heißt bokmål.)*
   *dyp/°djup – fjernsyn – hjelpe – hjerte – kjede – kjekk – °sjeldan – *syv/sju.
   Tenk òg på tyske ord med -a-, -ä-, -i-, -ö-:
   *bjerk/bjørk – bjørn – fjord – gjest – kjemme – kjempe – *melk/mjølk.

4. *Set om til nynorsk, og lag sjølv eit passande svar*
   Døme: Wo kommst du her?: Kvar kjem du frå? Eg kjem frå Køln.
   a) Wer bist du? b) Wo wohnst du? c) Was tut er? d) Was für ein Mann ist er eigentlich? e) Wann kommst du? f) Wie alt ist sie? g) Warum liest du dieses Blatt? h) Welche Interessen hat er? i) Hast du jemand gesehen? j) Glaubst du, daß er etwas gesehen hat?

5. *Kva likar du å gjere i fritida?*
   Nemn fleire ting – og helst ikkje berre det du finn i 14B5! Svar slik:
   Når eg er heime, likar eg å ..... og ..... og ..... og .....
   Når eg ikkje er heime, likar eg å ..... og ..... og ..... og .....

6.

1 = Natur
2 = etwas
3 = christlich
4 = sie
5 = Norwegen

Loddrett: Jemand

15A

15A Text

Bokmål

1. I varemagasinet

Hun gikk og så seg om i det store varemagasinet. Det var ikke lett å finne noe som kunne passe. Hun var kommet opp til utstyrsavdelingen i tredje etasje. Kjøkkenutstyr, elektriske apparater, belysning aller innerst. «Ja, det er nyttig og praktisk, alt sammen», sa hun til seg selv, «men det er så lite festlig. Å gi en brødrister til en femtiårsdag passer ikke så godt.» Blikket gikk fra det ene til det andre. «Trenger du hjelp?» En ekspeditrise kom bort til henne. «Når ble vi dus?» Hun sa det bare inni seg, hun sa det ikke høyt. «Ja takk,» sa hun, «jeg prøver å finne en gave til en dame som fyller 50 år, men det er ikke så lett å finne på noe. Det kan gjerne være noe nyttig, men først og fremst skal det være noe pent. Hva vil De foreslå?» sa hun til ekspeditrisen. Hun la litt trykk på «De». «Tja, hvis jeg var deg,» sa ekspeditrisen, «ville jeg heller gå inn i gaveavdelingen. Der har vi mange flere ting å velge mellom, så der finner du sikkert noe som passer.» «Hvor er det?» «Det er den andre avdelingen her i tredje etasje, du går bare forbi rulletrappene der borte.»

OPPHØR
SALG
GARDINER
HÅNDKLÆR
DUKER
SENGETØY
PLEDD
STERKT
REDUSERTE
PRISER

Heitex Utstyr a/s
BRUGATEN 10 - TLF. 42 01 80

Hun gikk inn i den andre avdelingen, der det bare hadde vært leketøy før jul. Ekspeditrisen hadde hatt rett, her var det faktisk mye pent. Noe i krystall, kanskje – Merete var så glad i krystall. Eller et smykke? – Nei, Merete hadde så mange smykker. Ikke noe personlig, heller en pen ting til huset. For eksempel . . .

«Er det noe jeg kan hjelpe Dem med?» spurte en ung, søt ekspeditrise. «Ja, gjerne det,» svarte hun og gjentok det hun nettopp hadde sagt til den andre ekspeditrisen. «Det kan være så mye, det,» sa ekspeditrisen, «vi har masse rart her. Hva synes De om disse glassfigurene for eksempel?» «Nei, dem synes jeg ikke noe særlig om – de er nok pene, men jeg tror ikke de passer til dette.» «Vi har blomstervaser i alle mulige størrelser og farger. Kunne det være noe?» «Ja, det er kanskje ikke så dumt. – Men jeg ser noen lysestaker der borte – dem vil jeg gjerne se nærmere på.... Den ja, den messingstaken, der, ... nei, ikke den av tinn, men den messingstaken med tre armer! – Den er nydelig; den er virkelig pen!» Hun så på prislappen. «Men den var jo ikke så helt rimelig, da.» «Nei, men vi gir tretti prosent avslag på alle varene her nå etter jul,» sa ekspeditrisen, «så De gjør egentlig litt av et kupp der.» «Jeg kan trekke fra tredve prosent her, mener De?» «Ja, det er den gamle prisen som står der. Vi har ikke rukket å prise om alle varene.» «Ja, da tar jeg uten videre. Jeg er helt sikker på at hun vil like den.»

2 Et leserbrev til Aftenposten

I radio forleden hadde Østlandssendingen en reportasje fra nattelivet i Oslo i 1958. En radioreporter fulgte med i en politibil, og nattelivet den gang var nok atskillig ufarligere enn nå. Men det mest interessante – etter min mening – var en samtale mellom politifolkene og noen uteliggere nede ved bryggene. Samtalen ble ført i De-form!
Dagen etter hadde en ung dame fra Østlandssendingen et intervju med en kvinne på 91 år. Denne samtalen ble ført i du-form!
Når begynte egentlig denne du-formen som mange eldre finner nesten støtende? Det kan dreie seg om intervjuer i radio eller fjernsyn, der intervjueren står overfor helt fremmede personer, ofte fra andre skandinaviske land, og så kommer dette joviale «du»!

Margrethe L.

15A1

ᵛvaremagasin *n*	*Kaufhaus*
se seg som	*sich umsehen*
utstyr [ᵛuːtstyːr] *n*	*Ausstattung, Einrichtung*
av'deling *m*	*Abteilung*
'kjøkkenutstyr	*Küchenausstattung, -geräte*
elektrisk	*elektrisch*
apparat *n*	*Apparat, Gerät*
belysning [-'lyːs-] *m*	*Beleuchtung*
'aller	*aller* (vor Superlativ)
aller 'innerst	*ganz innen, ganz hinten*
ᵛnyttig [-i]	*nützlich*
'praktisk	*praktisch*
alt 'sammen	*alles, das ganze*
si til seg selv	*sich selbst sagen*
ᵛfestlig [-i]	*festlich*
brødrister [ᵛbrøːristər] *m*	*Toaster*
'femtiårsdag *m*	50. *Geburtstag*
blikk *n*	*Blick*
ᵛtrenge, *Präs.:* [ˈtre ŋər], -te, -t	*brauchen*
hjelp [jelp] *m*	*Hilfe*

15A

ekspedi^vtrise *f*	*Verkäuferin*
bort [burt]: komme bort til en	*an j-n. herankommen*
dus [dʉːs]: når ble vi dus?	*seit wann duzen wir uns?*
^vinni = inne i	*(drinnen) in* (+ Dativ)
si noe inni seg	*etwas bei sich sagen*
^vfylle år	*Geburtstag haben*
finne på [^vfinə-poː] noe	*sich etw. ausdenken*
trykk *n*	*Druck*
legge trykk på	*betonen*
hvis jeg var deg	*wenn ich du wäre, an deiner Stelle*
^vmange 'flere	*viel mehr* (eine größere Anzahl)
^vvelge, valgte, valgt	*wählen*
mange ting å velge mellom	*eine große Auswahl*
forbi [fɔr'biː]	*an ... vorbei*
rulletrapp [^vrʉlə-] *f*	*Rolltreppe*
der borte [^vburtə]	*da, da hinten, da vorne usw.*
^vleketøy *n*	*Spielzeug, Spielsachen*
før jul	*vor Weihnachten*
'faktisk	*tatsächlich*
krys'tall *n*	*Kristall*
^vsmykke *n*	*Schmuck* (d. einzelne Gegenstand)
mange smykker	*viel(e) Schmuck(gegen- stände)*
personlig [-suːnli]	*persönlich*
ikke noe personlig	*nichts Persönliches*
søt	*süß, nett*
gjenta ['jentaː] -tok [ʊ], -tatt	*wiederholen*
^vsynes: hva synes De om ...?	*wie finden Sie ...?*
^vglassfigur [-ʉːr] *m*	*Glasfigur*
ikke noe særlig [^vsæːrli]	*nichts Besonderes*
blomstervase [^vblɔm- stɔrvaːsə] *m*	*Blumenvase*
^vstørrelse *m*	*Größe*
^vfarge *m*	*Farbe*
^v(lyse)stake *m*	*(Kerzen-)Leuchter*
^vnærmere	*näher*
se nærmere på noe	*sich etwas näher anse- hen*
^vmessing *m*	*Messing*
tinn *n*	*Zinn*
prislapp ['priːs-] *m*	*Preisschild*
^vrimelig [-li]	*preiswert*
prosent [pru'sent] *m*	*Prozent*
avslag [aːvslaːg] *n*	*Abschlag, Ermäßigung*
^vvare *m*	*Ware*
litt av	*hier: schon*
kupp [kʉp] *n*	*Coup; guter Fang*
gjøre litt av et kupp	*ein Schnäppchen ma- chen*

trekke fra	*abziehen*
pris *m*	*Preis*
^vrekke *st.*	*erreichen, schaffen*
prise om [^vpriːsə-ɔm]	*mit neuen Preisschil- dern versehen*
uten videre [^vʉːtən ^vviː- dərə]	*ohne weiteres*
sikker: jeg er sikker på at ...	*ich bin sicher, daß ...*

15A2

^vleserbrev *n*	*Leserbrief*
radio ['raːdiu] *m*	*Radio, Rundfunk*
forleden [fɔr'leːdən]	*neulich, vor kurzem*
Østlandssendingen	(Regionalprogramm für Ostnorwegen)
reportasje [repʊr'taːʃə] *m*	*Reportage*
^vnatteliv *n*	*Nachtleben*
radioreporter ['raːdiʊ- -repoːrtər[*m*	*Radioreporter*
^vfølge, fulgte, fulgt	*folgen*
politibil [puli'tiːbiːl] *m*	*Polizeiwagen*
den gang	*damals*
atskillig [aːt'ʃili]	*erheblich*
ufarlig [^vʉːfɑːrli]	*ungefährlich*
det mest interessante	*das Interessanteste*
etter min mening	*nach meiner Meinung*
politimann *m; pl.* -folk [fɔlk]	*Polizist*
uteligger [^vʉːtə-] *m*	*Obdachloser, Land- streicher*
ved [veː]	*an, bei*
^vbrygge *f*	*Kai, Landungsbrücke*
nede ved bryggene	*unten im Hafenviertel*
form [fɔrm] *m*	*Form*
dagen etter	*am Tag darauf, den nächsten Tag*
intervju [-'vjʉː] *n*	*Interview*
^vkvinne *f*	*Frau*
^vstøte, -tte, -tt	*stoßen*
^vstøtende [-ənə]	*anstößig; verletzend*
^vdreie seg om noe	*sich um etwas drehen*
fjernsyn [^vfjæːrn-] *n*	*Fernsehen*
der	*wo* (z. Einleitung v. Re- lativsatz)
stå overfor ['oːvərfɔr]	*gegenüberstehen*
^vfremmed	*fremd*
jovial [juvi'aːl]	*jovial, leutselig*
opphørsalg	*Räumungsverkauf*
gardiner	*Gardinen*
håndklær	*Handtücher*
duker	*Tischdecken*
sengetøy	*Bettwäsche*
Pledd	*Reisedecken*
utstyr	*Aussteuer*

15B Sprachgebrauch und Landeskunde

1. Handel

Den som kjøper [ˈçøːpər], er en kjøper [ˈçøːpər].
Den som selger [ˈselgər], er en selger [ˈselgər].
Kjøperen i en butikk kalles også en kunde [ˈkʉndə], og den som står i butikken og selger, kalles en ekspeditør [-tøːr] eller ekspeditrise [-ˈtriːsə].

Kunden: Hvor kan jeg få is? = Hvor kan jeg få kjøpt is?
Unnskyld, det var bare et spørsmål: Har De jordbæris?
Hva koster denne boka? = Hvor mye koster denne boka?
Hva er prisen på disse kortene?
Hva tar De for jordbærene?

2. Hvor kan man handle?

et torg *(Markt[platz]):* fisketorg, blomstertorg, grønnsaktorg
et supermarked *(Supermarkt)*
et varemagasin *(Kaufhaus, Warenhaus)*
en forretning *(Geschäft),* f.eks. møbelforretning, sportsforretning, dagligvareforretning *(Lebensmittelgeschäft)*
en butikk *(Laden),* f.eks. bakerbutikk *(Bäckerladen),* melkebutikk *(„Tante-Emma-Laden")*
en ...-handel, f.eks.: bok- og papirhandel, jernvarehandel *(Eisenwarenhandlung),* landhandel *(Dorfladen)*
et ...eri [-əˈriː], f.eks. bakeri, konditori, parfymeri.

3. Nesten gratis!!!

Ausverkauf	UTSALG
Schlußverkauf	**SALG**
(Sonder-)Angebot	**TILBUD**
Preisnachlaß	**50% AVSLAG**
Riesenrabatte	**KJEMPERABATTER**

4. I butikken

PENGER: NB! Nur im Plural
alle pengene mine *mein ganzes Geld.*
småpenger *Kleingeld* – betale *zahlen* – veksle *wechseln* – gi igjen: Kan du gi meg igjen på hundre kroner? *Können Sie auf hundert Kronen herausgeben?*

NOEN LAPPER: En lapp *(Schein)* er det samme som en seddel *(Zettel):* hundrelapp, tusenlapp (= hundre-, tusenkroneseddel) *Hundert-, Tausendkronenschein* – prislapp *Preisschild* – tilgodelapp [til'guːdəlap] *Gutschein* – huskelapp *Notiz-, Merkzettel.*

LITT AV HVERT *(Verschiedenes):* selvbetjening *Selbstbedienung* – handlevogn *Einkaufswagen* – disk *Ladentisch* – kasse: Pakkedisken er ved siden av kassen. Trapp – rulletrapp – heis: personheis *Fahrstuhl,* vareheis *Warenaufzug.*

5. Gratisgloser

armring *m*   perle *f*   fest *m*   lampe *f*   kostbar
diamant *m*   ring *m*   vase *f*   elegant

6. Noen metaller og mineraler

Neutr.:	gull [gʉl],	sølv [sœl],	jern [-æː-],	stål,	tinn,	'marmor [-ʊ-]
	Gold	*Silber*	*Eisen*	*Stahl*	*Zinn*	*Marmor*
Mask.:	messing,	bronse [ᵛbrɔŋsə],		sink,	granitt	
	Messing	*Bronze*		*Zink*	*Granit*	

En gullring er en ring av gull.
1., 2. og 3. plass gir gull-, sølv- og bronsemedalje.

En trykkfeil.

I en notis i Morgenposten i går het det at den nye skulpturen i Nordbyparken er laget av **farmor**. Dette var en trykkfeil. Det skulle selvfølgelig stå at den er laget av **mormor!**

(Vielleicht auch nicht von dieser Oma, sondern aus ...?)

15C Grammatik

1. Feste Wortgruppe

Jeg **har lyst til** det	: Det **har** jeg **lyst til.**	*(Lust haben)*
Du **har rett i** det	: Det **har** du **rett i.**	*(recht haben)*
Han **legger trykk på** det	: Det **legger** han **trykk på.**	*(betonen)*

2. Adverbien für Bewegung und Ruhelage

Hun gikk **inn** *(hinein)* : Hun er **inne**	*(innen)*
Hun gikk **inn i** butikken.	*(in den Laden)*
Hun er **inne i** butikken = **inni** butikken.	*(in dem Laden/im Laden)*

3. Indefinitpronomen (,irgend', ,jemand', ,etwas')

jemand/irgendein(er)	**noen:** Er det noen her?	Er det noen kino her?
etwas/irgendein(es)	**noe:** Er det noe her?	Er det noe teater her?
einige/irgendwelche	**noen:** Er det noen som er syke her?	Er det noen butikker her?

4. annen, andre: ,zweiter' oder ,anderer'?

det første huset	*(das erste Haus):*	det andre huset	*(das zweite Haus)*
det ene huset	*(das eine Haus):*	det andre huset	*(das andere Haus)*
for første gang	*(zum ersten Mal):*	for annen gang	*(zum zweiten Mal)*
denne gang(en)	*(diesmal):*	en annen gang	*(ein andermal)*

5. mange/flere/flest: mye/mer/mest

Anzahl:	I melkebutikken er det ikke **mange** varer,
	i dagligvareforretningen er det **flere** varer,
	men de **fleste** varene finner du i varemagasinet.
Menge:	I Oslo var det **mye** snø;
	på Lillehammer var det **mer** (snø).
	Men det var **mest** snø **i** Oppdal.

15D Øvelser

1. *Spørsmål til tekst 15A1* (Vi kaller hovedpersonen i stykket Kari):
   a) Hvor lå utstyrsavdelingen? b) Hva het den andre avdelingen i denne etasjen? c) Hvorfor ville ikke Kari kjøpe en brødrister? d) Hvem var det som kom bort til Kari? e) Hva sa den første ekspeditrisen? f) Hva tenkte Kari da ekspeditrisen sa „du"? g) Hva var det Kari ville kjøpe? h) Hva var det viktigste ved gaven, at den var nyttig eller pen? i) Hva foreslo den første ekspeditrisen? j) Hvordan skulle Kari gå for å komme inn i den andre avdelingen? k) Hva hadde det vært i denne avdelingen før jul? l) Hvem er Merete? m) Hva kan smykker være laget av? (Gull? – sølv? – aluminium? – glass? – noe annet?) n) Tror du at Kari likte den andre ekspeditrisen bedre enn den første? o) Hvorfor det? p) Syntes Kari at glassfigurene var pene? Hva sa hun? Tror du at hun *egentlig* syntes at de var pene? q) (Hvis du svarte ja på det siste spørsmålet:) Hvorfor kjøpte hun dem ikke da? r) (Hvis du svarte nei på det siste spørsmålet:) Hvorfor sa hun det da? s) Hva kan en blomstervase være laget av? (Gull? – sølv? – aluminium? – tinn? – glass? – noe annet?) t) Hva kjøpte Kari til slutt? u) Kostet den mye? v) Hvorfor sto det en høyere pris på lappen enn det lysestaken kostet? w) Hvor mye billigere var den blitt etter jul?

2. *Übersetzung I:*
   a) Ich möchte mir gern einige Lampen ansehen. b) Wo finde ich sie? c) Wieviel kostet dieser Leuchter? d) Haben Sie billigere Lampen oder Leuchter? e) Wo ist die Spielzeugabteilung? f) Gibt es hier eine Buchhandlung? g) Haben Sie deutsche Bücher? h) Diese Zahl *(tall n)* hier auf dem Preisschild – ist das der wirkliche Preis oder ist es nur eine Nummer? i) Hier gibt es viele schöne Sachen! j) Einige Dinge sind preiswert, andere sind teuer. k) Wenn man 25 % abzieht, ist es billig. l) Wissen Sie, ob es hier eine Bäckerei gibt? m) Wo kann man Ansichtskarten (prospektkort) kaufen? n) Wo kriegt man Briefmarken (frimerker)?

3. *Übersetzung II:*
   a) Viele Alte sagen lieber „Sie" als „du". b) Das Gespräch mit der 91jährigen Frau war sehr interessant. c) Auch das Gespräch mit den Obdachlosen war interessant. d) Junge Menschen duzen oft völlig fremde Personen. e) Die „du"-Form gefällt nicht allen. f) Einige, besonders ältere, Menschen wollen lieber „Sie" sagen. g) Sie wollen auch am liebsten, daß man im Gespräch mit ihnen „Sie" sagt. h) Auch in den anderen skandinavischen Ländern ist „du" eine sehr gewöhnliche Anredeform. (Anrede = *tiltale m*)

4. *Das richtige Adverb einsetzen!*
   inn, inne, ut oder **ute** *(hinein, drinnen, heraus, draußen:)*
   a) Håkon kjørte bilen – av garasjen. b) Håkon kjørte bilen – i garasjen. c) Nå

står bilen – i garasjen. d) Jeg måtte stå og vente – i regnet. e) Jeg hørte noen – i gangen. f) «Kom – !» sa jeg, men det var ingen som kom –. g) «Er det noen der – ?» sa jeg, «kom hit –, vi er her –.» h) Da hørte jeg at han (eller kanskje hun) løp – av huset.

hjem oder **hjemme** *(nach Hause oder zu Hause:)*
i) Ola ville – *(nach Hause).* j) Kari er aldri – *(zu Hause).* k) Da Ola var kommet –, skrudde han på radioen. l) Jeg er så glad for at du endelig er – igjen!

opp, oppe, ned oder **nede** *(hinauf, oben, herunter, unten)*
m) Jan gikk – trappen. n) Han la seg til å sove – på rommet sitt. o) Han hadde stått – så tidlig i dag. p) Er du – ennå, du som er så liten? q) Papiret som lå i peisen, brant –. r) Huset brant – til grunnen *(bis auf die Grundmauern).* s) De tok skiheisen –, men da de stod der – og så –, torde de ikke kjøre – på ski. t) Hvordan skulle de da komme – igjen?

5. *Die richtige Präposition (= ‚an') einsetzen*
a) Kartet henger – veggen. b) Det er nokså rått – kysten. c) – kvelden begynte det å regne. d) Hun så prøvende – meg. e) Evensen & Holm er det eldste varemagasinet her – stedet. f) Nede – bryggene er det mye trafikk – morgenen. g) *(Ich erinnere mich nicht an den Namen)* Jeg husker ... h) Hva er det du tenker –? i) Norge grenser – Sverige, Finland og Sovjetsamveldet.

6. *Oversett preposisjonene som står i parentes:*
a) Hun får brev *(von)* ham hver dag. b) Leiligheten består *(aus)* tre rom og kjøkken. c) Boka er skrevet *(von)* Kåre Kristiansen. d) Dette er en gave *(von)* Kåre Kristiansen. e) Skulpturen er laget *(aus)* marmor. f) Skulpturen er laget *(von)* Gustav Vigeland. g) Rolf Kurland kom *(von)* Frankfurt i dag. h) Tor Halvorsen er *(aus)* Tromsø. i) Denne lysestaken er *(aus)* sølv. j) Han kommer *(aus)* vannet. k) Han kommer *(von der Schule).* l) Hun kommer *(von zu Hause).* m) Hun kommer *(vom)* jernbanestasjonen. n) Hun hadde fri *(von)* jul *(bis)* nyttår. o) Vi snakket *(mit)* en mann *(von)* 85 år.

7. *Lag setninger med disse verbene i presens* (Vgl. 6C1)
se seg om – synes om – dreie seg om – prise om – finne på – finne ut – se på – trekke fra – stå overfor; foreslå – forestille – anbefale – undervise – oppfatte

8. *noen oder noe?*
a) Jeg har ikke – badetøy. b) Jeg har ikke – hundrelapp. c) Jeg har ikke – småpenger. d) Jeg synes ikke dette er – pent. e) Er det – der? f) Har du – søsken? *(Geschwister – Plur.)* g) Er det – du vil? h) Har du – gang sett – lignende? i) Det var – venner av meg som fortalte det. j) Er det – sted man kan få kjøpt tyske ukeblad her?

9. Kryssord

1	2	3	4	5	6	7	
8				9		10	
11			12				
13		14	15				
16		17		18			
19				20			
21	22	23	24	25			
26				27			

Vannrett:

1. Det var ikke... å finne en passende gave. 5. Her har du pengene... 8. Det sto noen... blomstervaser på disken. 11. Hun valgte en lyse – av messing. 12. «... dag, ... dag,» se han da han kom. 13. Vil du ha en jordbær – eller en sjokolade –? 15. Kan... hjelpe Dem med noe? 16. ...takk, gjerne det! 17. Ekspeditrisen var en ung ... 19. Vi kan... varene hjemme hos Dem. 20. På – land bor det islendinger. 21. Hun kjøpte en nydelig lysestake av ... 26. Med en seilbåt kan man... 27. Dette var ikke i dag, det var... ...

Loddrett:

2. Utstyrsavdelingen var i tredje –. 3. Hun... trikken til byen. 4. Gaveavdelingen var også i... etasje. 5. Det er høfligere å si... enn «du». 6. Dette var ikke... går, det var... dag. 7. Fra 3. etasje gikk hun... i 2. etasje. 8. Hun sa nesten ikke noe; hun var ganske... 9. Jeg ser... lysestaker der borte. 10. Jeg kan ikke finne på noe; hva vil du...? 12. Jeg vil... ha en film til dette kameraet. 14. Den ene vasen var høy og smal, den andre var... og rund. 18. Der var det så mange... å velge mellom. 22. Jeg vil gjerne... meg om i butiken. 23. Hun ville ikke... det høyt. 24. Når det tyske ordet „Feile" heter fil. må „Eile" hete... 25. Jeg vil gjerne... henne noe pent.

16A

16A Text

Nynorsk

1 Ein halvtime med båten

– Orsak, er denne plassen ledig?

– Ja, så vidt eg veit.

– Det er bra, da set eg meg her. Eg skal til Holtøya. Veit du kor lang tid det tar?

– Om lag ein halv time, trur eg.

– Vi skal vere der ved fire-tida, da?

– Ja, eg trur det.

– Er det ein stad ein kan få kjøpt noko å drikke her på båten?

– Her om bord, ja. Det er ein kiosk der borte. Og det er ein kafeteria akterut. Eg trur han er open. Kva vil du ha for noko?

– Å, eg veit ikkje. Trur du dei har øl her om bord?

– Det trur eg nok. Men det får du ikkje i kiosken. Da får du gå inn i kafeteriaen.

– Er du aleine? Bli med, da, så tar vi ein øl saman!

– Ja, eg kan gjerne bli med. Men eg har bil, så eg tar heller ein kopp kaffi.

– Er det forbode for bilførarar å drikke øl her til lands?

– Nei, ikkje heilt forbode. Men du må tenkje på promillegrensa. Ho er så låg at det er like godt å la vere å drikke noko i det heile. Så er ein heilt sikker, meiner eg. Men kom, så går vi! Kvar kjem du frå?

– Eg kjem frå Tyskland, frå Rhinland. No skal eg gjeste nokre eg kjenner i Sandpollen.

– Kven er det? Kanskje eg kjenner dei.

– Det er ein lærarfamilie som heiter Jacobsen. Det vil seie, *han* heiter det. *Ho* heiter Marheim.

– Åsta-Ragnhild? Henne kjenner eg. Han òg, men ikkje så godt. Så du har vore her før, du da?

– Ja, eg har vore to gonger i Noreg før, tre veker kvar gong. I Sandpollen var eg ei heil veke siste gangen. Men det er fem år sidan siste gong, så det er mykje som er nytt for meg no. Den nye ferjestaden på Bjørknes, til dømes.

– Her er kafeteriaen. No finn du eit bord til oss, så tar eg ein pils til deg.

– Du tar han i disken, meiner du? Takk skal du ha! – – – Nei, nei, nei, nei – du skal ikkje betale for meg. Sjå her, her er pengar!

133

16A

– Jau, la nå meg betale! Eg veit korleis det er. Eg har vorte spandert på i Tyskland fleire gonger. Eg veit kor gjestfrie tyskarane er. Så la meg nå få gjere det! – – Og sjå no berre så fint vêr som det er!

2

© King Features / Distrib. Bulls

16A1

°orsak [ˇoːrsaːk]	Entschuldigung
så	so; dann; daher (vgl. 16B5)
så vidt °eg veit	soviel ich weiß
°setje (set – sette – sett)	setzen
ved fire-tida	etwa um vier Uhr, so gegen vier
tru [trʉː], -dde, -t	glauben
°stad [staː] m, Pl. -er	Ort, Platz, Stelle
°ein stad = °nokon stad	irgendwo
kjøpe, -te, -t	kaufen
om bord [ɔmˈbuːr]	an Bord
kiosk [çɔsk] m	Kiosk
kafeteria [kafəˈteːria] m	Cafeteria
'akterut [-ʉːt]	achteraus (hinten)
°open [ˇoːpən]	offen, geöffnet
°kva for noko = °kva	was
°kaffi m	Kaffee
°forbode [fɔrˈboːə]	verboten
°bilførar [ˇbiːl-] m	Autofahrer
her til lands	hier zu Lande
°tenkje, -kte, -kt	denken
grense [ˇ] f	Grenze
promillegrense [pruˈˇmilə-]	Promillegrenze
like godt	ebensogut
la °(let – let – late)	lassen
la °vere	sein lassen, unterlassen
°meine, -te, -t	meinen
°kvar ... frå	woher, wo ... her
Rhinland [ˈriːnlan]	Rheinland
°no [nuː]	jetzt, nun (betont)
nå [noː]	jetzt, nun; na, denn (meist unbetont)
gjeste [ˇjestə], -a, -a	besuchen
°nokre [ˇnɔkrə] pl.	einige
°lærarfamilie m	Lehrerfamilie
°heite, -tte, -tt (od. stark)	heißen
det vil °seie	das heißt
før	früher
°veke [ˇveːkə] f	Woche
°kvar gang	jedes Mal
°ferjestad m	Anlegestelle
°døme [ˇ] n	Beispiel
disk m	Büfett, Theke
°sjå (Imper. = Inf.)	sehen; sieh!, sehen Sie!
°jau	doch (Antwort)
°korleis	wie
°vorte (Ptz. v. °verte)	(ge)worden
span'dere, -te (noko på ein)	spendieren (e-m etw.)
°fleire gonger	mehrmals
gjestfri [ˇjest-]	gastfrei
vêr [væːr, veːr] n	Wetter
fint vêr	schönes Wetter

16A2 – Hårek

du for ...!	ach, was für ...!
°strålande [ˇstroːlanə]	strahlend
°morgon [ˇmɔrgɔn, m	Morgen
opplagt [ˈɔplakt]	aufgelegt
°tykkje, -kte, -kt	finden, meinen
vakker [ˈ]	schön
sukk [sʉk] n	Seufzer
galen [ˇ]	verkehrt
°sturen [ˇstʉrən]	traurig, niedergeschlagen
°vonbroten [ˇvuːnbroːtən]	enttäuscht
tjukk [çʉk]	dick
feit	fett
få på seg [ˇfoː-poː]	(mit Anstrengung) anziehen
kjole [ˇçuːlə] m	Kleid
nok [nɔk]	genug
gal	verrückt
før	ehe, bevor
slanke seg, -a, -a	abnehmen
°freiste, -a, -a	versuchen
akkurat [ˈakʉrat]	genau
hjelpe meg!	Gott helfe mir!

135

16B Sprachgebrauch und Landeskunde

1. Noko av det du kan kjøpe

i kiosken:

sjokolade	prospektkort
frukt	frimerke
is	aviser
tobakk	°vekeblad
sigarettar	

i kafeteriaen:

°kaffi	°mineralvatn
te	kaker
fruktsafter	smørbrød
øl	varmretter
brus	

2. Noko av det du kan sjå frå båten

°**Skjergarden** er alle **øyane, holmane** og °**skjera** langsmed **kysten. Skip** og **båtar** går helst °**innaskjers,** det vil seie i **sundet** mellom alle øyane og **fastlandet,** større skip går òg °**utaskjers,** ute i opne **havet.**

Fjordane skjer seg inn i landet. Ein **kil** [çiːl] er ei lita **bukt** som går inn i ein spiss. Ei lita rund bukt heiter ein **poll** [pɔl]. Ei **vik** er òg ei lita bukt, spiss eller rund.

Ute på sjøen ser du folk i småbåtar. Nokre **ror,** andre **seglar,** nokre har **motorbåt** som tøffar av garde, andre kjører med **påhengsmotor.** Og nokre ligg stille og **fiskar.**

På land, i °**hamnene,** ser du °**bryggjer** og kanskje større **kaier.** Her er det **naust, rorbuer** og ein og annan **slipp,** og det er alltid **liv og røre.**

Mange stader går det **ferjer** over til ei øy eller over ein fjord. Andre stader kjem ein fram over ei **bru** eller på ei **demning.**

°skergard *Schärengürtel, -küste*	av garde *davon, fort, weg*
°skjer *Schäre*	påhengsmotor *Außenbordmotor*
°innaskjers *innerhalb d. Schärengürtels*	liggje stille *still (vor Anker) liegen*
°utaskjers *außerhalb d. Schärengürtels*	fiske *fischen, angeln*
fastland *Festland*	°hamn *Hafen*
°skjere *schneiden*	°bryggje *kleine Landungsbrücke*
spiss *Spitze; spitz*	naust *Bootshaus*
småbåt *kleines Boot*	rorbu *Fischerhütte*
ro *rudern*	slipp *Schlipp, kleine Bootswerft*
segle *segeln*	liv og røre *lebhafte Tätigkeit*
tøffe *tuckern*	ferje *Fähre*

3.

Nynorsk ei:	Bokmål e:
veit	vet
ein	en
dei	de [diː]
aleine	alene
heilt	helt
meiner	mener
eit	et
fleire	flere

Nynorsk e:	Bokmål æ:
	(helst føre r)
bere	bære
skjere	skjære
vere	være
eit skjer	et skjær
eit ver	et vær

4.

til -s			til -e		
land:	til lands	*zu Lande*	bak:	tilbake	*zurück*
fjell:	til fjells	*im/ins Gebirge*	god:	ha til gode	*guthaben*
sjø:	til sjøs	*zur See*	grunn:	til grunne	*zugrunde*
vêr:	til vêrs	*in die Luft*	ord:	til orde	*zu Worte*
døme:	til dømes	*zum Beispiel*	lykke:	til lykke!	*(Glückwunsch)*
over:	til overs	*übrig*	nytte:	til nytte	*nützlich*
del:	til dels	*zum Teil*			
ende:	til endes		oder	til ende	*zu Ende*
side:	til sides		oder	til side	*zur Seite*

5. Was heißt så?

so (..., daß):	Kaffien er **så** varm **at** eg ikkje kan drikke han.
so (... wie):	Ei bryggje er ikkje **så** stor **som** ei kai.
so-:	Her er det ingen, **så vidt** eg veit.
also, ...:	**Så** du har vore her før, du da?
dann:	Kom, **så** går vi!
dann (... doch!):	**Så** kjøp deg ein ny kjole, **da vel!**
(wenn ...,) dann:	Viss dei berre har pulverkaffi, **så** tar eg heller kakao.
daher, und so:	Eg vil ha noko varmt, **så** eg tar heller kakao.

16C Grammatik

1. Personalpronomen

	ich	*du*	*er*	*sie*	*es*	*wir*	*ihr*	*sie*	*Sie*
Nom.	eg	du	han	ho	det	vi	de	dei	De
Akk., Dat.	meg	deg	han	ho	det	oss	dykk	dei	Dykk
(Betont:)				henne					

Når kjem båten? – Han kjem om ti minutt.
Kor er jakka mi? – Ho ligg på ei stol på soverommet.
Kjenner du Åse-Marie? – (Unbetont:) Eg kjenner ho ikkje.
Kjenner du Åse-Marie? – (Betont:) Nei, **henne** kjenner eg ikkje.

2. Die wichtigsten Hilfsverben

	Infinitiv	Präsens	Präteritum	Perfekt
haben	å ha	har	hadde	har hatt
dürfen, können	å få	får	fekk	har fått
sein	å vere	er	var	har vore
werden	(å verte)	(vert)	vart	har vorte
werden	å bli	blir	blei	har blitt

3. Die wichtigsten Modalverben und ‚wissen'

	Infinitiv	Präsens	Präteritum	Perfekt
können:	kunne	kan	kunne	–
müssen:	måtte	må	måtte	–
sollen:	skulle	skal	skulle	–
wollen:	vilje	vil	ville	–
wissen:	vite	veit	visste	har visst

4. Einige gewöhnliche starke Kurzverben

	Infinitiv	Präsens	Präteritum	Perfekt
gehen:	å gå	går	gjekk	har gått
stehen:	å stå	står	stod	har stått
sehen:	å sjå	ser	såg	har sett
nehmen:	å ta	tar	tok	har teke
lassen:	å la	let	let	har late

16D Øvingar

1. *Sämtliche Formen ausfüllen! (vgl. 12C1)*

Singular		Plural	
unbestimmt:	*bestimmt:*	*unbestimmt:*	*bestimmt:*
ei bru	brua	bruer	bruene
ei demning			
			øyane

138

			holmane
			skjera
	staden		
		skip	
		båtar	
eit sund			
	havet		
			fjordane
ein kil			
	bukta		
ei vik			
		naust	
		rorbuer	

2. *Adverbialglied auf -s oder -e (vgl. 16B4)*

a) 16-åringen ville heller til ..... enn gå på skolen. (Han ville bli sjømann.) b) Ho freista fleire gonger å komme til ...... (Ho ville seie noko.) c) Familien Andersen har vore til ..... ei veke og gått på ski. (Dei har vore på skiferie på fjellet.) d) Eg har 500 kroner til ..... av deg. (Du har lånt 500 kr. av meg.) e) Trur du at Øyvind kan vere noko til ..... her? (Trur du du kan få noko hjelp av han?) f) Høgt fil ..... dreiv dei kvite skyene av garde. (Skyene var høgt oppe i lufta.) g) I radioen snakkar dei til ..... bokmål, til ..... nyorsk. (Dei snakkar noko bokmål og noko nynorsk.) h) På vegen til Nordkapp var det fint vèr, men da vi reiste til ....., fekk vi både regn og snø. (Det regna og snødde på heimreisa.) i) Han drog meg litt til ..... og sa noko lågt. (Han ville vere aleine med meg.) j) Da dei hadd eti, var det ikkje noko til ...... (Dei hadde eti opp alt saman.) k) Er det vanleg her til ..... å ete middag så seint? (Et nordmennene middag så seint?) l) «Til ..... med 25-årsdagen!» sa Ole-Jørgen. (Han gratulerte.) m) Har du lyst på noko å drikke, eplesaft til ..... ? (Du kan få eplesaft eller noko anna.)

3. Die meisten norwegischen Städte liegen an der Küste. Das ergibt sich schon aus dem Namen, z. B. Holme*strand*. Suchen Sie auf der Landkarte jeweils mindestens zwei norwegische Städtenamen, die auf **-fjord, -sand, -sund, -vik** und **-s** enden. (**ø** ist eine ältere Form von **øy,** die in vielen Ortsnamen erhalten ist.)

16D

4. *Sie stehen mit Ihrer/Ihrem Partner/-in und Ihren drei Kindern vor dem Erfrischungs-kiosk. Jeder möchte etwas anderes, und keiner kann Norwegisch – nur Sie! Ihre Aufgabe ist es nun, folgende Wünsche auf norwegisch zu vermitteln:*

„Ich möchte zwei Schokoladeeis – nein, ein Schokoladeeis und ein Erdbeereis. Und – haben Sie deutsche Zeitungen? – Nein? – Wochenblätter – haben Sie deutsche Wochenblätter? Ja gut, dann bekomme ich den ‚Stern‘. Und dann – gibt es hier Limonade? Haben Sie zum Beispiel Coca-Cola? (Willst du keine Coca-Cola haben, sagst du?) Na, dann bekomme ich ‚Solo‘. Das haben Sie nicht? Aber Sie haben vielleicht Obst? Ja? Geben Sie mir zwei . . . drei . . . nein, vier Äpfel. Und diese Ansichtskarte, bitte, mit Briefmarken – ich will sie nach Deutschland senden. – Ja, sie soll nach Deutschland. – Wieviel macht das? (Was sagst du? Lieber ein anderes Eis? Willst du jetzt lieber ein Vanilleeis haben?) – Jaja bitte, kein Schokoladeeis, sondern ein Vanilleeis – ja, genau – und also dieses Erdbeereis. So, das ist alles. Und jetzt möchte ich zahlen, bitte!"

5. *Miniwörter*

Sie kennen jetzt sehr viele Wörter, die nur aus einem Konsonanten + einem Vokal bestehen, zum Beispiel zwei auf **-e**: **be** *(einladen) und* **de** *(ihr.)*
Welche sind die übrigen
– drei Wörter auf **-u** *(wohnen, du, Kuh)?*
– vier auf **-i** *(geben, neun, zehn, wir)?*
– fünf auf **-o** *(sie, doch, jetzt, rudern, zwei)?*
– sechs auf **-a** *(dann, haben, ja, lassen, sagte, nehmen)?*
– sieben auf **-å** *(bekommen, gehen, muß, jetzt, auf, naßkalt, so)?*

6.

1 Fjord
2 Meerenge
3 kleine Bootswerft
4 Motorboot
5 achtern (= hinten)
6 Schiff
7 Fähre
8 schmale, spitze Bucht

Eingerahmt:
Der wichtigste Verbindungsweg
über See Norwegen–Deutschland
(zwei Wörter)

17A

17A Text

Bokmål

Tur i marka

Vi pleier å gå på tur om søndagen. Hver søndag, ja, av og til på lørdager også, kommer vi oss ut i naturen så sant det er vær til det. Om vinteren går vi på ski. Det blir ofte lange turer inn gjennom marka. Vi har alle slags løyper å velge mellom. Det kan være faste, maskinpreparerte løyper med to eller tre spor ved siden av hverandre eller enkle skispor etter en eller annen som har gått en tur på egen hånd. Det hender at vi tar en skitur sent på ettermiddagen eller om kvelden i en lysløype. Det er morsomt å gå i kunstig lys, men av og til er det vanskelig å se hvor bratte bakkene er. Så en går jo over ende en gang iblant.

Vinteren varer fram til påske. Mange mennesker drar til fjells i påsken for å gå på ski og for å bli brune. Vi pleier ikke å dra til fjells. På den tiden er vi sant å si lei av vinter og snø. Etter påske blir det vår, men inne i marka er det enda vinter. Da legger vi søndagsturen vår heller langs sjøen, der det begynner å blomstre og bli grønt.

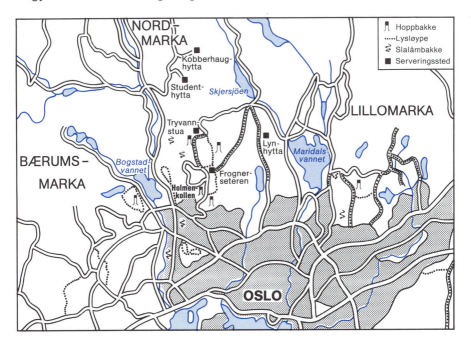

17A

Om sommeren liker vi oss også best ved sjøen – og i sjøen. Det er fint å bade her vi bor, vi har en liten båt som vi kan komme ut på øyene med, og vi tar av og til en fisketur.

Men om høsten går vi tur i marka igjen, i all slags vær, med joggesko, med støvler eller gummistøvler, alt ettersom. Noen ganger går vi bare for å gå og for å oppleve naturen, se dyr og trær, trekke frisk luft og nyte stillheten. Tidlig på høsten drar vi kanskje et par ganger på bærtur. Da tar vi gjerne sykkelen et stykke innover på en av skogsveiene. Det er mer bær når en kommer lenger innover. På hogstfeltene er det mye ville bringebær, i furuskogen finner vi tyttebær, og blåbær er det overalt. Med en bærplukker kan en plukke flere bøtter blåbær i løpet av et par timer. Det er virkelig gøy. Men det er kjedelig etterpå, når en er kommet hjem og skal rense bærene.

Senere på høsten plukker vi sopp. Det kan være vanskelig på flere måter, selv om det ofte er mye av den. Men når bladene på trærne gulner og faller av, blir det nesten umulig å få øye på soppen, for den går i ett med de gule og røde og brune bladene på bakken. Dessuten kan det være vanskelig å se hvilken sort det er. Og det bør du jo helst vite før du bruker den til mat. Jeg har litt greie på sopp, jeg kjenner en 8–10 sorter som jeg er helt sikker på. Men vi tar av og til sjansen på noen andre også, som jeg er bare nesten sikker på – etter å ha studert soppboka. Og hittil har det gått bra.

– Kelner, hvorfor står det en liten stjerne ved siden av soppstuingen på menyen?
– Det betyr at gjestene må betale på forskudd.

---

mark *f*	*Wald(boden), Wald mit Lichtungen*	fast	*fest*
skog og mark	*Wald und Wiesen*	maskinpreparert	*mit Loipenmaschinen präpariert*
ᵛpleie, -de, -d	*pflegen*	spor, skispor [ˈʃiːspuːr]	*(Schi-)Spur, Piste*
ˈsøndag [-œ-] *m*	*Sonntag*	*n*	
ˈlørdag [-øː-] *m*	*Samstag*	ˈenkel	*einfach, einzeln*
komme seg ut	*hinauskommen*	ᵛetter	*nach*
så sant det er vær til det	*wenn es das Wetter zuläßt*	på ᵛegen hånd [hɔn]	*auf eigene Faust, nach seinem eigenen Sinn*
alle slags, all slags	*allerlei*	hende [ˈhenə], -te, -t	*geschehen, vorkommen*
ᵛløype *f*	*Loipe, Schiweg*	lysløype [ˈlyːs-] *f*	*Loipe/Piste mit Flutlicht*

morsom [ˠmursɔm]	lustig
kunstig [ˠkʉnsti]	künstlich
ˠvanskelig	schwierig
ˠbakke m	Hügel, Abhang; Boden
over ende [oːvərˠenə]	kopfüber, auf den Kopf
gå over ende	stürzen, hinfliegen
en gang iblant	ab und zu
ˠvare, -te	dauern
fram til	bis, bis zu, bis an
påske [ˠpoːskə] f	Ostern
sant å si ['santɔ'siː]	um die Wahrheit zu sagen
snø m	Schnee
vår m	Frühling
langs	längs, entlang
der det begynner å …	dort, wo es zu … anfängt
blomstre [ˠblɔmstrə], -et, et	blühen
grønn	grün
det blir grønt	es grünt, es wird grün
ˠlike seg, -te, -t	sich wohl fühlen
her vi bor	hier, wo wir wohnen
ˠfisketur m	Angelfahrt, -tour
høst m	Herbst
sko [skuː] m; Pl. -	Schuh
joggesko [ˠjɔgə-]	Joggingschuh
støvel [ˠstœvəl] m	Stiefel
gummistøvel [ˠgʉmi-]	Gummistiefel
alt ettersom ['alt ˠetərsɔm]	je nachdem
noen [ˠnuːən] ganger	einige Male, manchmal
oppleve ['ɔp-], -de, -d	erleben
ˠtrekke, trakk, trukket [u]	ziehen
trekke frisk luft	frische Luft schöpfen
ˠnyte, nøt [øː], nytt	genießen
'stillhet m	Stille
bærtur [ˠbæːrtʉːr] m	Ausflug, um Beeren zu sammeln
'innover	einwärts, in den Wald hinein
skogsvei ['skuksvæj] m	Waldweg; Holzabfuhrweg
bær n	Beere
hogstfelt ['hɔkst-] n	Holzschlagfläche
'bringebær n	Himbeere

ˠville bringebær	Waldhimbeeren
furuskog [ˠfʉːrʉskuːg] m	Kiefernwald
'tyttebær n	Preiselbeere
'blåbær n	Blaubeere, Heidelbeere
bærplukker [ˠbæːrplukər] m	Gerät zum Beerensammeln
ˠbøtte f	Eimer
i løpet av [i 'løːpə aːv]	im Laufe von, während
det er gøy	das macht Spaß
kjedelig [ˠçeːdəli]	langweilig
ˠrense, -et, -et	reinigen, sauber machen
sopp [sɔp] m	Pilz
plukke	sammeln, pflücken
selv om ['sel ɔm]	selbst wenn, auch wenn
mye av den	viel davon
gulne [ˠgʉːlnə], -et, -et	gelb werden
falle av	abfallen
få øye på	erblicken, entdecken
gå i ett	zusammen gehen, -fließen
gul [gʉːl]	gelb
rød [røː]	rot
sort [sɔrt] m	Sorte
bør: Präs. v. burde mod. Hilfsverb	(eigentlich) sollen, müssen
ˠbruke, -te	gebrauchen
ha ˠgreie på	über etw. Bescheid wissen
en 8–10	etwa 8 bis 10
være sikker på	mit Sicherheit kennen
ta sjansen på (at det går bra)	etwas riskieren (in der Hoffnung, daß es gut geht)
etter å ha studert	nachdem ich studiert habe
soppbok [ˠsɔpbuːk] f	Nachschlagebuch über Pilze
'hittil	bisher
stjerne [ˠstjæːrnə] f	Stern
soppstuing [ˠsɔpstʉːiŋ] f	Pilzbrei, Pilzragout
be'ty, -dde, -dd	bedeuten
på forskudd [ˠfɔrskʉd]	im voraus
hoppbakke	Sprungschanze
slalåmbakke	Skiabfahrt
serveringssted	bewirtschaftete Hütte

17B Sprachgebrauch und Landeskunde

1. Dagene

'søndag	hver søndag – *jeden Sonntag*
'mandag	på søndag – *diesen/letzten Sonntag*
'tirsdag [-iː-]	på søndag – *am Sonntag*
'onsdag [u-]	søndag – *am Sonntag*
'torsdag [-oː-]	søndag kveld – *am Sonntag abend*
'fredag	på søndager – *sonntags*
'lørdag	om søndagen – *sonntags*

Søndag er en helligdag ['ʰhelidaːg] *(Feiertag)*.
Mandag er en hverdag ['ʰværdaːg] *(Werktag)*.
Vi går en tur hver dag ['væːr 'daːg] *(jeden Tag)*.

2. Månedene

januar [-ʉ'aːr]	juli ['jʉːli]
februar [-ʉ'aːr]	august [-'gʉst]
mars	september
april [ap'riːl]	oktober [ɔk'toːbər]
mai [maj], ['maːi]	november [nu'vem-]
juni ['jʉːni]	desember [-'sem-]

Februar er den korteste måneden i året. Den
har bare 28 dager.
17. mai er Norges nasjonaldag.
Jeg er født 9. september.
Åsta-Ragnhild er også født i september.

3. Årstidene

Det er **vår** fra slutten av mars til begynnelsen av
juni.
Det er **sommer** fra juni til august.
Det er **høst** fra august/september til slutten av
november.
Det er **vinter** fra desember til slutten av mars.

Om sommeren er det varmt.
Tidlig på sommeren er dagene lange og nettene lyse.
Midt på sommeren er de fleste på ferie.
Sent på høsten kan det komme snø.
Om vinteren går vi på ski.

JUNI	
30 DAGER	
1 To	☉ o. 307 n. 21 24
2 F	
3 L	●
4 S	*3. s. e. pinse*
5 M	**23. uke**
6 Ti	
7 O	
8 To	☉ o. 259 n. 21 35
9 F	
10 L	
11 S	*4. s. e. pinse* ◐
12 M	**24. uke**
13 Ti	
14 O	
15 To	☉ o. 254 n. 21 42
16 F	
17 L	
18 S	*5. s. e. pinse*
19 M	○ **25. uke**
20 Ti	
21 O	
22 To	☉ o. 254 n. 21 44
23 F	*Sankthansaften* (*Jonsokaften*)
24 L	*Sankthans (Jonsok)*
25 S	*6. s. e. pinse*
26 M	◑ **26. uke**
27 Ti	
28 O	
29 To	☉ o. 258 n. 21 43
30 F	

4. Fridager, festdager, helligdager og høytidsdager

Ein **fridag** ist kein Freitag, sondern ein freier Tag – vgl. 17B1!
Eine **høytid** ist keine Hochzeit, sondern ein hoher Feiertag.
Ein **helligdag** ist ein „heiliger Tag", also ein kirchlicher Feiertag.

De store høytider er **jul** (julaften 24. desember), **påske** (i mars eller april) og **pinse** (nesten alltid i mai). 1. mai og 17. mai er også høytidsdager eller **festdager,** men ikke helligdager.

før jul *vor Weihnachten,* i jula/julen *während/über Weihnachten,* etter jul/over jul *nach Weihnachten*
før påske *vor Ostern,* i påsken *während/über Ostern,* etter påske/over påske *nach Ostern*

Om sommeren feirer vi sankthans [ˇsaŋ(k)thans], om kvelden den 23. juni. Denne kvelden kalles sankthansaften (og den varer ofte til neste morgen). Noen steder er derfor 24. juni fridag.

5. Farger

en **svart** bil	– et svart hus
en **hvit** [viːt] bil	– et hvitt [vit] hus
en **grå** [groː] bil	– et grått [grɔt] hus
en **rød** [røː] bil	– et rødt [rœt] hus
en **gul** [guːl] bil	– et gult [guːlt] hus
en **grønn** bil	– et grønt hus
en **blå** [bloː] bil	– et blått [blɔt] hus
en **brun** [-uː-] bil	– et brunt [-uː-] hus
en **oransje** [uˈraŋʃə] bil	– et oransje hus

Det **svartnet** for øynene på meg. *Mir ist schwarz vor den Augen geworden.* Det **gråner** av dag. *Der Tag graut/dämmert.* Håret gråner. *Das Haar ergraut.* Han **rødmet** fordi det var så flaut. *Er errötete, weil es so peinlich war.* Bladene **gulner** og faller av. *Die Blätter werden gelb und fallen ab.* Man **bruner** en kotelett (men **soler** seg selv). *Man bräunt ein Kotelett (aber sonnt sich selbst).*

17C Grammatik

1. Verschmolzene Präpositionen

Vi går inn i skogen. Vi er inne i skogen.
Vi går ut av skogen. Vi er ute av skogen.

17C/17D

Manchmal verschmelzen die Adverbien der Ruhelage wie **inne, ute** usw. mit Präpositionen. Dabei fällt das auslautende **-e** dieser Adverbien weg:

Det var langt **inni** skogen.
Han var helt **utav** seg *(außer sich, untröstlich)*.
Es gibt keinen grundsätzlichen Unterschied zwischen den verschmolzenen und den getrennten Präpositionen.

2. Verbundene Präpositionen

I løpet av en time hadde han plukket bøtta full *(voll)*.
Han gikk **ved siden av** henne *neben ihr*.
Vi bor **i nærheten av** flyplassen *(in der Nähe vom Flughafen)*.

3. Verbalausdrücke mit Substantiv und Präposition

Die norwegische Sprache hat sehr viele feste Wendungen, die aus **ha** oder **få + Subst. + Präp.** bestehen, z. B.:
Er det noen her som **har greie på** førstehjelp? *Ist hier jemand, der sich in der Ersten Hilfe auskennt?*
Han **fikk greie på** at jeg var alene. *Er erfuhr, daß ich allein war.*
Jeg kan ikke **få øye på** ham. *Ich kann ihn nicht erblicken.*

4. Verbalausdrücke mit Adjektiv und Präposition

Viele feste Wendungen bestehen aus **være** oder **bli + Adj. + Präp.**, z. B.:
Jeg **er lei av** vinteren. Jeg **er lei av** å gå på ski. *(den Winter, das Skilaufen leid)*
Jeg **er sikker på** veien. *(sicher, kenne mit Sicherheit den Weg)*
Jeg **er sikker på at** dette er den riktige veien. *(Ich bin sicher, daß dies der richtige Weg ist.)*

17D Øvelser

1. *Spørsmål til teksten:*
a) Hva slags turer tar vi om vinteren?   b) Hvilke dager pleier vi å gå på ski?
c) Hva er forskjellen på *(der Unterschied zwischen)* en løype og et skispor?
d) Om vinteren blir det tidlig mørkt. Hvordan kan man gå på ski da?   e) Hvor lenge varer vinteren?   f) Hva pleier mange nordmen å gjøre i påsken?   g) Hva skjer om våren ute i naturen?   h) Hva kan man gjøre ved sjøen om sommeren?
i) Hva bruker vi båten til?   j) Hvor går vi tur om høsten?   k) Hva slags vær er det når vi bruker joggesko på tur?   l) Og gummistøvler?   m) Hva gjør man når man drar på bærtur?   n) Hva slags bær finner vi i marka?   o) Hvor er det mest tyttebær?   p) Hvorfor er det vanskelig å plukke sopp?   q) Hvorfor kan det være farlig å spise sopp? *(gefährlich – giftig!)*   r) Hva er en soppbok?   s) Hvilken årstid er den vakreste, synes du?

17D

2. *Übersetzen Sie ins Deutsche:*
   Wo liegt der Ball?
   a) Ballen ligger på bakken.   b) Ballen ligger ved veggen.   c) Ballen ligger ved siden av treet.   d) Ballen ligger under bilen.   e) Ballen ligger oppå taket. f) Ballen ligger bak kassen.   g) Ballen ligger inni bussen.   h) Ballen ligger borte ved huset.

3. *Übersetzen Sie ins Deutsche:*
   Woher kommen sie? – Wohin gehen sie?
   a) Andersen kommer opp av vannet og går inn i huset.   b) Berntsen kommer ut av skogen og går ned på veien.   c) Christensen kommer først hit og reiser så videre nordover til Lillehammer.   d) Danielsen kommer fram til hogstfeltet og går derfra inn i furuskogen.   e) Eriksen kommer hjem og blir hjemme. Han vil ikke hjemmefra mer.   f) Fredriksen kommer utenfra og går opp i 2. etasje.

4. *Oversett til norsk:*
   a) Wir sind nie am Sonntag da.   b) Bei uns gibt es im Winter viel Schnee.   c) Im Dezember dauert der Tag nur 3–4 Stunden.   d) Die Sterne am Himmel sind mitten im Winter besonders klar.   e) Ich habe etwas gehört, und dann ist ein fremder Mann aus dem Wald gekommen.   f) An der See gefällt es mir am besten.   g) Unser Haus liegt in der Nähe von der Anlegestelle der Fähre.   h) Das Haus liegt direkt am Strand.   i) Wir sind an einen kleinen See im Wald radgefahren.   j) Dort haben wir die Fahrräder an einen Baum gestellt.   k) Von dort sind wir weiter in den Wald hinein zu Fuß gegangen.   l) Im Wald haben wir Pilze gesammelt.   m) Im Kiefernwald ist es viel heller als sonst im Wald.   n) Wir waren kurz vor zwei Uhr da.   o) Wir waren fünf vor zwei Uhr an der Grenze.   p) Er hat vor zehn Minuten nach dir gefragt.   q) Wir sind jetzt seit sieben Stunden hier.   r) Seit heute früh um 9 sammeln wir Pilze – es ist aber so langweilig!

5. *Hvilken farge har ... / Welche Farbe hat/haben ...?*
   (Svar med full setning – ganzer Satz bitte!)
   – et tyttebær? – sjøen? – snøen? – himmelen i dag? – sola? – bringebærene? – skoene dine? – bladene på trærne i november? – månen? – en agurk? – blåbærsyltetøy? – et egg? – geitost? – en kokt hummer? – sjampinjong? – en norsk hundrekroneseddel? – en isbjørn? – trærne i skogen?

6. *Hvilke helligdager og festdager har man i ditt land?*

7. *Wählen Sie die richtige Präposition:*
   a) Jeg prøvde å se ham, men jeg greide ikke å få øye av/om/på/til ham.   b) Her er det en blomstervase; har du noe bruk av/for/fra/ på den   c) Jeg vil så gjerne kjøpe nye ski, men jeg tror ikke jeg har råd for/mot/om/til det.   d) Kan du hjelpe meg? Jeg har ikke greie av/for/med/på bilmotorer.   e) I ordet «februar» skal du legge trykk i/over/på/ved «-ar».

147

8. Bilden Sie Sätze mit verbundenen Präpositionen:
   Beispiel 1
   (av hensyn til): Det var så trangt der. Han trakk stolen til side, så jeg kunne komme forbi:
   Han trakk stolen til side av hensyn til meg.
   Beispiel 2
   (ved siden av): Han gikk foran. Hun gikk bak. Stien var smal:
   De kunne ikke gå ved siden av hverandre.
   a) **(i nærheten av):** Det er fint å bade her vi bor:
   b) **(i stedet for):** Det er snø i marka; vi går heller tur langs sjøen:
   c) **(trass i):** Om høsten går vi tur i all slags vær, selv om det regner:
   d) **(ved hjelp av):** Hvis du bruker bærplukker, går det mye fortere å få en bøtte full:
   e) **(i løpet av):** Du plukker bær et par timer, og du har en bøtte full:
   f) **(på grunn av):** Det var umulig å se noen sopp, for bladene på bakken hadde samme farge:
   g) **(for ... siden):** Nå er det mars. De flyttet i desember:

9. *Rydd opp her! – Hier bitte aufräumen!*
   Beispiel: har – bruk – disse – jeg – støvlene – ikke – for:
   Jeg har ikke bruk for disse støvlene.
   a) lov – til – får – Harald – til – Sveits – å reise.
   b) holdt – med – blå – den – politimannen – bilen – øye.
   c) rett – i – sikkert – har – du – det.
   d) vi – på – må – nå – gjøre – dette – slutt – tøyset.

10. *Kryssord*
    Fyll ut med månedenes navn! – Tragen Sie alle Monatsnamen ein:

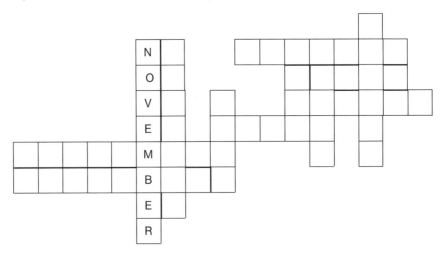

18A

18A Text

Nynorsk

1 Noko om namn

«Kva skal barnet heite?» er eit spørsmål som alle foreldre møter. Skal barnet kallast opp igjen? Enkelt – eller dobbeltnamn? Norsk eller utanlandsk? Langt eller kort? Vanskelig, spesielt eller enkelt og greitt? For tida er det slik at gamle namn vert tekne fram igjen. Namna som no kjem, er namn som var vanlege rundt det siste århundreskiftet. Mellom dei vanlegaste finn du slike som Cecilie og Linda, Christian og Andreas. Men det er svært mange å velje mellom. Utviklinga har ført til at ein vel mellom stadig fleire namn. Tidlegare hadde ein eit heller avgrensa utval. I 30-åra var Gerd og Inger dei vanlegaste jentenamna, gutane heitte ofte Harald, Knut eller Ola. Etter krigen var det Anne og Jan. Anne eller Anna har alt i alt vore det mest omtykte kvinnenamn i meir enn 200 år. I 60- og 70-åra kom Kristin og Hege, Espen og Frode. Og så kom nostalgien i 80-åra. Den vesle guten skulle no heite Kristoffer, som oldefar hans hadde heitt, men det skulle ikkje berre låte gammaldags, folk skulle kunne sjå det òg. Derfor vart det Christopher. Og det halvgløymde oldemorsnamnet Kamilla vart teke opp att og pussa på til Camilla. Petter vart avløyst av Peter, og Kristin av Christine.

Kva namn er norske namn? Per og Pål og Kari? Nei, det er gale. Dei to første kjem frå dei latinske Petrus og Paulus, og Kari er ein variant av det greske namnet Katharina. Men Guro og Aud, Ragnhild og Siv er gode norske kvinnenamn, Kjetil og Dagfinn, Inge, Bjørn og Harald er heimlege mannsnamn. Og så må vi ikkje gløyme Ola, sjølve Ola Nordmann, han som har gitt namn til olabuksene og som heiter Ola-gut når han stiller opp som FN-soldat.

2	Eg heiter Anne Knutsdotter, Kari er mi mor og Truls, han er min bror. Eg bur oppå ein plass der som ingen skulle tru at nokon kunne bu. Og plassen heiter Uren, Luren, Himmelturen, Steinrøys, Steinrøys, Sveltihel.

(Volkslied)

149

18A

3

Vesla kom heim frå barnehagen for første gong, og så blei ho sjølvsagt spurd om ho hadde lært noko. Å jau, det hadde ho.
– Kva var det du lærte, da?
– At eg heiter Anne-Beate.

4

To gutar vart innkalla til rektor fordi dei hadde kasta stein. Tre gutar møtte fram.
– Kva har du gjort? spurde rektor den eine av dei.
– Eg har kasta stein i vatnet.
– Og du?
– Eg har òg kasta stein i vatnet.
– Enn du da?
– Det er eg som er Stein.

5

Læraren hadde fortalt om Herren som saman med to englar kom til Abraham. Ole-Martin rekte opp handa.
– Kva er det, Ole-Martin?
– Eg veit kva den eine engelen heitte, eg.
– Jaså? Ja, det er sannelig meir enn eg veit, sa læraren.
– Han heitte Hansen.
– Hansen? Kva er det for noko tøys?
– Jau, faren min har sagt at viss det er tre menner saman, så er det heilt sikkert at den eine heiter Hansen.

18A1

°namn *n*	*Name*
møte, -tte, -tt	*begegnen*
°kallast opp	*(nach jemandem) benannt werden*
dobbeltnamn ['dɔb-] *n*	*Doppelname*
°utanlandsk ['ʉː-]	*ausländisch*
spesiell [-'el]	*speziell*
for tida ['tiːa]	*zur Zeit*
°verte (e, a, o)	*werden*

°teken: *Ptz. von* ta (tek, tok, teke):	
ta fram	*hervornehmen, hervorholen*
århundreskifte ['voːrhʉndrə-] *n*	*Jahrhundertwende*
°velje (vel, valde, valt)	*wählen*
det er mange å °velje mellom	*man hat eine große Auswahl (es sind viele, unter denen man wählen kann)*

utvikling ['ʉːt-] f	Entwicklung
stadig [˅staːdi]	immer
heller ['helər]	eher
°utval [˅ʉːtvaːl] n	Auswahl
30-åra ['tretioːra]	die 30er Jahre
krig m	Krieg
°vore (Ptz. v. °vere)	gewesen
°omtykt ['ɔm-]	beliebt
nostalgi [-'giː] m	Nostalgie
vesle [˅] best. Form v.	der (die, das)-kleine ...
liten	
oldefar ['ɔldə-] m	Urgroßvater
låte °(æ, é, å)	klingen; lauten
gammaldags [˅gam-]	altertümlich
°halvgløymd	halbvergessen
[˅halglœjmd]	
oldemor ['ɔldəmuːr] f	Urgroßmutter
ta opp °att	wiederaufnehmen
pusse på, -a, -a	verschönern
°avløyse, -te, -t	ablösen
°kva namn	was für Namen, welche
	Namen
det er °gale	das ist falsch
latinsk [-'tiːnsk]	lateinisch
variant [vari'ant] m	Variante
gresk [-eː-]	griechisch
°heimleg	einheimisch, heimatlich
°gløyme, -de, -d	vergessen
Ola Nordmann [˅uːla	der Norweger (vgl. der
'nurman]	deutsche Michel)
°sjølve Ola Nordmann	Ola Norweger selbst
olabukse [˅uːlabuksə] f	Jeans
°Ola-gut m	(Spitzname des norw.
	Soldaten)
stille opp, -lte, -t	sich stellen
FN-soldat	UNO-Soldat
[˅efen-sul'daːt] m	

(UNO: *De forente nasjoner = °Dei sameinte nasjonane. Die Abkürzung FN wird häufig auch im Neunorwegischen benutzt.)

18A2

Anne °Knutsdotter	„Anne, Knuts Tochter"
	(veraltete Namengebung)
bror [-uː-] m, Pl. °brør	Bruder
plass m	Platz; kleiner Pachthof
ingen [˅]	niemand
ur [ʉːr] f (hier: m)	Geröll
himmeltur [˅] m	Himmelfahrt
steinrøys [˅] f	Geröllhalde
°sveltihel ['sveltiheːl] m	Hungerdasein, Hungertod

18A3

Vesla [']	(eigtl. "die Kleine" – Kosename)
heim	nach Hause
barnehage [˅baː-] m	Kindergarten
°sjølvsagt [˅]	selbstverständlich
°kva var det du lærte?	was hast du gelernt?

18A4

innkalle ['in-], °-a	herbeiholen
rektor ['rektur] m	Rektor, Schulleiter
kaste, -a, -a	werfen
stein m	Stein
kaste stein	mit Steinen werfen
møte fram	sich einfinden, erscheinen
enn du?	und du denn?

18A5

°fortelje (-tel, -talde, -talt]	erzählen
Herren [˅hærən]	Gott der Herr
engel [˅] m	Engel
veit (Präs. v. vite)	weiß (v. wissen)
jaså [˅jasɔ]	ach so
°sannelig [˅]	wirklich, tatsächlich
°viss	wenn, falls

18B Sprachgebrauch und Landeskunde

1. Etternamn: Kristiansen
Fornamn: Anne-Marie
Fødselsnummer: 120364.58969

Alle namna i lesestykket er **for**namn. Men alle menneske har òg eit **etter**namn. Anne-Marie her, til dømes, heiter Kristiansen til etternamn.

151

18B

Dei vanlegaste etternamna endar på **-sen:** Petersen (eigentleg «Peters son» = *Peters Sohn*), Kristiansen, Hansen osv. Dei kan óg ende på **-son,** som i Hanson og Bjørnson til dømes, men det er sjeldnare.

Svært mange etternamn kjem frå naturnamn: Berg, Dal, Lund, Strand, Vik, Ås osv.

Mange namn på gardar og stader er òg vanlege som etternamn: Finnerud, Kirkeby, Kyrkjebø, Hamsund, Ødegård, Årheim osv.

Ofte har dei halde på skrivemåten *(an der Schreibweise festgehalten)* frå eldre tid. To a'ar var den gamle skrivemåten for å: Ås eller Aas – uttalen er den same: [oːs]! Årheim eller Aarheim = [ᵛoːrhæjm]. I telefonkatalogen står namn med aa oppførte under å, altså sist i alfabetet!

Ikkje så sjeldan får namnet ein annan tone enn grunnordet:

eit ᵛanker (dt. Anker)	men: familien 'Anker
ein ᵛmøllar	men: familien 'Møller
(bokmål: ᵛmøller *Müller*)	
ein ᵛøydegard	men: familien 'Ødegård
(bokmål: ᵛødegård *Einödhof*)	

Fødselsnummer: Alle i Noreg har eit fødselsnummer. Det er eit tal med elleve siffer *(eine Zahl mit elf Ziffern).* Når Anne-Marie Kristiansen har fødselsnummeret 120364.58969, kan ein sjå at ho er fødd *(geboren)* den 12. mars 1964. Det ser ein av dei seks første sifra.

2. Kor får ein etternamnet frå?

Før var det slik at ei kvinne fekk mannen sitt etternamn når ho gifta seg. I dag kan kvinna velje om ho vil ta mannen sitt etternamn eller halde på sitt eige. Det er svært mange gifte kvinner som held på sitt eige namn. Likeså kan mannen behalde namnet sitt eller ta etternamnet til kona.

Kva så med barna?

Har begge foreldra same *(denselben)* etternamn, får barnet sjølvsagt òg dette namnet:

Far: Per Olsen
Mor: Berit Olsen   Barn: Bjørn Olsen

Har foreldra ulike etternamn, får barnet etternamn etter mora. Men om *(wenn)* foreldra vil, kan bernat få faren sitt etternamn:

Far: Per Olsen
Mor: Berit Berg   Barn: Bjørn Berg (eller Bjørn Olsen)

Om *(ob)* foreldra er gifte eller ugifte, gjer ingen skilnad *(Unterschied)*

3. Slekt og familie

Familien:

Foreldra er far og mor. Dei er mann og kone.
Barna er son og dotter. Dei er bror og søster.

152

18B/18C

Slekta:
Oldefar og oldemor, bestefar og bestemor, onklar og tanter, fetrar og kusiner *(Vetter und Kusinen)*, tremenningar *(Verwandte zweiten Grades)*. Tippoldeforeldra er døde for lengst, og firmenningar osv. er langt ute i slekta. *(Die Ururgroßeltern sind längst verstorben, und die Verwandten dritten Grades usw. sind nur weitläufig verwandt.)*

18C Grammatik

1. Substantiv – unregelmäßige Mehrzahlbildung

Viele Substantive haben -er und Umlaut im Plural.
Substantive auf -el, -en, -er verlieren das -e- vor der Pluralendung.

ein mann	to menner	ein engel	to englar
ei hand	to hender	ei dotter	to døtrer

2. Das Adjektiv liten

Dieses Adjektiv ist ganz unregelmäßig:

> Guten er er **liten**, jenta er **lita**, barnet er **lite**
> – ein **liten** gut, ei **lita** jente, eit **lite** barn
> – den **vesle** guten/jenta, det **vesle** barnet
> – barna er **små** – dei **små** barna

Dies gilt auch im bokmål.

3. Supinum und Partizip Perfekt

Von den schwachen a-Verben abgesehen, wird das Partizip Perfekt ungefähr wie ein Adjektiv flektiert. Die flektierten Formen werden in Verbindung mit den Hilfsverben **vere**, **bli** und **verte** gebraucht. Das **Supinum** (Neutrumsform des Partizip Perfekt) steht beim Hilfsverb **ha**.

Im Perfekt/Plusquamperfekt kann bei denselben Verben wie im Deutschen – mit wenigen Ausnahmen – das Hilfsverb **vere** stehen; jedoch ist **ha** auch immer möglich.

153

18C/18D

ha + Supinum	vere + Part. Perf.	
Toget har komme	= Toget er komme	*Der Zug ist gekommen*
Eg har komme	= Eg er kommen	*Ich bin gekommen*
Vi har komme	= Vi er komne	*Wir sind gekommen*

Im **Passiv** kann man das Hilfsverb **bli** oder **verte** wählen, aber beide fordern **das (flektierte!) Partizip Perfekt:**

Dette namnet blir teke opp att (vgl. Dei har teke dei opp att.)
Desse namna blir tekne opp att (vgl. Dei har teke deu opp att.)
Han vart spurd. Ho vart spurd.
Det vart spurt. Dei vart spurde. (vgl. Eg har spurt han/ho/det/dei.)

4. Betontes und unbetontes det *(das, es)*

Ho er fødd 12. 3. 1964; det ser ein av fødselsnummeret.
Kva for ein farge har det huset? Det er gult (das, es)

– Sjå her er ei hardingfele! *Schau, hier ist eine Hardingfele!* (H. ist eine Volksmusik-geige.)
– Å jaså, er det dét det er? *Ach ja, ist das was es ist?*

5. Entsprechungen für deutsches „man".

Her kan **ein** finne mange gamle namn.	*(Hier kann man ...)*
Ofte har **dei** halde på skrivemåten.	*(Oft „haben sie" = hat man ...)*
Du finn namn som Cecilie og Andreas	*(„Du findest" = Man findet ...)*
Vi må ikkje gløyme Ola.	*(„Wir müssen" = Man darf ...)*
Folk kunne sjå det òg.	*(„Leute konnten" = Man konnte ...)*

Das Indefinitpronomen **ein** *(man)* wird häufig durch **dei** ersetzt. Mit derselben allgemeinen Bedeutung kommen manchmal auch **du, vi** und das Substantiv **folk** (in unbestimmter Form) vor.

18D Øvingar

1. *Spørsmål:*

a) Har dei fleire eller færre *(weniger)* namn å velje mellom nå enn før i Noreg? b) Kva slag namn er dei mest omtykte for tida? c) Er det på same måten i Tyskland som i Noreg med dette? d) Kan du finne eit namn som er gutenamn i Noreg og jentenamn i Tyskland? e) Og eit tysk gutenamn som er jentenamn på norsk? f) Gi nokre døme på heimlege norske namn. g) Kjenner du nokre namn som har komme til Tyskland frå Noreg eller andre skandinaviske land? h) Kven er Ola Nordmann? i) Kvifor var det nytt for Vesla at ho heitte Anne-Beate? (A3) j) Kva trudde rektor om dei tre gutane? (A4) k) Kvifor trudde Ole-Martin at engelen heitte Hansen? (A5) l) Kva meinte faren til Ole-Martin med det han hadde sagt? (A5)

2. *Set om til norsk! Übersetzen Sie bitte:*

a) Der kleine Junge hatte einen schwierigen Namen. b) Er hieß Audun-Fridtjof nach seinen Großvätern. c) Die kleinen Kinder werden heute oft nach ihren Urgroßeltern benannt. d) Meine Schwester hat eine kleine Tochter, die Ragnhild heißt. e) Die kleine Ragnhild ist kleiner als Pål, nicht viel kleiner, nur ein wenig. f) Wie heißt du? – Ich heiße Hans-Petter. g) Und mit Zunamen? – Mit Zunamen heiße ich Johannessen. h) Wie heißen Ihre Großeltern? – Sie heißen Fjellberg, mit Vornamen Alf und Birgit. i) Hans-Petter hat zwei Brüder. j) Sie sind beide älter als er. k) Der älteste von ihnen ist verheiratet, die beiden anderen sind ledig.

3. *Set desse namna i alfabetisk rekkefølgje – Setzen Sie diese Namen in alphabetische Reihenfolge:*

Hansen – Salvesen – Andersen – Haakonsen – Årnes – Ødegård – Saastad – Aasen – Bø – Kjær – Bryn – Kjos.

4. *Set om til preteritum og perfektum – Setzen Sie ins Präteritum und ins Perfekt:*

a) Her finn ein mange gamle namn. b) Dei held på den gamle skrivemåten. c) Ser du noko? d) Det er ei vanskeleg tid. e) Dei tek ikkje mykje for ei olabukse i den butikken. f) Det læt ikkje særleg bra. g) Byen heiter Konstantinopel. h) Alle møter fram klokka ni. i) Ungane kastar stein i vatnet. j) Ingrid studerer psykologi. k) Søstra hennes vel eit anna studium. l) No set eg alle setningane om til perfektum.

5. *Set om til Perfektum – Setzen Sie ins Perfekt:*

a) Dette er eit vanskeleg spørsmål. b) Dei tek namnet etter morfaren opp att. c) Dei har eit stort utval. d) Vi gløymer ikkje Ola så lett. e) Den eine avløyser den andre. f) Kristin og Hege kjem no. g) Anne-Beate kjem heim. h) Dei møter fram, alle saman. i) Faren min seier ikkje eit ord. j) Eg fortel ikkje noko. k) Fotballklubben «Frisk – 25» vel Willy Hansen til ny formann *(Vorsitzender)*. l) Gerd og Inge Eriksen bur i Mosjøen.

6. *Set om til passiv med hjelpeverba verte eller bli – Setzen Sie ins Passiv mit den Hilfsverben verte oder bli:*

Beispiel:

Han heldt meg fast. Eg vart (oder blei) halden fast.
Han heldt det fast. Det vart (oder blei) halde fast.
Han heldt dei fast. Dei vart (oder blei) haldne fast.

a) Dei tek det gamle namnet fram igjen. Namnet vert (blir) ... b) Dei tek den gamle sykkelen fram igjen. c) Kari tek den gamle olabuksa fram igjen. d) Dei tek dei gamla namna fram igjen.

e) Kjetil avløyser Dagfinn. f) Kari avløyser Guro. g) Det eine avløyser det andre. h) Namna avløyser kvarandre.

i) Ho las boka. j) Ho las bladet. k) Ho las breva. l) Ho las ein roman.

155

18D

7. *Kryssordoppgåve*

	1	2				3	4		
	5		6				7	8	
9	10		11		12		13		
	14				15			16	
17					18	19			
20	21	22	23						
24									
	25				26				
		27							
28									

Vassrett/Waagerecht

1 Sie hat eine Tochter namens Anne (A2)   3 Christian in reduzierter Form.   5 Auskunft ohne Endung.   7 daß   10 Ich kenne den Namen nicht.   11 Er hat gelbes Haar, blaue Augen und blaue Hose. (A1)   13 Auch Truls kann sagen: «Kari er mora –». (A2)   14 Deutsch-norweg. Geschlechtswandel (A1)   15 Kosename eines kleinen Mädchens (A3)   17 Nasser Junge (A4)   18 Gefrorenes Wasser   21 Das Mittelstück von Otto   23 Wenn alle Engel Norweger wären, hießen 33,3 % von ihnen so. (A5)   24 Wohnt in Norwegen, 11 Waagerecht mit Vornamen. (A1)   25 Intimer unter Deutschen als unter Norwegern.   26 Sohn ohne H   27 Da wohnt Anne unmittelbar vor der Himmelfahrt. (A2)   28 Der (geistige) Vater von Nora und Peer Gynt.

Loddrett/Senkrecht:

2 Sehr beliebter Frauenname (A1)   4 Dieser Nobelpreisträger aus Hamsund in Hamarøy hieß eigentlich Knut Pedersen.   5 Kommt sie nach Norwegen, wird sie ein Er. (A1)   6 Vorname (B1)   8 Spitzname, kein Zuname   9 Tochter aufwärts   12 Zeitung   16 Doppelt an erster Stelle, trotzdem zuletzt (B1)   19 Bezeichnet sowohl den Senior als den Junior; unter Norwegern (und Dänen) sehr verbreitet (B1)   20 Annes Vater (A2)   22 Annes Bruder (A2)

19A

19A Text

Bokmål (riksmål)

1 Derrick på Norges-ferie

Derrick er i Norge igjen. Nei, det er ikke mordgåter som skal løses. Bakgrunnen for Horst Tapperts besøk er noe så fredelig som ferie med gode venner. Den tyske skuespilleren, som senest i går oppklarte mord på TV-skjermen, er nemlig Norges-venn.

– Jeg har en stor svakhet for Norge og nordmenn, som jeg heldigvis deler med min kone, fortalte Horst Tappert da vi traff ham hjemme hos en journalistvenn på Vålerengen i morges.

– Jeg tilbringer hele ferien i Norge i år, forteller Horst Tappert, mens vennens folkekjære papegøye vennlig koser med den tyske TV-kjendisens øre. Allerede i morgen tidlig, så snart det lysner, drar han videre på ekte norsk hyttetur. Norsk natur med mye grønt og masse rent vann er toppen. I tillegg kommer vennlige, men ikke innpåslitne mennesker. – Deilig for en som har et kjent fjes, innrømmer Horst Tappert.

Den 10. september er det imidlertid over igjen. Da skal han tilbake til sine oppgaver som TV-detektiv i München. I løpet av høsten skal det spilles inn tre nye episoder av Derrick. Litt teater blir det likevel også tid til. Se på seg selv på skjermen er det ikke ofte han gjør, men i Norge synes han det kan være morsomt å se på TV-krim. – Jeg liker at dere ikke dubber teksten, slik at man kan høre seriene på originalsproget. På den måten blir episodene bedre, og man lærer i tillegg sprog, sier Horst Tappert.

(Etter Aftenposten)

2 Fikk ikke se det

Går slikt an? Fredag 20/1 kom «Derrick» kl. 23.05! Har ikke vi gamle godt av å se Detek-timen og må hindres ved hjelp av klokkeslett? Akkurat som med ungene i sin tid.

Vi gamle har ikke så mange gleder. Hvorfor tar ikke NRK litt hensyn til oss også, vi som vel er den største seergruppen?

Slik var det med det spennende TV-stykket «Malstrøm» som kom i reprise, og som foregår her i Norge. Det begynte bortimot midnatt, det også. Resultatet var at de fleste gamle ikke fikk se det.

Misfornøyde pensjonister.

(Leserbrev til Aftenposten)

19A

19A1

'ferie *m*	*Ferien, Urlaub*
mord [murd] *n*	*Mord*
ᵛgåte *f*	*Rätsel*
ᵛløse, -te, -t	*lösen*
ᵛfredelig [-li]	*friedlich*
skuespiller [ᵛskʉːə-] *m*	*Schauspieler*
ᵛsenest i går	*erst gestern*
'oppklare, -te, -t	*aufklären*
TV [ᵛteːveː] *m* (fjern-syn)	*TV, Fernsehen; Fernseher*
skjerm [ʃærm] *m*, TV-skjerm	*Schirm, Bildschirm*
svakhet ['svaːk-] *m*	*Schwäche*
ᵛheldigvis	*glücklicherweise*
ᵛdele, -te, -t	*teilen*
for'telle (-talte, -talt)	*erzählen*
ᵛhjemme	*zu Hause*
journalist [ʃurnaˈlist] *m*	*Journalist*
en journalistvenn *m*	*ein befreundeter Journalist*
ᵛVålerengen = Vålerenga	*Osloer Stadtteil* (vgl. 19B1)
i morges [i ᵛmɔrəs]	*heute morgen*
ferge [ᵛfærgə] *m* = ferje *f*	*Fähre, Fährschiff* (vgl. 19B1)
ᵛbringe (ᵛbrakte, brakt)	*bringen*
'tilbringe	*zubringen, verbringen*
i år [iˈoːr]	*dieses Jahr*
folkekjær [ᵛfɔlkəçæːr]	*zutraulich (zu Menschen)*
papeᵛgøye *m*	*Papagei*
ᵛvennlig	*freundlich*
kose [ᵛkuːsə] med, -te, -t	*liebkosen, streicheln*
'kjendis *m (Umgangsspr.)*	*Prominenter, bekannte Persönlichkeit*
ᵛøre *n*	*Ohr*
allerede [aləᵛreːdə]	*schon*
snart	*bald*
ᵛvidere	*weiter*
ᵛekte	*echt*
ᵛhyttetur *m*	*kurze Ferienfahrt zu einer Hütte*
grønn	*grün*
ᵛmye grønt	*viel Grünes*
ᵛmasse	*eine Menge, viel*
ren	*rein, sauber, klar*
topp [-ɔ-] *m*	*Gipfel, Spitze*
ᵛtillegg *n*	*Zulage, Zusatz*
komme i tillegg	*hinzukommen*
ᵛinnpåsliten	*aufdringlich*

kjent	*bekannt*
fjes *n*	*Gesicht*
'innrømme, -et, -et	*einräumen, zugeben*
ᵛoppgave *m*	*Aufgabe*
'detektiv *m*	*Detektiv*
i løpet av [iˈløːpə a]	*im Laufe von, während*
ᵛspille inn	*einspielen, drehen*
episode [-ᵛsuːdə] *m*	*Episode, Folge*
te'ater *n*	*Theater*
det blir tid til ...	*die Zeit reicht für ... aus, man hat Zeit für ...*
krim	*Krimi, Krimis*
dubbe [ᵛdʉbə], -et, -et	*synchronisieren*
tekst *m*	*Text*
'serie *m*	*Serie, (Sende-)Reihe*
sprog [språːg] = språk [-åːk] *n*	*Sprache* (vgl. 19B1)
origi'nalspråk *n*	*Originalsprache, spr. Originalfassung*
ᵛAftenposten	*Osloer Zeitung*

19A2

de fikk ikke se det	*sie konnten (= durften) es nicht sehen*
gå an	*angehen, möglich sein*
ha godt [gɔt] av	*verdienen; gut bekommen*
'Detek-timen	*die „Detektiv-Stunde", wöchentliche Krimisendung*
ᵛhindre, -et, -et	*hindern, verhindern*
ved hjelp av	*mit Hilfe von*
klokkeslett [ᵛklɔkə-] *n*	*Zeitpunkt*
i sin tid	*seinerzeit*
NRK [en ær ˈkoː] = Norsk Rikskringkasting	*Norw. Rundfunk- und Fernseh-Gesellschaft*
ᵛhensyn *n*	*Rücksicht*
seer [ᵛseːər] *m*	*Seher*
ᵛgruppe [-ʉ-] *f*	*Gruppe*
ᵛspennende	*spannend*
malstrøm [ᵛmaːl-] *m*	*Mahlstrom*
reᵛprise *m*	*Wiederaufnahme*
ᵛforegå, -gikk, -gått	*vorgehen, sich abspielen*
bortimot [ᵛburtimuːt]	*gegen, nahe*
'midnatt *f*	*Mitternacht*
resultat [-sʉlˈtaːt] *n*	*Resultat, Ergebnis, Folge*
pensjonist [paŋʃuˈnist] *m*	*Pensionär, Rentner*

NRK TV

11.15: Südwestdeutsches Mosaik.
Tysk for videregående skole, fra tysk samfunnsliv og kultur. (1) (u). Sendt mandag.

11.45: Utenriksmagasinet (th).
Sendt onsdag.

12.15: Panorama.
Et grenseløst pop-program. Sendt igår.

13.00: Sport og spill.
Tennis: Bergen Open. Finale, menn.
Håndball, kvinner.
Norge—Polen. Nidarøhallen, Trondheim.
Rikstoto fra Biri travbane, tippeservice og lotto.
Ca. 16.00: Tippekamp. Chelsea—Aston Villa.

17.45: Eftermiddagsnytt (th).
Ca. 17.50: Efterspill.
Resultatservice fra TV-sporten.

18.00: Barne-TV.
Drømmen om Kaptein Sorte Bill
— eller hva som hendte da Nøtteliten dro ut på en eventyrlig reise. En historie i fire deler bygget over forestillingen «Den magiske musikken» med Lars Klevstrand, Steinar Ofsdal og Paolo Vinaccia.
Et dikt for deg.

18.30: Midt i smørøyet (t.tv).
Ekte fjernsyn — sponsor- og reklamefritt.
Med Tobias, Johannes, Cathrine, Haddy, Ane og Arne.

19.30: Lørdagsrevyen (t.tv).

20.20: Glimt (t.tv).
En byråkratisk, statsautorisert spørrelek.
Laget av Per Selstrøm og Ivar Dyrhaug.

20.55: «En himmel full av stjerner».
Foran morgendagens TV-aksjon til inntekt for Redd Barna.

21.05: LørDan.
Dan Børge Akerø i studio med gjester, talenter og artister.

22.45: Kveldsnytt.
Ca. 22.55: TV-30.
Tredve glade TV-år. «Evig eies kun det teipte ...» Ikveld første del av 70-årene: Personligheter.

Ca. 23.55—ca. 1.45: Nattkino:
Fire av John Huston: (2) Asfaltjungelen (t).
En eldre forbryter slipper ut av fengselet, og samler en bande for å gjøre et siste perfekt ran.

19B Sprachgebrauch und Landeskunde

1. Språkvariasjon

Bokmål-nynorsk:
Programmet kl. 10.50 er på nynorsk. De nynorske formene **vegen, vitja** og **andre kulturminne** heter **veien, besøkt** og **andre kulturminner** på bokmål.

Andre del av Barne-TV kl. 18.00 er sikkert også på nynorsk: **les frå ei bok** heter **leser fra en bok** på bokmål.

Riksmål-bokmål:
Programmet er gjengitt *(wiedergegeben)* etter Aftenposten, en konservativ avis som skriver riksmål. Riksmålsformer, dvs. konservative former i bokmål, er for eksempel

efter for **etter** («Eftermiddagsnytt») og **tegnsprog** for **tegnspråk** (kl. 17.00). **Fremført** (i stedet for **framført**, kl. 21.30) er også en konservativ form, men ikke så konservativ som **efter** og **sprog**!

Også i stykket om Derrick (19A1) finnes et par riksmålsformer: **Vålerengen** (**Vålerenga**), **fergen** (**ferja**) og **sprog** også her.

Norsk-utenlandsk:

(t) betyr ‹tekstet› *(mit Untertiteln versehen)*: Programmet sendes altså på original-språket (tysk kl. 17.15, engelsk kl. 20.15 og 21.50) med norsk oversettelse som tekst.

(th) betyr ‹tekstet for hørselsvekkede› *(für Hörbehinderte)*: Her er teksten til hjelp for folk som hører dårlig, men den er ikke nødvendig som oversettelse fra et fremmed språk. Legg merke til at «Norden rundt» (kl. 18.55) er merket med (th), selv om innslagene i dette programmet sikkert er både på dansk og svensk. Det er ikke nødvendig å oversette skandinaviske språk.

2. Underholdning

kino ['çiːnu] *m*	Vi går på kino og ser en film.
teater *n*	Vi går i teatret og ser et skuespill [ˈskʉːəspil]. På Nationalteatret [naʃuˈnaːl-] går «Peer Gynt», på Det Norske Teatret en musikal [mʉsiˈkaːl].
opera ['uːp-] *m*	Vi går i operaen. Vi skal ikke se en opera eller en operette, men en ballett.
konsert *m*	Vi går på konsert. Den er i Konserthuset.
kringkasting *f*	
fjernsyn *n*	Han er hjemme og ser fjernsyn (... ser på TV.)
radio *m*	En radio**lytter** er en som **hører** på radioen.

3. Hell og lykke

lykke *f* – *Glück (als Zustand, bleibender Erfolg)*: Tar De livsløgnen fra et gjennomsnittsmenneske, så tar De lykken fra ham med det samme. *(Wenn Sie einem Menschen die Lebenslüge nehmen, nehmen Sie ihm sein Glück. – H. Ibsen)*.

lykkelig: De nygifte *(die Neuvermählten)* er lykkelige.

hell *n* – *Glück (= zufälliger günstiger Umstand)*: Han har alltid hell med seg. *(Er hat immer Glück.)*

heldig: En som vinner i et lotteri, er heldig.

zum Glück = **heldigvis**
    til lykke! = herzliche Glückwünsche!

En **heldiggris** [ˈheldigriːs] er ikke en gris, men et menneske som er heldig – *ein Glückspilz*. I dagligtalen sier man ofte «NN har **flaks**». Det betyr: «NN er heldig». «Det var flaks at hun var hjemme» betyr: «Det var et hell at hun var hjemme» osv.

glede *f* – *Freude*   **glad** – *froh*   **gledelig** – *erfreulich*

160

4. Lett å forveksle

opplyse: 1. *Auskunft geben:* Han opplyste om at toget var forsinket.
2. *aufklären:* – i vår opplyste tid (aufgeklärte Zeit)
opplysning *m:* 1. *Auskunft, Information*
2. *Aufklärung (Zeitalter d. Rationalismus)*
oppklare: *klären, aufklären:* Derrick oppklarte saken.
oppklaring *f: Aufklärung (völlige Klärung, Ergründung)*
oppklarning *m: Aufheiterung (schönes Wetter)*

hensikt *m Absicht:*   ha til hensikt å ...   *beabsichtigen*
hensyn *n Rücksicht:*   ta hensyn til   *berücksichtigen*

av hensyn til, med hensyn til: *mit Rücksicht auf, was betrifft*

i mellomtiden   – *unterdessen*
imidlertid   – *indessen, allerdings.*

I dag reiser han fra Oslo; neste onsdag skal han til Trondheim; i mellomtiden besøker han en venn på Lillehammer.
I høst skal han lage film i Østerrike; i september er han imidlertid noen dager i München.

5. få lov til, få anledning til

Barna **får ikke se** kriminalfilmen. *(Sie dürfen es nicht.)*
Pensjonistene **får ikke sett** filmen. *(Sie werden daran gehindert.)*
Jeg **fikk ikke gjøre** det. *(Ich durfte es nicht.)*
Jeg **fikk ikke gjort** det. *(Etwas kam dazwischen, ich hatte keine Gelegenheit.)*
Øyvind **fikk ikke kjøpe** øl fordi han var under 18 år.
Øyvind **fikk ikke kjøpt** øl fordi butikken var stengt.

19C Grammatik

1. Inversion = Umstellung von Subjekt und Prädikat

Han reiser videre i morgen: I morgen **reiser han** videre.
Serien blir bedre på den måten: På den måten **blir serien** bedre.
Han er ikke dum: Dum **er han** ikke.
Vi spiste sjokoladen først: Sjokoladen **spiste vi** først.
Tappert sa: «Jeg liker Norge».   «Jeg liker Norge», **sa Tappert**.

Soll ein Satzglied besonders betont werden, kann man es an die Satzspitze stellen. Da das Prädikat den zweiten Platz im Satz behält, führt dies – wie im Deutschen – zum Platzwechsel Subjekt-Prädikat.

Han er glad i norsk natur: Norsk natur **er han** glad i.
Det blir tid til teater: Teater **blir det** tid til.

19C

Auch die Zerteilung eines Präpositionalglieds führt zur Subjekt-Verbal-Umstellung.

Når **skal han** tilbake?
Går **dette** an?

Hvem **tenker du** på?
Har vi godt av å se det?

In Fragesätzen findet man die Inversion in denselben Fällen wie im Deutschen, vgl. 13C2.

2. Utbrytning – «Ausbrechen»

Han skal lage en ny episode av «Derrick»:

1. Det er han som skal lage en ny episode av «Derrick».
2. Det er en ny episode av «Derrick» (som) han skal lage.
3. Det er en ny episode (som) han skal lage av «Derrick».
4. Det er «Derrick» (som) han skal lage en ny episode av.

Opptakene blir gjort i München:

1. Det er opptakene som blir gjort i München.
2. Det er i München (at) opptakene blir gjort.

Kom de i dag morges?:

Var det i dag morges (at) de kom?

Diese Art der Hervorhebung heißt auf Norwegisch utbrytning.

Hervorhebungsformeln
Det er X (som) ...
Det er X (at) ...

Hervorhebung im Fragesatz
Er det X (som) ...?
Er det X (at) ...?

3. Zeitkonjunktionen und Zeitadverbien

da:	Da jeg så ham, (var han nettopp kommet.)	*(als)*
	Da så jeg ham.	*(dann)*
når:	Når du kommer, (skal vi gå på kino.)	*(wenn)*
	Når kommer du?	*(wann)*
før:	Før han laget denne filmen, (var han journalist.)	*(ehe)*
	Før laget han naturfilmer.	*(früher)*
siden:	Siden han kom hit, (har vi bare snakket norsk.)	*(seit)*
	Siden kom han hit mange ganger.	*(später)*

da, når, før, siden sind Konjunktionen, die Nebensätze einleiten *(als, wenn, ehe, seit)*, oder sie sind Adverbien *(dann, wann, früher, später)*. Als Konjunktionen stehen sie immer an der Satzspitze, vor dem Subjekt; als Adverbien können sie auch im Satzinnern oder am Satzende stehen. Man beachte die Reihenfolge Subjekt – Prädikat!

19D Øvelser

1. *Spørsmål til tekst 19A1*

   a) Hvorfor er Horst Tappert i Norge? b) Hvem er det han besøker? c) Hvem reiser han sammen med? d) Hva er det papegøyen gjør? e) Hvem er det som eier denne papegøyen? f) Hvordan ser en papegøye ut? g) Horst Tappert er gift. Liker ikke hans kone Norge? h) Hvorfor fikk de ikke sett Detektimen i går? i) Vet du hva bilferjene mellom Kiel og Oslo heter? j) Når har Tappert og fru Tappert tenkt å dra videre? k) Hva er det han liker så godt i Norge? l) Hvor er det Derrick-filmene blir laget? m) Hvorfor liker Tappert at man ikke dubber teksten i norsk TV? n) Hvordan kan norske TV-seere som ikke kan tysk, forstå Derrick?

2. *Spørsmål til tekst 19A2*

   a) Hva for et program fikk ikke pensjonistene se? b) Hvordan ble de hindret i å se det? c) Hvorfor tror du Detektimen blir sendt så sent? d) Si et annet norsk ord for «ungene»! e) Hva heter det motsatte *(der Gegensatz)* av «de gamle»? f) Og hva heter *„der Junge"* på norsk? g) Tror du det stemmer at «de gamle», dvs. pensjonistene, er den største seergruppen? h) Hva vil det si at et stykke kommer i reprise?

3. *Lag setninger med utbrytning av det/de understrekede ord – Bilden Sie Sätze und heben Sie die unterstrichenen Wörter hervor:*

   Eksempler:

   Derrick er i Norge igjen   Det er Derrick som er i Norge igjen.

   Jeg har kjøpt en klokke   Det er en klokke jeg har kjøpt.

   a) Mordgåtene skal løses. b) Horst Tappert fortalte at han likte Norge så godt. c) Episodene blir bedre på den måten. d) Episodene blir bedre på den måten. e) Episodene blir bedre på den måten. f) Jeg er på en ferietur. g) Papegøyen koser med øret hans. h) Det hele er over den 10. september. i) Han skal tilbake til München. j) Man lærer fremmedspråk i tillegg. k) Vi gamle hindres ved hjelp av klokkeslett. l) Vi gamle har ikke så mange gleder. m) TV-stykket «Malstrøm» foregikk her i Norge. n) Det begynte bortimot midnatt, det også.

4. *Rydd opp her og lag setninger! – Räumen Sie auf und bilden Sie Sätze!*

   Eksempel: løpet august Hammerfest vi i besøke av skal.

   I løpet av august skal vi besøke Hammerfest,

   oder: Vi skal besøke Hammerfest i løpet av august.

   a) til av filmen hensyn de tekstet hørselsvekkede blir. b) i sendte Detektimen stedet en konsert for NRK. c) år hit to kom for de siden. d) språket hensyn Aftenposten også med konservativ til er. e) vil av de ved hindre oss hjelp klokka. f) bor en av familie oss nederlandsk ved siden det. g) kom snakket siden har de norsk hit de bare. h) ikke sett reisen grunn på stykket av fikk han dette.

19D

5. *Wie viele Wörter finden Sie?*

O	L	A	B	U	K	S	E	O	S	S	B
P	A	R	L	F	J	E	S	D	E	L	E
P	Å	T	Å	F	E	R	I	E	**D**	A	G
K	R	I	M	I	N	A	L	J	**E**	G	Y
L	O	L	O	L	T	U	T	G	**R**	L	N
A	L	L	R	M	Å	T	E	Å	**R**	E	N
R	L	E	D	E	T	E	K	T	**I**	V	E
E	E	G	E	N	L	Ø	S	E	**C**	E	S
R	E	G	N	I	S	**S**	**T**	**A**	**K**	**E**	M
Å	P	E	N	G	E	T	T	E	R	P	Å

Kreuz und quer stehen hier 50 norwegische Wörter, die Sie in dieser Lektion oder einer der früheren Lektionen gelernt haben. Zwei davon sind hervorgehoben: DERRICK – senkrecht und STAKE (= Leuchter) – waagerecht. Die übrigen 48 Wörter sollten Sie versuchen herauszufinden. Jeder Buchstabe wird nur einmal benutzt, außer wenn sich zwei Wörter kreuzen, wie das K im Kreuzpunkt Derrick/stake.

Die Bedeutung der Wörter:

all als auf aufklären beginnen bekannt blau Detektiv draußen eigen ein ein einig Film Gesicht hinaus ich Jahr Jeans kleine kriminal lachen lachte lachte lassen leben lösen Mord nachher naßkalt offen ost- Paar Rätsel Regen Rolle sagen Schlag sehen sehen Sie Tag teilen Text uns Urlaub Weise Zusatz

164

20A

20A Text

Nynorsk

1 Elias Blix: Barndomsminne

(Opphavleg tekst – landsmål:)

Aa, eg veit meg eit Land
Langt deruppe mot Nord
Med ei lysande Strand
Millom Høgfjell og Fjord.
Der eg gjerna er Gjest,
Der mit Hjarta er fest
Med dei finaste Band.
Aa, eg minnest, eg minnest
          so vel dette Land!

(Modernisert form – nynorsk:)

Å, eg veit meg eit land
langt der oppe mot nord
med ei lysande strand
mellom høgfjell og fjord.
Der eg gjerne er gjest,
der mitt hjarta er fest
med dei finaste band.
Å, eg minnest, eg minnest
          så vel dette land!

2 Fiskeria avgjer i det nordlegaste S-laget

Noregs nordlegaste samvirkelag ligg i fiskeværet Mehamn på Finnmarkskysten. Her er fiskeria alfa og omega, grunnlaget heile samfunnet byggjer på. Også drifta av S-laga er heilt avhengig av fiskeria, fortel styrar Ragnar Mikkonen, og peikar på at utan fisken ville samfunnet her mangle eksistensgrunnlag.

I tillegg til handel med dei fastbuande er ein ikkje liten del av omsetnaden ved samvirkelaget leveransar til fiskebåtar som ankrar opp i Mehamn. Innsiget frå havet verkar også inn på etterspurnaden i butikken. Juksepilkane Mikkonen har på lager illustrerer det. Så lenge juksefisket er bra, er det viktig å ha rikeleg av pilkane.

– Men fiskeria er vanskelege å spå om, og slår det feil, har vi brått på lager ei mengd ukurant vare. Under slike forhold må ein mest vere synsk for å unngå unødvendige lager og medfølgjande lagerkostnader, forklarar Mikkonen, men trøystar seg med at juksepilkar i alle høve held seg godt til neste sesong.

Kjem du til Mehamn nokon gong, bør du bu på Mehamn Hotell. Om du bur på rom 301, det nordlegaste hotellrommet i verda, får du sertifikat for det. Dét kan vere noko å ta med heim!

20A

3 Jakob Sande: Drama (i 4 akter)

To bønder, etter som ordet går,
var aldri edru på fire år.

Det fyrste gjekk på ein måte.
Dei fekk både læ og gråte.

Andre året vart verre.
Då rauk både hest og kjerre.

Tredje året tok ende.
Dei hugsa'kje kva som hende.

So gjekk dei inn i det fjorde,
og det var det siste dei gjorde.

4 Det var ein annan grunn

På eit sjukehus fekk dei ein dag inn ein bygningsarbeidar som hadde vore ute for ei ulykke. Dei sydde og plastra han så godt dei berre kunne, men fann ut at han måtte bli liggjande eit par dagar. Ut på ettermiddagen då han kom til hektene att, kom det ei sjukesyster og skulle skrive opp fødselsdato og slikt.
– Er du gift? spurde ho.
– Nei, eg ramla ned av det forbanna stillaset, sa bygningsarbeidaren.

Politisk samtale nordpå

A: Æ E I A Æ.   = Eg er i A(rbeidarpartiet), eg.
B: Æ E I A Æ Å!   = Eg er i A(rbeidarpartiet), eg og!

20A1

°eg veit meg eit land *(dichterisch)*	*ich weiß mir ein Land*
lyse, -te, -t	*leuchten*
°hjarta [ˠjaːrta] *n, Pl.* hjarto	*Herz*
feste (feste, fest)	*festmachen, binden*
band [ban] *n*	*Band*
°minnast [ˠ]	*sich erinnern*

20A2

fiske'ri *n Sg.:*	*Fischerei(wirtschaft)*
°fiske'ria *n Pl.:*	*Fischfang* (nach einer bestimmten Sorte)

°avgjere ['aːv-]	*entscheiden, ausschlaggebend sein*
°nordleg [ˠnuːr-]	*nördlich*
samvirkelag [ˠ], S-lag ['eslaːg] *n*	*Genossenschaft; Konsumladen*
fiskevær [ˠ] *n*	*Fischerdorf*
alfa og omega	*A und O*
grunnlag [ˠgrʉn-] *n*	*Grundlage*
samfunn [ˠsamfʉn] *n*	*Gesellschaft, Allgemeinheit*
°byggje, -gde, -gd	*bauen*
drift *f*	*Betrieb*
avhengig ['aːv-]	*abhängig*
°styrar [ˠ] *m*	*(Geschäfts-)Leiter*
°peike på, -a, -a	*auf etw. hinweisen*

°utan [ˇʉːtan]	*ohne*
mangle, -a: dei man-glar grunnlag	*die Grundlage fehlt ih-nen*
eksis'tensgrunnlag	*Existenzgrundlage*
i tillegg til [ˇtileg]	*neben, zusätzlich*
handel ['] *m*	*Handel*
°fastbuande ['fastbʉːanə]	*ansässig, wohnhaft*
°ikkje liten	*bedeutend*
del *m*	*Teil*
°omsetnad ['um- od. 'ɔm-] *m*	*Umsatz*
leveranse [--'raŋsə] *m*	*Lieferung*
fiskebåt [ˇ] *m*	*Fischerboot*
ankre opp, -a, -a	*vor Anker gehen*
innsig [ˇ] *n*	*Heranschwimmen d. Fischschwärme*
°verke inn på, -a, -a	*auf etw. einwirken*
°etterspurnad [ˇetər-spuːrna] *m*	*Nachfrage*
juksepilk [ˇjuksə-] *m*	*Handangel*
illustrere [-'streːrə], -te, -t	*veranschaulichen*
°rikeleg [ˇ]	*reichlich*
pilk	*Blinker*
spå, -dde, -dd	*voraussagen*
slå feil (o – å)	*fehlschlagen*
brått	*plötzlich, auf einmal*
°mengd *f*	*Menge*
ukurant [ˇʉːkʉrant]	*unverkäuflich*
synsk [-yː-]	*hellsichtig, seherisch*
unngå [ːʉngoː] (*wie* gå)	*entgehen; vermeiden*
unødvendig [ˇʉːnøːdvendi]	*unnötig*
°medfølgjande ['meːfœljanə]	*damit verbunden*
kostnad [ˇkɔstna] *m*	*Kosten, Unkosten*
forklare [-'klaːre], -a, -a	*erklären*
°trøyste seg, -a, -a	*sich trösten*
°høve [ˇ] *n*	*Gelegenheit; Fall; Um-stand*
i alle høve	*unter allen Verhältnis-sen*
°halde seg (e, e, a)	*sich halten*
sesong [-sɔŋ] *m*	*Saison*
hotellrom *n*	*Hotelzimmer*

°verd [væːr] *f*	*Welt*
sertifikat [-'kaːt] *n*	*Bescheinigung*

20A3

etter som ordet går	*so geht das Gerücht um*
edru [ˇeːdrʉ] (*Plur.* edru oder edrue)	*nüchtern, nicht betrun-ken*
°fyrst = først	
(°læ: *ältere Form; heu-te:*) le (o – e)	*lachen*
verre ['værə] (*Komp. v.* ille)	*schlimmer*
°då = da	
ryke (°y, au, o)	*reißen; verlorengehen*
kjerre [ˇ] *f*	*Karren*
°hugsa'kje = °hugsa ikkje	*erinnerten sich nicht daran*
(°so: *ältere Form; heu-te:*) så	
(°fjorde: *ältere Form; heute:*) fjerde	

20A4

grunn [-ʉ-] *m*	*Grund*
°sjukehus [ˇʉːkəhʉːs] *n*	*Krankenhaus*
°dei fekk han inn	*er wurde eingeliefert*
°bygningsarbeidar [ˇ] *m*	*Bauarbeiter*
han er ute for ...	*er ist davon betroffen*
ulykke [ˇʉːlykə] *f*	*Unglück, Unfall*
sy, -dde, -dd	*nähen*
plastre, -a, -a	*mit Wundpflastern be-decken*
så godt °dei kunne	*so gut wie sie konnten*
bli °liggjande	*liegenbleiben*
ut på = utpå [ˇʉːtpoː] ettermiddagen	*am (späten) Nachmit-tag*
komme til hektene	*sich erholen, zu sich kommen*
°att	*wieder*
°sjukesyster [ˇʃʉːkə-] *f*	*Krankenschwester*
fødselsdato ['fœtsəlsdaːtu] *m*	*Geburtsdatum*
°spørje (spør, °spurde, spurt)	*fragen*
ramle, -a, -a	*fallen, stürzen*
forbanna [-'ba-]	*verdammt, verflucht*
stillas [-laːs] *n*	*Gerüst, Baugerüst*

20B Sprachgebrauch und Landeskunde

1. Yrke og arbeidsplass – Beruf und Arbeitsplatz

PÅ LAND: Dei fleste arbeidsplassane er under tak, altså **inne.**
Ei **ekspeditrise** til dømes arbeider i ein **butikk.**
Ei **sjukesyster** (offisielt ein **sjukepleiar**) arbeider på eit **sjukehus.**

Ein **lærar** har arbeidet sitt på **skolen** osv.
– I mange yrke arbeider dei under open himmel, altså **ute**.
Ein **bonde** arbeider på **garden** sin, både inne og ute.
Ein **skogsarbeidar** arbeider ute i **skogen**.
Ein **bygningsarbeidar** arbeider på ein **byggeplass** *(Bauplatz)*.
TIL SJØS finn vi tre store yrkesgrupper, **sjøfolk** *(Seeleute)*, **fiskarar** og **oljearbeidarar**:
Ein **sjømann** *(Seemann)* har arbeidsplassen sin om bord på eit **skip** i kystfart eller i utanriksfart *(große Fahrt)*.
Fiskarane driv fiske *(betreiben Fischfang)* frå små og store **fiskebåtar** langsmed kysten og langt ute på havet.
Oljearbeidarane arbeider på **plattformer** *(Bohrinseln)* i Nordsjøen.

2. Språkvariasjon

Landsmål: nynorsk

Før 1929 heitte nynorsk «landsmål». Diktet av Elias Blix frå slutten av 1800-talet står her (20A1) både i den opphavlege *(ursprüngliche)* forma og i ei moderne nynorsk form. Du ser at fleire ord er endra.

Eldre form (landsmål):	Nyare form (nynorsk):
deruppe	der oppe
millom	mellom
gjerna	gjerne
hjarta	hjarta eller hjarte
so	så

Likeså finn vi nokre gamle former i Jacob Sande sitt dikt, sjølv om det er frå 1955 (20A3):

læ	le
då	då eller da
fyrste	fyrste eller første
fjorde	fjerde

Nynorsk: bokmål

Målformene blir ofte blanda. Ein kan ta inn nynorske ord i ei bokmålstekst eller omvendt. Men her i denne annonsen har Anne og Hans blanda meir enn dei har lov til. Da blir det **knot** [knuːt] – ein kan ikkje avgjere om det er bokmål eller nynorsk. Samanlikn desse orda:

Nynorsk:	Bokmål:
vandrarheim	(vandrehjem)
sommar	(sommer)
(turleiar)	turleder
(hesteal-)	hesteavl-
heilpensjon	(helpensjon)
vekepris	(ukepris)

Folldal — bygda ved Rondane og Dovrefjell.

Sommaren 87 — fotturprogram med kjentmann/turleder:

Kart/kompassopplæring. Besøk hesteavlsseter. Moderne fellesseter. Sau på fjellbeite. Måssåtaking. Gamle fangstanlegg. Rik flora. Villreindag. Moskustur.

Overnatting i 4 sengs småhytter, heilpensjon. Vekepris pr. pers.: 1 pers kr. 2100,-. 2 pers. 1700,-. 3—4 pers. 1500,-. Barn under 15 år, halv pris. Også hytter utan pensjon. Eget rideturprogram.

Treff nye venner i triveleg miljø. Velkomne til oss.

Anne og Hans

168

utan   (uten)
(eige)   eget
triveleg   (trivelig)
velkomme   (velkommen)

Midt oppe i det heile står dessutan dialektforma «måsså» for «mose», som det heiter på både nynorsk og bokmål (*Moos;* «måssåtaking» *Moossammeln*).

3. Samansette substantiv – Zusammengesetzte Substantive

Man hat im Norwegischen ungefähr dieselben Wortbildungsmöglichkeiten durch Zusammensetzung wie im Deutschen:

Ohne Bindelaut:	handarbeid	*Handarbeit*
	gummistøvel	*Gummistiefel*
	høgfjell	*Hochgebirge*
-s- als Bindelaut:	landsmann	*Landsmann*
	fødselsdato	*Geburtsdatum*
-e- als Bindelaut:	musefelle	*Mausefalle*
	skyvedør	*Schiebetür*
	hengebru	*Hängebrücke*

Manchmal entspricht ein norwegisches Wort mit dem Fügungs-e einem deutschen Wort ohne Bindelaut:

skrivemåte	*Schreibweise*
fiskehandlar	*Fischhändler*

oder einem deutschen Wort mit -(e)n- als Fügung:

sjukehus	*Krankenhaus* ·
namneregister	*Namenregister*

Auch die Verwendung des Fügungs-s kann manchmal in den beiden Sprachen verschieden sein:

bygningsarbeidar	*Bauarbeiter*
verdsrekord	*Weltrekord*
namneliste	*Namenliste*
folkemusikk	*Volksmusik*

20C Grammatik

1. Die Adverbialform des Adjektivs

Als Adverb wird die Neutrumsform des Adjektivs gebraucht:

lang – langt:	Dei bur **langt oppe** i Nord-Noreg.
heil – heilt:	Vi er **heilt avhengige** av fisket.
god – godt:	Varene held seg **godt**.
brå – brått:	Det kom så **brått**.

169

20C

2. Partizip Präsens

Das Partizip Präsens hat die Endung **-ande** [ˠ-anə]. Es wird nicht flektiert:

(lyse:)   ei lysande strand   – lysande augo.
(bu:)   dei fastbuande   – Han er fastbuande.

Merk: bli + Partizip Präsens; komme + Partizip Präsens:
Han **blei liggjande** eit par dagar *(blieb liegen)*.
Sjukesystra **kom gåande** *(kam gegangen)*.

3. Reflexive Verben

Der Gebrauch der reflexiven Verben stimmt im allgemeinen mit dem Deutschen überein:

(halde seg:)   Dei **held seg** godt. *(sich halten)*
(trøyste seg:)   Eg får **trøyste meg** med det. *(sich trösten)*
(setje seg:)   Barna måtte **setje seg** på golvet. *(sich setzen)*

Jedoch nicht bei der höflichen Anrede:
Nå må De versågod **setje Dykk!** *(Setzen Sie sich bitte!)*

Sich erinnern ist auf norwegisch nicht reflexiv:
Å, eg **minnest** så vel dette land!
Dei **hugsa** ikkje noko.

4. Konditional

Der Konstruktion **‚würde'** + **Inf.** entspricht **ville** + **Infinitiv**. Diese Fügung ist vor allem in den irrealen Bedingungssätzen gebräuchlich:

Dersom *(wenn, falls)* fisket slo feil, **ville** vi ikkje **ha** noko å leve av.
Om dei ikkje hadde fisken, **ville** dei **mangle** eksistensgrunnlag.
Utan fisken **ville** samfunnet **mangle** eksistensgrunnlag.

(In realen – d. h. erfüllbaren – Bedingungssätzen steht das Präsens:
       Dersom fisket slår feil, har vi ikkje noko å leve av.)

5. Präposition + Nebensatz, Präposition + å-Infinitiv

Anders als im Deutschen kann jede Präposition einen Nebensatz oder den Infinitiv unmittelbar regieren:

Styraren peikar **på at** handelen går dårleg.
Han trøystar seg **med at** utstyret held seg.
Ein må vere synsk **for å** unngå slike kostnader.
Dei lever **av å** fiske.

170

20D Øvingar

1. *Spørsmål til tekstene:*

Til 20A1:
a) Kvar ligg det landet som Blix tenkjer på?   b) «ei lysande strand»: Kvifor lyser stranda?   c) «der eg gjerne er gjest»: Kan du seie dette på ein annan måte?

Til 20A2:
d) Kva er eksistensgrunnlaget for Mehamn?   e) Kva er eit S-lag?   Kven eig *(besitzt)* det? Kven driv det?   f) Kven handlar på samvirkelaget i Mehamn?   g) Kvifor kjem fiskarane til Mehamn?   h) Kva for varer trur du dei sel *(verkaufen)* på dette samvirkelaget?   i) Korleis trøystar Mikkonen seg når varene blir liggjande?

Til 20A3:
j) Kvifor gjekk det så dårleg med dei to bøndene i diktet til Sande?   k) Kva var det som hende det andre året?   l) Kva trur du hende det tredje året?

Til 20A4:
m) Kva hadde hendt med bygningsarbeidaren?   n) Kven trur du det var som sydde og plastra han?   o) Kvifor måtte han bli liggjande?   p) Når kom han til hektene att?   q) Kven var det som kom gåande inn til han?   r) Kva var det sjukepleiaren skulle?   s) Ho spurde etter namn, adresse, alder, yrke og kanskje fleire ting. – Kva sa ho for å få greie på dette? Lag slike spørsmål!   t) Kvifor brukte bygningsarbeidaren ordet «forbanna»?

2. *Vel rett preposisjon/Die richtige Präposition wählen*

Døme: Fisken kjem inn av/etter/frå/til havet: ... inn frå havet.

a) Vi handlar av/for/i/til det meste frå/i/på/ved samvirkelaget.   b) Samvirkelaget av/i/på/til Mehamn blir drive av/for/frå/under Ragnar Mikkonen.   c) Foreldra eller besteforeldra av/bak/for/til Mikkonen kom av/bak/frå/mot Finland etter/i/mot/til Finnmark.   d) Det kan ein sjå av/frå/i/på namnet.   e) Det er mange namn av/i/over/på Finnmark som kjem av/bak/frå/gjennom Finland.   f) Fisket verkar inn av/for/i/på handelen av/hos/med/ved samvirkelaget.   g) Dei sel mykje utstyr i/om/på/til fiskarane.   h) Kjem ikkje fiskarane etter/i/på/til butikken, blir fiskeutstyret liggjande i/over/på/under lager.   i) Havet nord av/for/frå/mot Finnmark heiter Nordishavet.   j) Ein del av/frå/på/til Nordishavet heiter Barentshavet.   k) Det ligg nordaust for/frå/over/til Finnmark.   l) Grensa av/gjennom/mellom/til Noreg og Sovjetsamveldet går av/gjennom/mellom/på Barentshavet.   m) Av/For/I/Om går kveld var eg i/om/på/ved kino.   n) Systra mi ligg for/i/på/ved sjukehus; det er noko av/i/om/på vegen av/med/på/ved den eine foten hennes.   o) Eg har lese av/frå/om/over denne ulykka av/i/langs/på avisa, og eg såg det òg av/frå/i/på Dagsrevyen av/frå/i/på fjernsynet.

3. *Samansette substantiv*

a) Bilden Sie zusammengesetzte Substantive mit einem Wort aus jeder Gruppe!
b) Welches Geschlecht haben diese Substantive?
c) Was bedeuten sie?

20D

Døme: høg + fjell = høgfjell *n (Hochgebirge)*
rik + mann = rikmann *m (reicher Mann)*

fjern		by
god		jente
ny	+	poteter
stor		rein
ung		syn
vill		vêr

4. *(Wie 3.)*

Døme: handle + lapp = handlelapp *m (Einkaufszettel)*

bade		brød
fiske		kåpe
handle		liste
hjelpe		mannskap
jogge	+	skap
kjøle		sko
knekke		tur
vente		vogn

5. *(Wie 3.)*

Døme: skog + s + arbeidar = skogsarbeidar *m (Waldarbeiter)*

dag		dag
fødsel		dame
høgtid		dyr
kveld	+ s +	mat
rein		nummer
servering		reise
skog		veg

6. *(Wie 3.)*

Døme: hest + e + sko = hestesko *m („Pferdeschuh" = Hufeisen)*

egg		bil
eik		glas
fisk		høvel
folk	+ e +	stake
last		tre
lys		vogn
ost		vær

7. *Ratespiel*
   Was heißen diese Zusammensetzungen mit **fjell-** und **fjord-**?
   fjellgard, -folk, -luft, -sjø, -strøk, -tur, -utstyr, -vidde;
   fjordarm, -båt, -fiske, -hest, -hotell, -is

8. *Set inn den rette forma av ordet i parentes – Setzen Sie die richtige Form des eingeklammerten Wortes ein:*
   a) Dei bur (lang) nord i landet. b) (Heil) samfunnet er (avhengig) av fiskeria.
   c) Det er (viktig) at dei har eit (stor) utval av varer.   d) Ein (stor) del av salet går til fiskarane.   e) Dei behandla han (god) på sjukehuset.   f) I år har fisket vore (særleg) (bra).   g) Men vêret kan (brå) slå om, og da kan fisket (lett) stoppe opp.   h) Ein veit aldri (heil) (sikker) om det blir (mulig) å dra ut med småbåtane neste dag.   i) Mehamn er ikkje (nokon) (riktig) by, men denne (nordleg) hamna er eit (stor) og (viktig) fiskevær.

9. *Übersetzen Sie ins Deutsche: (vgl. 20C3)*
   a) Han tenkte på å gå.   b) «Om eg har ei kone?» sa arbeidaren, «nei, eg har aldri tenkt på å gifte meg!»   c) Han hadde meir enn nok med å halde seg fast om bord på fjordbåten.   d) Dei hadde ikkje fleire pengar å drikke for.   e) Eg har ikkje tid til å gjere det i dag.   f) Wilhelm drog til Sandpollen for å gjeste nokre han kjenner der.   g) Du må tenkje på at morfar er gammal nå!   h) Vi må rekne med at båten kan komme for tidleg òg.   i) Spør du kva det kjem av? Det kjem av at han ikkje går innom alle plassane på kvar tur.   j) Vesle Kristin ser på at faren barberer seg. *(sich rasieren)*   k) Han var altfor sjuk til at dei kunne sende han heim frå sjukehuset.

10. *Kryssord:*

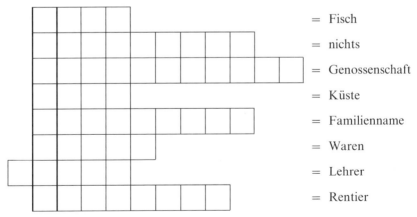

= Fisch
= nichts
= Genossenschaft
= Küste
= Familienname
= Waren
= Lehrer
= Rentier

Von oben nach unten: Siedlung an der Küste

173

21A

21A Text

Bokmål

2
Norsk-tysk samarbeide

Adax Fabrikker A/S i Svelvik har inngått en avtale med det vest-tyske selskapet Rowenta om å overta distribusjonen av firmaets produkter på det norske markedet.

Rowenta er, med sine 3000 ansatte, markedsleder når det gjelder salg av strykejern, støvsugere, brødristere og kaffetraktere.

I Adax Fabrikker A/S regner man med at overtagelsen av agenturet vil bety en omsetningsøkning på rundt 10 millioner kroner pr. år. Man mener også at bedriften med det nye agenturet vil bli mer attraktiv som leverandør og at man med denne avtalen skal få til en bedre utnyttelse av det eksisterende distribusjons-og salgsapparat.

1
Politiet redningen for 30 ansatte

Avdelingen som Eidsvoll Konfeksjonsfabrikk har på Jessheim, fortsetter tross tapet av en stor kontrakt med Forsvaret. I stedet har bedriften fått en kontrakt for 4000 politiuniformer, og dette sikrer foreløbig videre drift for de 30 ansatte, forteller Akershus Arbeiderblad.

3

4

STATOIL

Statoil, *Den norske stats oljeselskap a.s,* statseid selskap hvis virksomhet først og fremst er knyttet til den norske kontinentalsokkel, hvor selskapet er operatør på flere blokker. Det har en større eierandel i Statfjord-feltet som kom i produksjon i 1979. I 1981 gjorde Statoil et betydelig gassfunn på Tromsøflaket. Hovedkontoret er i Stavanger. Statoil eier 73,6 % av Norsk Olje a.s (Norol), som markedsfører oljeprodukter, og sammen med Norol 70 % av Rafinor A/S & Co., som driver raffineriet på Mongstad. Konsernomsetningen var i 1983 på 26,3 milliarder kr, bare Norsk Hydro hadde da en større årsomsetning. 3534 ansatte.

Den 1. januar 1977 ble Norge plutselig tre ganger så stort som tidligere. Da ble det opprettet en såkalt økonomisk sone som rekker 200 nautiske mil ut fra kysten. Norge har rett til naturressursene både i havet, på havbunnen og under den.

21A1

politi [puli'tiː] *n*	*Polizei*
ᵛredning *f*	*Rettung*
'ansatt	*angestellt*
konfeksjon [-'ʃuːn] *m*	*Konfektion*
fabrikk [-'ik] *m*	*Fabrik*
'fortsette, -satte, -satt	*fortfahren, weitermachen*
tross [-ɔ-] = trass	*trotz*
tap *n*	*Verlust*
kontrakt *m*	*Vertrag*
forsvar [ᵛfɔrsvaːr] *n* Forsvaret	*Verteidigung, Abwehr die norwegischen Streitkräfte*
i stedet [i ᵛsteːdə]	*statt dessen*
bedrift *m*	*Betrieb*
uniform [ʉ-] *m*	*Uniform*
sikre, -et, -et	*sichern*
drift *f*	*Betrieb(sablauf), Arbeit*

21A2

ᵛsamarbeide = ᵛsamarbeid *n*	*Zusammenarbeit*
a.s., A/S ('aksjeselskap) *n*	*AG*
'inngå, -gikk, -gått	*eingehen*
ᵛselskap *n*	*Gesellschaft*
ᵛoverta, -tok, -tatt	*übernehmen*
distribusjon [-bʉ'ʃuːn] *m*	*(Waren-)Vertrieb*
'firma *n*	*Firma*
produkt [pru'dʉkt] *n*	*Produkt, Erzeugnis*
ᵛmarked *n*	*Markt*
ᵛmarkedsleder *m*	*Marktführer*
gjelde [ᵛjelə], gjaldt, gjeldt	*gelten*
når det gjelder	*was betrifft*
salg *n*	*Verkauf*
strykejern [ᵛstryːkəjæːrn] *n*	*Bügeleisen*

støvsuger ['støːvsuːgər] *m*	*Staubsauger*	sone [ᵛsuːnə] *f*	*Zone*
'kaffetrakter *m*	*Kaffeemaschine*	rekke, rakk, rukket [u]	*reichen, sich erstrecken*
regne med, -et, -et	*damit rechnen*	'nautisk mil *f*	*Seemeile (1852 m)*
ᵛovertagelse *m*	*Übernahme*	ha rett til	*ein Recht, Anrecht auf*
agentur [-'tuːr]	*Vertretung*		*etw. haben*
omsetning ['ɔm-] *m*	*Umsatz*	naturressurser [-'uː-u-]	*Naturressourcen*
økning [ᵛøːk-] *m*	*Anstieg, Erhöhung*	*m.pl.*	
pr. år [pær oːr]	*pro Jahr*	havbunn [ᵛhaːvbun] *m*	*Meeresgrund*
attraktiv ['at-]	*attraktiv*	statseid ['staːtsæjd]	*staatlich, in staatli-*
leverandør [-døːr] *m*	*Lieferant*		*chem Besitz*
få til [ᵛfoː-til]	*zustande bringen,*	hvis [vis]	*dessen*
	„schaffen"	ᵛvirksomhet [-sɔm-] *m*	*Tätigkeit*
utnyttelse ['uːtnyt-] *m*	*Ausnutzung*	ᵛknytte, -et, -et	*knüpfen, verbinden*
eksistere, -te, -t	*existieren; vorhanden*	kontinentalsokkel	*Kontinentalsockel*
	sein	[-'taːl-] *m*	
		operatør [ɔpəra'tøːr] *m*	*Betreiber*
21A3		blokk [-ɔ-] *m*	*Block, „Ölparzelle"*
		ᵛeier *m*	*Besitzer*
tegne [ᵛtæjnə], -et, -et	*zeichnen*	andel [ᵛandeːl] *m*	*Anteil*
uke [ᵛuːkə] *f*	*Woche*	'Statfjord-feltet	*(Ölförderungsgebiet*
maleinteressert [-'seːrt]	*malinteressiert*		*i. d. Nordsee)*
starte [ᵛstaːrtə], -et, -et	*starten, anfangen*	produksjon	*Produktion*
brosjyre [bruᵛʃyːrə] *m*	*Broschüre, Prospekt*	[produk'ʃuːn] *m*	
utover ['uːtoːvər]	*während, im Laufe*	betydelig [bə'tyːdəli]	*bedeutend*
gjestgiveri [ᵛjestjiːvəriː]	*Gasthof*	funn [-u-] *n*	*Fund*
n		ᵛTromsøflaket	*(Fischfanggrund*
			nördl. v. Tromsø)
21A4		hovedkontor [ᵛhuːvəd-	*Hauptsitz*
		kuntuːr] *n*	
gass *m*	*Gas*	ᵛmarkedsføre, -te, -t	*vermarkten*
plutselig [ᵛplutsəli]	*plötzlich*	raffineri [-ə'riː] *n*	*Raffinerie*
opprette ['ɔp-], -et, -et	*errichten*	konsern [kɔn'sæːrn] *n*	*Konzern*
økonomisk [œku'nuː-	*wirtschaftlich, Wirt-*	milliard [-'ard] *m*	*Milliarde*
misk]	*schafts-*	årsomsetning ['oːrs-] *m*	*Jahresumsatz*

21B Sprachgebrauch und Landeskunde

1. Hvem gjør hva hvor?

Hvem?

-er

å finne *(finden)*: En ᵛ**finner** 'finner noe.
å selge *(verkaufen)*: En ᵛ**selger** *(Verkäufer)* 'selger.
å kjøpe *(kaufen)*: En ᵛ**kjøper** *(Käufer)* ᵛkjøper.
å binde *(binden)*: En ᵛ**bokbinder** *(Buchbinder)* 'binder inn bøker.
å lede *(leiten)*: En be'**driftsleder** *(Betriebsleiter)* ᵛleder en bedrift.

Hvor?

-eri

å bake *(backen)*: En baker baker brød i et **bakeri** *(Bäckerei)*.
å binde: Bokbinderen arbeider i et **bokbinderi** *(Buchbinderei)*.
å raffinere *(raffinieren)*: Oljen blir raffinert i et **oljeraffineri**.
å gi *(geben)*: Et **gjestgiveri** er et gammelt ord for hotell. Det var en «gjestgiver» som drev et gjestgiveri.

Hva?

forsvare *(verteidigen)*: Vil man for'svare seg, trenger man et ¹**forsvar**.
samarbeide *(zusammenarbeiten)*: Når noen samarbeider, har de et **samarbeid**.
finne *(finden)*: Hvis Statoil finner olje, gjør selskapet et **oljefunn**.
tape *(verlieren)*: Hvis forretningen taper penger, går den med **tap**.

-else

avbryte *(unterbrechen)*: Hvis noen avbryter noen, er det en **avbrytelse**.
overraske *(überraschen)*: Hvis noe overrasker noen, er det en **overraskelse**.
hende *(geschehen)*: Hvis noe hender, er det en **hendelse** *(Ereignis)*.
lede *(leiten, führen)*: Den som leder i en konkurranse *(Wettbewerb)*, har tatt **ledelsen** *(Führung)*.
forbinde *(verbinden)*: Hvis noe forbinder noen med hverandre, eksisterer det en **forbindelse** *(Verbindung)* mellom dem.

-ing

betjene *(bedienen)*: **Selvbetjening** vil si at man betjener seg selv.
utvikle *(entwickeln)*: En **utvikling** finner sted *(findet statt)* når noe utvikler seg.
forbinde: En **forbinding** *(Verband, Binde)* er noe, f.eks. et gasbind *(Mullbinde)*, som man forbinder et sår *(eine Wunde)* med.

-ning

lede *(leiten)*: En **ledning** *(Leitung)* leder elektrisk strøm *(Strom)*. En vannledning er et rør *(Rohr)* som leder vann.
omsette *(umsetzen)*: **Omsetningen** er det som omsettes.
lyse *(leuchten)*: **Belysning** er lamper osv. som lyser opp, dvs. belyser noe.

21B

øke *(zunehmen, steigen)*: Hvis omsetningen øker med 5 %, har vi en **økning** på 5 %.
gjøre *(tun)*: En **gjerning** [ˈjæːr-] *(eine Tat)* er noe som gjøres; det finnes både gode og
dårlige gjerninger.

2. Nesten likt på norsk og tysk (-lich, -ig og -isch)

-lig

Dette er **festlig**, dvs. det er som en **fest**.
Han er **lykkelig**, dvs. han føler *(fühlt, empfindet)* **lykke**.
Her er det **ordentlig**, dvs. her er det **orden** *(Ordnung)*.

-ig

Dette har vi **nytte** av. Det er altså **nyttig**.
Han har **hellet** med seg. Han er altså **heldig**.
Hun gjorde det av **fri vilje** *(Willen)*, altså **frivillig**.

-isk

Dette er et **faktum** *(Tatsache)* – det er **faktisk** sant.
Dette har med **økonomien** *(Haushalt, Finanzen, Wirtschaft)* å gjøre
– det er et **økonomisk** spørsmål.
Landene i **Norden** har et felles råd *(einen gemeinsamen Rat)*. Det
heter **Nordisk** Råd.
Fellesmarkedet *(Der gemeinsame Markt)* i **Europa** heter egentlig
Det **europeiske** fellesskap *(Gemeinschaft)*, men for det meste sier
man **EF** *(EG)*.

-sk

En avtale mellom **Danmark** og **Østerrike** er en **dansk-østerriksk**
avtale.

3. Nesten likt på norsk og tysk

-het

fri + het	= frihet	*(Freiheit)*
stille + het	= stillhet	*(Stille)*
svak + het	= svakhet	*(Schwäche)*
arbeidsløs + het	= arbeidsløshet	*(Arbeitslosigkeit)*

-ig-het

regelmessighet	*(Regelmäßigkeit)*
ledighet	*(Arbeitslosigkeit; Vakanz)*

-lig-het

virkelighet	*(Wirklichkeit)*
mulighet	*(Möglichkeit)*

-som-het

virksomhet	*(Wirksamkeit, Tätigkeit)*
oppmerksomhet	*(Aufmerksamkeit)*

178

21C Grammatik

1. Artikel und Demonstrativpronomen. Unbestimmte und bestimmte Form, Doppelbestimmung und Hervorhebung

en avtale	en ny avtale
avtalen	den nye avtalen
den avtalen	den nye avtalen
denne avtalen	denne nye avtalen

Die Form avtalen ist schon die normale bestimmte Form: Avtalen ble underskrevet. *Die Vereinbarung wurde unterschrieben.* Die Form den avtalen ist demonstrativ oder hervorhebend: Den avtalen som ble underskrevet, var et kompromiss. *Die Vereinbarung, die unterschrieben wurde, war ein Kompromiß.* Kommt ein Adjektiv hinzu, gibt es keinen Unterschied zwischen bestimmter und demonstrativer Form.

Demonstrativ sind auch die Formen denne avtalen /denne nye avtalen.

et (godt) samarbeid, (det, dette gode) samarbeidet;
(gamle) avtaler, (disse gode) avtalene

2. Das Relativpronomen im Genitiv

Die Genitivform des Relativpronomens heißt **hvis**. Diese Form kommt nur selten vor:
et oljeselskap hvis virksomhet er knyttet til kontinentalsokkelen. Meistens wählt man eine Umschreibung mit „**som eier**" oder „**som har**":
et oljeselskap som har sin virksomhet knyttet til kontinentalsokkelen.

3. Einige Zahlwörter

Hundre mil er tusen kilometer. – bedrifter med mellom ett tusen og tre tusen ansatte – fire millioner innbyggere, hvorav én million i hovedstaden – fem milliarder (fem tusen millioner) kroner, én milliard mer enn i fjor.

73,6 % – syttitre komma seks prosent –, altså nesten tre fjerdedeler

Det var den 12. januar 1972 (= 12. 1. 1972 = 12/1-1972). Det var i 1972.

21D Øvelser

1. *Spørsmål til tekstene 21A1 og 21A2*

   a) Hva er en konfeksjonsfabrikk? b) Hvor er andelen av kvinner (kvinnelige arbeidere) størst, i konfeksjonsindustrien eller i jern- og metallindustrien? Hvorfor? c) Hvem bruker uniform? Nevn minst tre yrkesgrupper! d) Tror du Akershus Arbeiderblad er en konservativ, liberal, sosialdemokratisk eller kommunistisk avis? Hvorfor tror du det? e) Hva er kursen på norske kroner? f) Hvor mye kommer omsetningen til Adax til å øke? g) Hva vil det si at Adax blir mer attraktiv som leverandør? h) Hva er et distribusjons- og salgsapparat?

2. *Kan du nevne noen varer som Norge eksporterer til Tyskland? Og noen som Norge importerer fra Tyskland?*

3. *Spørsmål om «Olje-Norge»/Fragen über „Öl-Norwegen":*

   a) Hvor produseres norsk olje? b) Hvorfor er Norges økonomiske sone så stor? c) Hvor mange kilometer er 200 nautiske mil? d) Hvilke produkter får Norge fra Nordsjøen og Norskehavet? e) Hvilken stor industribedrift ligger på Mongstad ved Bergen? f) Nevn noen oljeprodukter, dvs. varer som er laget av olje! g) Norge har landgrense mot Sverige, ... og ... h) Hva er en landgrense? i) Hva må da en sjøgrense være? j) Hvilke land har Norge sjøgrense mot?

4. *Hva gjør en ...?*

   frisør – sjåfør – ingeniør – direktør – leverandør – operatør

5. *a) Hvilke verb er disse substantivene avledet av? – Von welchen Verben sind diese Substantive abgeleitet?*

   b) Lag setninger med disse verbene:

   Eksempel: en støvsuger:
   a) å støvsuge – b) Jeg har støvsugd hele leiligheten.

   en brødrister, en kaffetrakter, en avdelingsleder;
   en overtagelse, en utdannelse *(Ausbildung)*, en oppfinnelse;
   en demning, en bygning, en gjerning;
   en bestilling, en mening, kringkasting, kvittering

6. *Sett disse setningene om til preteritum og perfektum:*

   a) Bedriften ansetter 30 nye arbeidere. b) Norge oppretter en 200 mils økonomisk sone. c) Bedriften omsetter varer for 125 millioner kroner pr. år. d) Finnmarksfiskerne fortsetter å fiske i Barentshavet. e) Firmaet sender 12 av sine ansatte på markedsføringskurs. f) Hotellkjeden «Norhotels» selger Solfjellhytta. g) Andersen forteller at Adax ikke får kontrakten med Rowenta. h) Adax bringer flere industriprodukter inn på det norske marked. i) Gjør du noe med dette? j) Jeg tenker ikke på det. k) Andersen sier at det er et annet firma som får kontrakten. l) A/S «Konfeknord» innstiller driften ved fabrikken på Haug og nedlegger konfeksjonsavdelingen i Svartskog.

21D

7. Die Anfangsbuchstaben der norwegischen Wörter ergeben von oben nach unten ein Wort mit der Bedeutung „Hauptgeschäftsstelle".

=	Meeresgrund
=	Öl
=	Wert
=	Besitzer
=	Direktor
=	Vertrag
=	Umsatz
=	Natur
=	Dank
=	übernehmen
=	Recht

Nynorsk – Texte in bokmål

12A

Noe om Norge

Norge er et langt land. Det er like langt fra Lindesnes (sørspissen av Norge) til Nordkapp som det er fra Lindesnes til Roma. Og norskekysten – når du ikke regner med fjordene – er like lang som kysten fra nordspissen av Danmark, innom Tyskebukta, langsmed Holland, Belgia og hele Frankrike til Nord-Spania. Regner du med hele kystlinjen, inn og ut alle fjordene, kommer du fram til 21 000 kilometer. Til sammenligning er det 20 000 km fra Nordpolen til Sydpolen!

Naturen veksler mye i Norge. Landet ved kysten er det viktigste. Der bor de fleste nordmenn, og nesten alle byene ligger ved sjøen. Bare ni byer ligger inne i landet. Landet ved Oslofjorden har et spesielt godt klima, så her er det frodig. Det er varmt om sommeren og ikke så kaldt om vinteren. Sørlandskysten er idyllisk. Her er alt smått. Øyene er for det meste små holmer, fjellene er åser og lave heier, byene er små klynger av lave, hvite trehus. Vestlandet er annerledes med høye bratte, fjell og lange, trange fjorder. Den største isbreen i Europa – når vi ikke regner med Island, – ligger på Vestlandet. Det er Jostedalsbreen. I Nord-Norge er dimensjonene store. Der oppe har de høye fjell, store øyer, lange og brede fjorder og et endeløst hav mot vest, mot nord og mot øst.

Inne i landet er det meste fjell, skoger og innsjøer. Bare 3% – tre prosent! – av hele landet er dyrket mark. Det aller meste av denne jorda finner en på Østlandet, lengst sør på Vestlandet (ved Stavanger) og i Trøndelag. Trøndelag er landet ved Trondheimsfjorden. Men 97% av Norge er udyrket. En fjerdedel av dette er skog, men det meste er høyfjell og vidder, slik som Finnmarksvidda i nord og Hardangervidda i sør. Alt i alt har Norge utrolig mye å by folk som elsker naturen. Ola Nordmann er selv en stor naturelsker og lever godt i landet sitt.

14A

Noen som passer for meg?

Hun satt og leste i bladet. Alt var så leit. Hun følte seg så alene, hadde ikke noe å se fram til, ikke noen å være sammen med lenger. På side 59 stod spalten «Kjennskap – Vennskap» med alle de små annonsene. Hun ville

Nynorsk – Texte in bokmål

først bla over «dette tullet», men så kom hun likevel til å se litt mer på det, og øynene falt på:

> **VESTLANDET KALLER.**
> Mann på 46 søker kontakt med liketil og grei jente som kan glede seg over de små og nære ting. Har gård med sauer og frukttrær og trives best med den frie natur, reiser, musikk, psykologi m.m. Ikke røyk eller alkohol, og kristent livssyn. B.m. 7247 En lysere fremtid.

Og så tenkte hun: Hva gjør jeg? Jeg søker da også kontakt. Det er nettopp det jeg gjør. Jeg synes at livet glir fra meg. Det er derfor jeg føler meg så ensom. Jeg er liketil og grei. Men er jeg «jente» lenger med mine 43 år? Jeg er glad i livet på landet i alle fall, jeg er glad i naturen, og jeg elsker musikk. Det er nå merkelig hvor godt det passer ellers også – jeg ville jo studere psykologi en gang! Jeg stumpet røyken for 15 år siden og har aldri drukket noe sterkere enn øl. Kristent livssyn? Tja, hva finnes det ellers? Jeg har i hvert fall ikke noe annet livssyn. Skal jeg skrive til ham, tro? Tør jeg? Og hva skal jeg skrive?

16A

1 En halvtime med båten.

– Unnskyld, er denne plassen ledig?

– Ja, så vidt jeg vet.

– Det er bra, da setter jeg meg her. Jeg skal til Holtøya. Vet du hvor lang tid det tar?

– Omtrent en halv time, tror jeg.

– Vi skal være der ved fire-tiden, da?

– Ja, jeg tror det.

– Er det et sted en kan få kjøpt noe å drikke her på båten?

– Her om bord, ja. Det er en kiosk der borte. Og det er en kafeteria akterut. Jeg tror den er åpen. Hva vil du ha for noe?

Nynorsk – Texte in bokmål

– Å, jeg vet ikke. Tror du de har øl her om bord?
– Det tror jeg nok. Men det får du ikke i kiosken. Da får du gå inn i kafeteriaen.
– Er du alene? Bli med, da, så tar vi en øl sammen!
– Ja, jeg kan gjerne bli med, Men jeg har bil, så jeg tar heller en kopp kaffe.
– Er det forbudt for bilførere å drikke øl her til lands?
– Nei, ikke helt forbudt. Men du må tenke på promillegrensen. Den er så lav at det er like godt å la være å drikke noe i det hele tatt. Så er en helt sikker, mener jeg. Men kom, så går vi! Hvor kommer du fra?
– Jeg kommer fra Tyskland, fra Rhinland. Nå skal jeg besøke noen jeg kjenner i Sandpollen.
– Hvem er det? Kanskje jeg kjenner dem.
– Det er en lærerfamilie som heter Jacobsen. Det vil si, *han* heter det. *Hun* heter Marheim.
– Åsta-Ragnhild? Henne kjenner jeg. Han også, men ikke så godt. Så du har vært her før, du ha?
– Ja, jeg har vært to ganger i Norge før, tre uker hver gang. I Sandpollen var jeg en hel uke siste gangen. Men det er fem år siden siste gang, så det er mye som er nytt for meg nå. Det nye ferjestedet på Bjørknes, for eksempel.
– Her er kafeteriaen. Nå finner du et bord til oss, så tar jeg en pils til deg.
– Du tar den i disken, mener du? Takk skal du ha! – – – Nei, nei, nei, nei – du skal ikke betale for meg. Se her, her er penger!
– Jo, la nå meg betale! jeg vet hvordan det er. Jeg er blitt spandert på i Tyskland flere ganger. Jeg vet hvor gjestfrie tyskerne er. Så la meg nå få gjøre det! – – Og se nå bare så fint vær som det er!

18A

1 Noe om navn

«Hva skal barnet hete?» er et spørsmål som alle foreldre møter. Skal barnet kalles opp etter noen? Enkelt- eller dobbeltnavn? Norsk eller utenlandsk? Langt eller kort? Vanskelig, spesielt eller enkelt og greit? For tiden er det slik at gamle navn blir tatt fram igjen. Navnene som kommer nå, er navn som var vanlige rundt det siste århundreskiftet. Blant de

Nynorsk – Texte in bokmål

vanligste finner du slike som Cecilie og Linda, Christian og Andreas. Men det er svært mange å velge mellom. Utviklingen har ført til at en velger mellom stadig flere navn. Tidligere hadde en et heller begrenset utvalg. I 30-årene var Gerd og Inger de vanligste jentenavnene, guttene het ofte Harald, Knut eller Ola. Etter krigen var det Anne og Jan. Anne eller Anna har alt i alt vært det mest populære kvinnenavn i mer enn 200 år. I 60- og 70-årene kom Kristin og Hege, Espen og Frode. Og så kom nostalgien i 80-årene. Den lille gutten skulle nå hete Kristoffer, som oldefaren hans hadde hett, men men det skulle ikke bare lyde gammeldags, folk skulle kunne se det også. Derfor ble det Christopher. Og det halvglemte oldemorsnavnet Kamilla ble tatt opp igjen og pusset på til Camilla. Petter ble avløst av Peter og Kristin av Christine.

Hvilke navn er norske navn? Per og Pål og Kari? Nei, det er galt. De to første kommer fra de latinske Petrus og Paulus, og Kari er en variant av det greske navnet Katharina. Men Guro og Aud, Ragnhild og Siv er gode norske kvinnenavn, Kjetil og Dagfinn, Inge, Bjørn og Harald er hjemlige mannsnavn. Og så må vi ikke glemme Ola, selve Ola Nordmann, han som har gitt navn til olabuksene og som heter Ola-gutt når han stiller opp som FN-soldat.

2 *Das Lied gibt es nur in der nynorsk-Fassung.*

> Eg heiter Anne Knutsdotter, Kari er mi mor
> og Truls, han er min bror.
> Eg bur oppå ein plass der som ingen skulle tru
> at nokon kunne bu.
> Og plassen heiter Uren, Luren, Himmelturen,
> Steinrøys, Steinrøys, Sveltihel.
>
> (Volkslied)

3

Vesla kom hjem fra barnehagen for første gang, og så ble hun selvsagt spurt om hun hadde lært noe. Å jo, det hadde hun.
– Hva var det du lærte, da?
– At jeg heter Anne-Beate.

Nynorsk – Texte in bokmål

4

To gutter ble innkalt til rektor fordi de hadde kastet stein. Tre gutter møtte fram.

– Hva har du gjort? spurte rektor den ene av dem.
– Jeg har kastet stein i vannet.
– Og du?
– Jeg har også kastet stein i vannet.
– Og du da?
– Det er jeg som er Stein.

5

Læreren hadde fortalt om Herren som sammen med to engler kom til Abraham. Ole-Martin rakte opp hånden.

– Hva er det, Ole-Martin?
– Jeg vet hva den ene engelen het, jeg.
– Jaså? Ja, det er sannelig mer enn jeg vet, sa læreren.
– Han het Hansen.
– Hansen? Hva er det for noe tøys?
– Jo, faren min har sagt at hvis det er tre menn sammen, så er det helt sikkert at den ene heter Hansen.

20A

2

Fiskeriene avgjør i det nordligste S-laget

Norges nordligste samvirkelag ligger i fiskeværet Mehamn på Finnmarkskysten. Her er fiskeriene alfa og omega, grunnlaget hele samfunnet bygger på. Også driften av S-lagene er helt avhengig av fiskeriene, forteller bestyrer Ragnar Mikkonen, og peker på at uten fisken ville samfunnet her mangle eksistensgrunnlag.

I tillegg til handel med de fastboende er en ikke liten del av omsetningen ved samvirkelaget leveranser til fiskebåter som ankrer opp i Mehamn. Innsiget fra havet virker også inn på etterspørselen i butikken. Juksepilkene Mikkonen har på lager illustrerer det. Så lenge juksefisket er bra, er det viktig å ha rikelig av pilkene.

Nynorsk – Texte in bokmål

– Men fiskeriene er vanskelige å spå om, og slår det feil, har vi plutselig en mengde ukurant vare på lager. Under slike forhold må en nesten være synsk for å unngå unødvendige lager og medfølgende lagerkostnader, forklarer Mikkonen, men trøster seg med at juksepilker i alle tilfelle holder seg godt til neste sesong.

Kommer du til Mehamn noen gang, bør du bo på Mehamn hotell. Om du bor på rom 301, det nordligste hotellrommet i verden, får du sertifikat for det. Dét kan være noe å ta med hjem!

4 Det var en annen grunn

På et sykehus fikk de en dag inn en bygningsarbeider som hadde vært ute for en ulykke. De sydde og plastret ham så godt de bare kunne, men fant ut at han måtte bli liggende et par dager. Ut på ettermiddagen da han kom til hektene igjen, kom det en sykesøster og skulle skrive opp fødselsdato og slikt.

– Er du gift? spurte hun.
– Nei, jeg ramlet ned av det forbannede stillaset, sa bygningsarbeideren.

Alphabetisches Wörterverzeichnis

* bezeichnet diejenigen Wörter, die es nur im **bokmål** gibt.
° bezeichnet diejenigen Wörter, die es nur im **nynorsk** gibt.
Alle anderen Wörter sind in beiden Sprachformen gebräuchlich.

A

Aftenposten *(Osloer Zeitung)*, 19A1
*aftens Abendessen, 9B5
agentur Vertretung, 21A2
agurk Gurke, 10B3
akkurat genau, 16A2
akterut achteraus, 16A1
aldri nie, 7A
*alene/°aleine allein, 4A1, 14A
alfa og omega das A und O, 20A2
alle alle, 1A
allé Allee, 1D6
(det) aller (meste) (das) aller(meiste), 12A
*allerede schon, 19A1
allting alles, 13B2
*alminnelig allgemein, 11A
alt alles, 1A
i alt insgesamt, 10A
alt i alt alles in allem, 12A
altfor allzu, 5A
altså also, 1A
gå an angehen, möglich sein. 19A2
anbefale empfehlen, 10A
*andel Anteil, 21A4
andre andere, 2A1
ankre opp vor Anker gehen, 20A2
*anledning Gelegenheit, 11C1
*annen, -et/°annan, -a anderer, -e, -es, 7A, 9A, 14A
annerledes anders, 7A
*ikke noe annet enn nichts als, 7A
for det *annet zweitens, 10A
*annleis anders, 12A
anno anno, 10A
annonse Anzeige, Inserat, 5A
*ansatt angestellt, 21A1
ansjos Anschovis, 9B3
apparat Apparat, Gerät, 15A1
arbeid Arbeit, 20B1
arbeide arbeiten, 1A
*arbeidsløs/°-laus arbeitslos, 21B3
*arbeidsløshet/°-løyse Arbeitslosigkeit, 21B3
arbeidsplass Arbeitsplatz, 20B1
arm Arm, 11A
armring Armring, 15B5

asjett kleiner Teller, 9A
aspargessuppe Spargelsuppe, 10A
assistere assistieren, 3A
at daß, 4A1
*atskillig erheblich, 15A2
°att wieder, 20A4
°auge Auge, 14A
°aust ost; Osten, 12A
av aus, von, 2A2
av og til ab und zu, 2A1
avbryte unterbrechen, 21B1
*avbrytelse Unterbrechung, 6A
avdeling Abteilung, 15A1
*avgjøre/°-gjere entscheiden, 20A2
avgrense abgrenzen, 13A
avhengig abhängig, 20A2
*avløse/°-løyse ablösen, 18A
avslag Abschlag, Ermäßigung, 15A1
avtale Verabredung, Abmachung, 6A

B

baby Baby, 3A
bad Bad, 2D5
bade baden, 2D5
badebukse Badehose, 7B1
badedrakt Badeanzug, 7B1
badekåpe Bademantel, 7B1
*badetøy/°-ty Badezeug, 7B1
bake backen, 10B1, 21B1
*baker/°-ar Bäcker, 21B1
bakeri Bäckerei, 21B1
bakgrunn Hintergrund, 7A
bakke Hügel, Abhang; Boden, 17A
balkong Balkon, 5A
band Band, 20A1
*bare nur, 4D8
*bare bra recht gut, ganz gut, 3A
barn Kind, 3B1, 9B4, 11C3
barnehage Kindergarten, 18A3
bayer(øl) dunkles Bier, 9B2
be einladen, 10A
*bedre besser, 7A
bedrift Betrieb, 21A1
*bedriftsleder/°-leiar Betriebsleiter, 21B1

begynne beginnen, 9A
°behalde = °halde på behalten, 18B2
behandle behandeln, 1B4
*beholde behalten, 10B1
bein Bein, 17B6
*belysning Beleuchtung, 15A1
berg Berg, 2B3
*berlinerbolle/°-ar- Berliner Pfannkuchen, 9B2
*berlinerkrans/°-ar- *(Weihnachtsgebäck)* 9B2
°berre nur, 12A
beskjed Bescheid, 6A
besteforeldre Großeltern, 3B1
bestefar Großvater, 3B1
bestemor Großmutter, 3A
*bestille bestellen, 10A
*bestyrer/°styrar Geschäftsleiter, 20A2
bestå av bestehen aus, 5A
besøk Besuch, 4A2
*besøke/°-kje besuchen, 3A
betale (be)zahlen, 4A2
*betingelse Bedingung, 7A
*betjene bedienen, 21B1
*bety bedeuten, 17A
*betydelig bedeutend 21A4
bibliotek Bibliothek, 1A
bibliotekar *m* Bibliothekar, 1A
biff Beefsteak, 10B1
bil Auto, 4A1
*bilde/°bilete Bild, 13A
*bilfører/°-ar Autofahrer, 16A1
billig billig, 10A
binde binden, 21B1
bjeffe bellen, kläffen, 13D4
bjørn Bär, 13B1
bla blättern, 14A
bla over überblättern, 14A
blad Blatt, 14A
blank blank, 7A
bli werden, 3A
bli bleiben, 4A2
bli igjen übrigbleiben, 9B3
bli med mitkommen, 6A
blikk Blick, 15A1
blokk Block, „Ölparzelle", 21A4
blomkål Blumenkohl, 10B3
*blomst/°blome Blume, 7A
blomstervase Blumenvase, 15A1
blå blau, 4A2

188

Alphabetisches Wörterverzeichnis

blåbær Blaubeere, Heidelbeere, 17A
*blåbærsyltetøy/°-ty Blaubeermarmelade, 9B3
blåse blasen, wehen, 8B1
*bo wohnen, 5B1
bok Buch, 1A
*bokbinder/°-ar Buchbinder, 21B1
bokbinderi Buchbinderei, 21B1
boks Dose, 9A
bolle Schale; Milchbrötchen, 9B1
bonde Bauer, 2D5, 11A
bord Brett *(Planke);* Tisch, 5B3, 9A
om bord an Bord, 16A1
bordbestilling Tischbestellung. 10A
bort an – heran; fort, weg. 15A1
borte hinten, drüben, 15A1
bortimot gegen, nahe, 19A2
bortskjemt verwöhnt, 10A
bra (schön und) gut, 3A
*bare/°berre bra recht gut, ganz gut, 3A
ha det bra så lenge! bis gleich!, 6A
bratt steil, 12A
*bred/brei breit, 12A
*bredde/°breidd Breite, 12B4
breke blöken, 13D4
brekke brechen, 7B4
*brennrød heftig errötet, 11A
brett Tablett, 5B3
*brettseiler/°-seglar Surfer, 7A
brev Brief, 7A, 11C3
bringe bringen, 19A1
bringebær Himbeere, 17A
*bringebærsyltetøy/°-ty Himbeermarmelade, 9B3
bris schwacher Wind, Brise, 7A, 8B3
brisling Sprotten, 9B3
*bro/bru Brücke, 7B3
bronse Bronze, 15B6
bror Bruder, 18A2
brosjyre Broschüre, Prospekt, 21A3
ha bruk for nötig haben, 7A
bruke brauchen; pflegen; gebrauchen, 7B4, 11A, 17A
brun braun, 4A2
brune bräunen, 17B5
brus Limonade, 10B1
bry Mühe, 6A
*brygge/°bryggje kleiner Kai, Anlegestelle, 7B3, 16B2

brød Brot, 9A
*brødrister/°-ar Toaster, 15A1
brå, brått plötzlich, 20A2
°bu wohnen, 12A
budsjett Budget, 10B2
bukt Bucht, 7A
buljong Bouillon, Brühe, 10B3
burde sollen, müssen, 17A
buss Bus, 1A
*bussforbindelse/°-samband Busverbindung, 4A1
butikk Laden, 15B2
by Stadt, 12A
by (an)bieten, 12A
byge Bö, 8A
bygg Bau, 20B1
*bygge/°byggje bauen, 20A2
~plass Baustelle, 20B1
*bygningsarbeider/°-ar Bauarbeiter, 20A4
bær Beere, 17A
*bærplukker/°-ar Gerät zum Beerensammeln, 17A
bærtur Ausflug, um Beeren zu sammeln, 17A
bøker *s.* bok
bønder *s.* bonde
bønn Gebet; Bitte, 2D5
bønne Bohne, 2D5
bør *s.* burde
bøtte Eimer, 17A
både – og sowohl – als auch, 13C1
båt Boot, 7A

C

champagne Champagner, Sekt, 10B2
charme Charme, Reiz, 10B2

D

da/°då dann; denn, 3A, 20A3
da/°då als *(Zeit),* 7A, 20A3
dag Tag, 1A
i dag heute, 3A, 8B6
*i dag morges heute früh, 8B6
dagen etter am Tag danach, 15A2
dagen i dag der heutige Tag, 8A
dal Tal, 12B1
dam Pfütze; Teich, 7B3
dame Dame, Frau, 4A2
Danmark Dänemark, 2B1
*dannelse/°danning Bildung, 11A

dans Tanz, 14B3
danse tanzen, 11B
dansk dänisch, 2B1
danske Däne/Dänin, 2B1
*datter/°dotter Tochter, 3B1, 4A1, 18B3
*datterdatter Enkeltochter, 4A1
*de die; sie *(Pl.),* 1C2
De Sie, 4A2, 6B1
deg dich, dir, 6A
°dei die; sie *(Pl.),* 12A
*deilig herrlich, schön, 7A
*dekke/°-kkje (på) (auf)dekken, 9A
del Teil, 20A2
dele teilen, 19A1
til dels zum Teil, 16B4
delvis teilweise, 8A
*dem; *Dem sie, ihnen; Sie, Ihnen, 5A; 6A
demning Damm, 7B3
den der/die, 4A1
*den er/sie *(nicht Person),* 5A
denne dieser/diese, 4A1
der da, dort, 2A2
*dere ihr *(Pl.),* 1C2
*deres euer, 7A
*Deres Ihr, 6A
derfor deshalb, 2A1
dessert Nachtisch, 10A
*dessuten/°-an außerdem, 6A
dessverre leider, 10A
det es; das, 2A2
det vi *så/°såg was wir sahen, 7A
det er es ist/sind; es gibt, 2A1
det vil *si/°seie das heißt, 2A1, 16A1
Detektimen *(Fernseh-Krimisendung),* 19A2
detektiv Detektiv, 19A1
dette dies(es), 4A1
dill Dill, 10B3
dimensjon Dimension, Größe, 12A
din, di, ditt dein-, 4A2
direkte direkt, 2A2
direktør Direktor, 10A
disk Ladentisch; Theke, 15B4, 16A1
*disse/°desse diese *(Pl.),* 7A
distingvert distinguiert, 10A
distribusjon (Waren-)Vertrieb, 21A2
dit dorthin, 4A1
djup tief, 12B1
*dobbeltnavn/°-namn Doppelname, 18A
°dotter Tochter, 18B3

189

Alphabetisches Wörterverzeichnis

dra ziehen, 4A1
dreie seg om sich um ... drehen, 15A2
drift Betrieb(sablauf), Arbeit, 20A2, 21A1
mat og drikke Speise und Trank, 9B6
drikke trinken, 9A, 14A
drive treiben, betreiben, 20B1
drosje Taxi, 1A
drosjesjåfør Taxifahrer, 1A
du du, 1A
du for ...! ach, was für ...!, 16A2
dubbe synchronisieren, 19A1
duk Tischtuch, 9A
dum dumm, 1A
dus: *være dus sich duzen, 15A1
*dyp/djup tief, 7A
dyr teuer, 10A
dyr Tier, 13A
dyrerike Tierreich, 13A
dyrke kultivieren, 12A
død tot, 18B3
døgn Tag (= 24 Std.), Tag u. Nacht, 8A
°døme, °til dømes Beispiel, zum Beispiel, 16A1
dør Tür, 5A
°då s. da
*dårlig/°-leg schlecht, 4A1

E

edru nüchtern, 20A3
*efter- s. etter-
°eg ich, 14A
*egen/°eigen eigen, 7A
*egentlig/°eigentleg eigentlich, 10A, 12B5
egg Ei, 9A
*eggeglass/°-glas Eierbecher, 9A
*eggeskje/°-skei Eierlöffel, 9A
*eggevann/°-vatn Eierwasser, 9A
ei eine, 3A
*eie/°eige besitzen, 5B1
*eiendom/°eigedom Eigentum, Besitz, 5A
*eier/°eigar Besitzer, 21A4
°eigen s. egen
eik Eiche, 7B4
ein s. en
eksempel Beispiel, 2A2
eksistensgrunnlag Existenzgrundlage, 20A2
eksistere existieren; vorhanden sein, 21A2
ekspeditrise Verkäuferin, 15A1
ekspeditør Verkäufer, 15B1
ekte echt, 17B6
eldre, eldst älter, ältest-, 10A, 11C6
elektrisk elektrisch, 15A1
elev Schüler, 1A
elg Elch, 13B1
eller oder, 1A
*ellers/°elles sonst, 8A, 14A
*elsker/°-ar Liebhaber, 12A
elske lieben, 11A
*en/°ein ein, einer, 1A
*en/°ein man, 5A
*en 8-10/°ei 8-10 etwa 8 bis 10, 17A
*en eller annen/°ein eller annan irgendein, 7A
med *én gang/°ein gang sofort, 9A
det *ene/°eine eines, das eine, 9A
enda noch; obwohl, 5A, 11A
ende Ende, 16B4
ende enden, 18B1
over ende auf den Kopf, 17A
til ende zu Ende, 16B4
*endeløs, °-laus endlos, 12A, 13A
*enebolig Einfamilienhaus, 5B1
engel Engel, 18A5
*enig/°einig einverstanden, 13A
enkel einfach, einzeln, 17A
enkelte einzelne, 8A
enn als (Vergleich), 7A
enn du? und du denn?, 18A4
ennå noch, 7A
*ensom/°einsam einsam, 14A
*enten/°anten – eller entweder – oder, 13C1
entré Diele, Flur, 5A
episode Folge (einer Sendereihe), 19A1
eplesaft Apfelsaft, 10B1
er bin/bist/ist/sind/seid, 1A
det er es ist/sind; es gibt, 2A1
*et/°eit ein, eines, 1A
etasje Etage, Stockwerk, 4A2
°ete essen, 14B1
etter nach, 17A
etter *hvert/°kvart nach u. nach, allmählich, 5A
dagen etter am Tage darauf, danach, 15A2
i ettermiddag heute nachmittag, 7A

*etternavn/°-namn Familienname, Nachname, 18B1
etterpå nachher, 11A
alt ettersom je nachdem, 17A
*etterspørsel/°-spurnad Nachfrage, 20A2

F

fabrikk Fabrik, 21A1
faktisk tatsächlich, 15A1
faktum Tatsache, 21B2
i alle fall auf alle Fälle, 6A
falle; ~av fallen; abfallen, 14A; 17A
far Vater, 3A
farfar Großvater, 3B1
farge Farbe, 15A1
farmor Großmutter, 3B1
fast fest, 17A
*fastboende/°-buande ansässig, wohnhaft, 20A2
fastland Festland, 16B2
fat Schüssel, 9B1
feil Fehler, 11C5, 12D2
ta~ sich irren, 11C5
slå~ fehlschlagen, 20A2
feit fett, 16A2
felles gemeinsam, 21B2
fellesskap Gemeinschaft, 21B2
femtiårsdag 50. Geburtstag, 15A1
ferie Ferien, Urlaub, 19A1
ferje Fähre, 16B2
*ferjested/°-stad Anlegestelle d. Fähre, 16A1
fersk frisch (gebacken), 9A
*ferskvann/°-vatn Süßwasser, 9B1
fest Fest, 15B5
festdag Festtag, 17B4
feste festmachen, binden, 20A1
*festlig/°-leg festlich, 15A1
fetter Vetter, 18B3
fin fein, schön, gut, 3A
~t *vær/°vêr schönes Wetter, 16A1
vi har det ~t uns geht es gut, 7A
finér Furnier, 2D7
Finland Finnland, 2B1
finne Finnländer/in, 2B1
finne finden, 2A2, 4A2
~ fram til ermitteln, ausfindig machen, 13A
~ på sich etw. ausdenken, 15A1
~ *sted stattfinden, 21B1

Alphabetisches Wörterverzeichnis

~ **ut** herausfinden, 13A
***finner**/°-ar Finder, 2D6
***finnes: det** *fin(ne)s/°finst es gibt, 13A
finsk finnisch, 2B1
fire vier, 4A1
firedel Viertel, 12A
firmenning Vetter/Kusine 3. Grades, 18B3
fisk Fisch, 7B4
fiske Fischfang, 20A2
~**båt** Fischerboot, Fischereifahrzeug, 20A2
~***handler**/°-ar Fischhändler, 20B3
~**pålegg** Fischaufschnitt, 9B3
***fisker**/°-ar Fischer, 7B4, 20B1
fiskeri Fischerei; Fischfang. 20A2
fisketur Angelfahrt, -tour, 17A
fiskevær Fischerdorf, 20A2
fjell Felsen, Berg, 7A
til -s im/ins Gebirge, 16B4
fjellstrøk Gebirgsgegend, 8A
fjernsyn Fernsehen, 15A2
fjes Gesicht, 19A1
fjord Fjord, 7A
flaks Glück, „Schwein", 19B3
flat flach, 9B1
***flere**/°fleire mehrere; mehr, 10A, 15C6, 16A1
mange ~ viel mehr *(größere Anzahl),* 15A1
*~ **ganger**/°~ **gonger** mehrmals, 16A1
flesk Speck, 10B4
flest, de fleste die meisten, 2A1, 15C6
flink tüchtig, 11C4
flytte umziehen, 5A
***fløte**/°fløyte Sahne, 9A
***fløtesaus** Sahnesoße, 10A
FN-soldat UNO-Soldat, 18A
folk Leute, 12A
folkemusikk Volksmusik, 20B3
folkekjær *hier:* zutraulich, 19A1
for denn; für; (all)zu, 1A
~ **lengst** längst, 18B3
~ **liten** zu klein, 5A
~ **det meste** meistens, 5A
~ ... *siden/°sidan vor, 14A
~ **så vidt** an und für sich, 10A
~ **å** um zu, 5A
***foran** vor, 4A2
forandre (ver)ändern, 4A2
forbanna verdammt, verflucht, 20A4

forbi vorbei; an ... vorbei, 7A, 15A1
forbinde verbinden, 21B1
***forbindelse** Verbindung, 21B1
forbinding Verband, Binde, 21B1
***forbudt**/°forbode verboten, 16A1
fordi weil, 5A
fordra ausstehen können, 10A
***foregå** vorgehen, sich abspielen, 19A2
foreldre Eltern, 3B1
***foreløpig** vorläufig, 5A
***foreslå** vorschlagen, 10A
***forestille**/°førestelle vor-, darstellen, 13A
i *forgårs/°førdags vorgestern, 8B6
forklare erklären, 20A2
*om **forlatelse** Verzeihung!, 6B3
***forleden** neulich, vor kurzem, 15A2
form Form, 15A2
***fornavn**/°-namn Vorname, 18B1
forretning Geschäft, 15B2
***forrige** (der/die/das) vorige, 4A1
***forsinket**/°forseinka: bli ~ sich verspäten, 4A1
på *forskudd/°-skott im voraus, 17A
forstå verstehen, 1A
forsvar Verteidigung, Abwehr, 21A1
forsvare verteidigen, 21B1
fort schnell, 9A
***fortelle**/°fortelje erzählen, 18A5, 19A1
***fortsette** fortfahren, weitermachen, 21A1
foss Wasserfall, 12B1
fot Fuß, 20D2
til ~s zu Fuß, 17B6
fotball Fußball, 14B3
*fra/°frå von, 3A, 12A
frakt Fracht, 7B4
fram til bis, bis an, bis zu, 17A
framtid Zukunft, 14A
fredag Freitag, 4A1
***fredelig**/°-leg friedlich, 19A1
°**freiste** versuchen, 16A2
***fremmed**/°-end fremd, 15A2
fremst: først og ~ zuerst, vor allem, 13A
fri frei, 4A1
fridag freier Tag, 17B4

*frihet/°fridom Freiheit, 21B3
frimerke Briefmarke, 13A
frisk frisch; gesund, 7B4, 9B1
frodig üppig, fruchtbar, 12A
*frokost/°fru- Frühstück, 9A
frue, fru Frau, 4A1
frukttre Obstbaum, 14A
*fryser/°-ar Tiefkühltruhe, 9A
frøken Fräulein, 6B2
°**frå** von, 12A
fuktig feucht, 8B1
*fuktighet/°fukt Feuchtigkeit, 8B1
funn Fund, 21A4
furte schmollen, beleidigt sein. 11A
furuskog Kiefernwald, 17A
fylke *(Verwaltungsbezirk),* 8B2
fylle år Geburtstag haben. 15A1
°**fyrst** *s.* **først**
fæl furchtbar, schrecklich, 13A
fødsel Geburt, 3A
fødselsdato Geburtsdatum, 20A4
fødselsdag Geburtstag, 5D6
fødselsnummer Personennummer, 18B1
*født/°fødd geboren, 18B1
føle fühlen, empfinden, 21B2
*folge/°-gje folgen, 15A2
før vor; früher; ehe, bevor, 15A1, 16A1, 16A2
føre führen, 5A
*først/°fyrst erst, 4A1, 20A3
for det -e erstens, 10A
få bekommen; müssen; dürfen, 4A1, 6A, 11A
~ **på seg** mit Anstrengung anziehen, 16A2
~ **til** zustande bringen, schaffen, 21A2
~ *en/°en til j-n dazu bringen, bewegen, 10A
~ **seg til** es über sich bringen, können, 10A

G

*gaffelbiter/°-ar Gabelbissen, 9A
gal verrückt, 16A2
gale krähen, 13D4
galen verkehrt, 16A2
det er *galt/°gale das ist falsch, 18A
gamling alter Mann, Greis, 14B2

Alphabetisches Wörterverzeichnis

*gammel/°gammal alt, 3A, 9B4, 14B2
~dags altertümlich, 1BA
gang Gang; Flur, 5A
*gang/°gong Mal, 6A, 12B1
den - damals, 15A2
med *én/°ein - sofort, 9A
neste - das nächste Mal, 6A
*en/°ein av gangen immer der Reihe nach, 13A
*ganger/°gonger mal, 5A
*flere/°fleire ~ mehrmals, 16A1
*noen/°nokre ~ manchmal, 17A
ganske ganz; ziemlich, 5A
garasje Garage, 10B2
gard/*gård (Bauern-)Hof, 14A
~ og grunn Haus und Hof, 14B1
gasbind Mullbinde, 21B1
gass Gas, 21A4
*gave/°gåve Geschenk, 6A
*geburtsdag Geburtstag, 15B5
geit Ziege, 13B1
geitost (norw. Käse), 9B3
gelé Gelee, 10B3
gi geben, 6A
~ igjen herausgeben, 15B4
gift verheiratet, 10A
gifte seg sich verheiraten, 18B2
gjelde gelten, betreffen, 21A2
gjennom durch, 5A
gjenta wiederholen, 15A1
°gjere s. gjøre
gjerne gern, 6A
gjerning Tat, 21B1
gjest Gast, 6A
gjeste besuchen, 16A1
gjestfri gastfrei, 16A1
gjestgiveri Gasthof, 21A3
gjette (er)raten, 13A
*gjøre/°gjere machen; tun, 1A, 14A
~ av hintun, 6A
~ klar fertigmachen, 6A
glad froh, 19B3
bli ~ i lieb gewinnen, 11B
*være/°vere ~ i gern haben, mögen, 11A, 11B
*glass/°glas Glas, 5A, 9A
~figur Glasfigur, 15A1
~-skål Glasschale, 9A
glede Freude, 10A
glede seg sich freuen, 4A1, 14A
*gledelig/°-leg fröhlich, 19B3
*glemme/°gløyme vergessen, 6A, 9B4, 18A
god gut, 1A

~ dag guten Tag, 1A
~ plass reichlich Platz, 7A
ha til ~e guthaben, 16B4
~t og varmt schön warm, 14B1
ha ~t av verdienen; gut bekommen, 19A2
°gong s. *gang
grad Grad, 7A
granitt Granit, 15B6
grann: *ikke/°ikkje det ~ kein bißchen, 10A
gras Gras, 7A
gratulere gratulieren, 3A
grei unkompliziert, gerade, 14A
greie schaffen, 6A
ha greie på über etw. Bescheid wissen, 17A
grense Grenze, 16A1
gresk griechisch, 18A
gris Schwein, 13B1
grovbrød Graubrot, Mischbrot, 9A
grunn seicht, 7A
grunn Grund, 20A4
gard og ~ Haus und Hof, 14B1
til grunne zugrunde, 16B4
grunnlag Grundlage, 20A2
gruppe Gruppe, 19A2
grynte grunzen, 13A
*grønn/°grøn grün, 17A
~saker Gemüse, 10B1
grå grau, 17B5
gråne ergrauen, 17B5
Gud Gott, 11A
gudbrandsdalsost (norw. Käse), 9B3
gul gelb, 17A
gull Gold, 15B6
gulne gelb werden, 17A
*gulv/°golv Fußboden, 5B1
gummistøvel Gummistiefel, 17A
*gutt/°gut Junge, 14B2
~unge (kleiner) Junge, Bengel, 14B2
gøy Spaß, 17A
gå gehen, 4A1
~ an angehen, möglich sein, ~ i *ett/°eitt zusammen gehen, 17A
~ inn hineingehen, 4A2
~ ned untergehen, 8A
~ ut aussteigen, 4A2
i går gestern, 7A, 8B6
~ kveld gestern abend, 8B6
~ *morges/°på morgonen gestern früh, 8B6

*gård s. gard
gåte Rätsel, 19A1

H

ha haben, 2A1
~ det bra gutgehen; mach's gut, 3A
~ med mitbringen, 6A
vi -r det fint uns geht es gut, 7A
°halde s. *holde
hallo hallo, 3A
hals Hals, 11A
halv halb, 3A
*halvglemt/°-gløymd halbvergessen, 18A
halvtime halbe Stunde, 6A
*halvvoksen/°-vaksen halbwüchsig, 14B2
halvøy Halbinsel, 7B1
*ham ihn, ihm, 5A
*hamburger/°-ar Hamburger (auch Frikadelle), 9B2
°hamn s. havn
han er, 1A
hand/*hånd Hand, 17B6
på *egen hånd/°eiga hand auf eigene Faust, 17A
~ i ~ Hand in Hand, 17B6
~arbeid Handarbeit, 20B3
~kle Handtuch, 7A
handel Handel, 20A2
handlevogn Einkaufswagen, 15B4
hard hart, 9A
hat Haß, 11B
hate hassen, 11B
hav Meer, 7B1
*havbunn/°-botn Meeresgrund, 21A4
*havn/°hamn Hafen, 16B2
hei hei, hallo, 4A2
hei Hügellandschaft, 12A
°heil s. hel
heim s. *hjem
heis Fahrstuhl, 4A2
°heite s. hete
hektene: komme til ~ sich erholen, zu sich kommen, 20A4
*hel/°heil ganz, 3A, 12A
i ~e natt die ganze Nacht, 3A
~t fint ganz gut, 3A
i det ~ *tatt/°teke überhaupt, 5A
heldig glücklich, 19B3
heldiggris Glückspilz, 19B3
heldigvis glücklicherweise, 19A1

192

Alphabetisches Wörterverzeichnis

hell Glück (durch Zufall), 19B3
heller lieber; eher, 6A, 18A
***hellig-/°heilagdag** Feiertag, 17B1
helst meistens; am liebsten, 12A
hende geschehen, 17A
***hendelse/-ing** Ereignis, 21B1
henge hängen, 7A
hengebru Hängebrücke, 12B2
henne sie, ihr, 3A
hennes ihr *(Sg.)*, 7A
***hensikt** Absicht, 19B4
***ha til** ~ beabsichtigen, 19B4
***hensyn/°omsyn** Rücksicht, 19A2
ta ~ til berücksichtigen, 19B4
hente (ab)holen, 6A
her hier, 7A
hør her! hör mal her, 6A
herre, herr Herr, 6B2
Herren Gott der Herr, 18A5
hest Pferd, 13B1
***het/°heit** heiß, 8B1
hete Hitze, 8B1
***hete/°heite** heißen, 1A, 16A1
***hilse/°helse** grüßen, 6A
***hilsen/°helsing** Gruß, 7A
himmel Himmel, 20B1
hindre hindern, verhindern, 19A2
hit hierher, 6A
hittil bisher, 17A
°**hjarta** *s.* ***hjerte**
hjelp Hilfe, 15A1
ved ~ av mit Hilfe von, mittels, 19A2
hjelpe meg! Gott helfe mir!, 16A2
***hjem/heim** nach Hause, 4A1, 18A3
***hjemlig/°heimleg** einheimisch, heimatlich, 18A
***hjemme/heime** zu Hause, 19A1
***hjemmelaget/°heimelaga** hausgemacht, 10A
***hjerte/°hjarta** Herz, 20A1
***H-melk/°H-mjølk** Vollmilch, 9A
°**ho** sie *(Sg.)*, 14A
***hode/°hovud** Kopf, 17B6
hogstfelt Holzschlagfläche, 17A
***holde/°halde** halten, 13A, 18B1
~ på behalten, festhalten, 18B1, 18B2
~ seg sich halten, 20A2

holme kleine, rundliche Insel, 7A
hoppe springen, 7B1
hos bei *(einer Person)*, 6A
hotell Hotel, 10A
~rom Hotelzimmer, 20A2
***hoved-/°hovudinngang** Haupteingang, 4A2
***hoved-/°hovudkontor** Hauptsitz, 21A4
huff! (= **uff!**) du liebe Güte!, 11A
°**hugse** *s.* ***huske**
hummer Hummer, 10B3
***hun** sie *(Sg.)*, 1A
hund Hund, 13B1
***hundrekroneseddel/°-setel** Hundertkronenschein, 15B4
hundrelapp Hunderter, 15B4
hus Haus, 2D6
husdyr Haustier, 13A
huse beherbergen, 2D6
***huske/°hugse** sich erinnern, denken an, 9B4, 13A, 20A3
~lapp Notiz-, Merkzettel, 15B4
husleie Miete, 5B1
husmor Hausfrau, 10A
(***hv-** entspricht meistens °**kv-**)
***hva/°kva** was, 1A, 4C5
~ *heter/°heiter du? wie heißt du?, 1A
~ *sier/°seier du? was sagst du?, wie bitte?, 1A
***helve/°kvelve** umkippen, 9A
***hvem/°kven** wer, 1A, 4C5
***hver/°kvar** jeder, 10A
***hver-/°kvarandre** einander, 2A1
***hver-/°kvardag** Werktag, 17B1
etter *hvert/°kvart nach u. nach, allmählich, 5A
***hvilken, -et** welch-, 4A2, 4C5
***hvis** dessen, 21A4
***hvis/°viss** wenn, falls, 2A1
***hvit/°kvit** weiß, 17B5
***hvor/°kvar** wo, 1A
~ hen wohin, 4C5
***hvor/°kor** wie *(vor Adj., Adv.)*, 4C5
~ mange wie viele, wieviel, 7A
***hvordan/°korleis** wie, 3A, 4C5
***hvorfor/°kvifor** warum, 4C5
hybel Mietzimmer, „Bude", 5B1
***hyggelig/°-leg** nett, angenehm, 6A
hysj! pst!, still!, 6A

hytte Hütte, Wochenendhaus, 7A
hyttetur Ferienfahrt zu einer Hütte, 19A1
°**høg** *s.* ***høy**
høne Huhn, Henne, 13D3
høre hören, 6A
hør her!, 6A
høre (med) til gehören zu, 5A, 11A
***høres/°-ast ut som** sich anhören wie, 6A
***høst/°haust** Herbst, 17A
***høy/°høg** hoch; laut, 7A, 12A, 13A
~fjell Hochgebirge, 12A
~tid Feier, 17B4
~tidsdag Feiertag, 17B4
***høyvann/°høgvatn** Hochwasser, 8A
til *høyre/°høgre rechts, 5A
°**høve** Gelegenheit, Fall, Umstand, 20A2
i alle ~ unter allen Verhältnissen/Umständen, 20A2
***hånd** *s.* **hand**

I

i in, 1A
i og for seg an und für sich, 6A
iallfall jedenfalls, 14A
idyllisk idyllisch, 12A
igjen wieder, nochmals, 6A
bli igjen übrigbleiben, 9B3
***ikke/°ikkje** nicht, 1A, 12A
~ liten bedeutend, 20A2
~ *noe/°noko nichts, 11A
~*noen/°nokon kein; niemand, 13A
illustrere veranschaulichen, 20A2
***imidlertid** indessen, jedoch, aber, 19A1
midt imot direkt gegenüber, 5A
indre inner-, 8A
industriminister Industrieminister, 2B4
informasjon Auskunft(sschalter), 4A2
ingen kein; niemand, 10B2, 18A2
ingeniør Ingenieur, 10B2
ingenting nichts, 6B3
inn ein, hinein, 4A2, 12A
inn til an (-hinan), 11A

193

Alphabetisches Wörterverzeichnis

*innaskjærs/°-skjers innerhalb d. Schärengürtels, 16B2
*innbygger, °**-byggjar** Einwohner, 8B2, 12B5
inne drinnen, 7A
*innen/°**-an** binnen, 6A
*innerst/°**inst** innerst, 5A
inngå eingehen, 21A2
inni = inne i drinnen in, 15A1
innimellom zwischen (vielen), 7A
innkalle einberufen, herbeiholen, 18A4
innom (als Einbuchtung) um, 12A
innover einwärts, 17A
innpåsliten aufdringlich, 19A1
*innrømme einräumen, zugeben, 19A1
innsig Heranschwimmen der Fischschwärme, 20A2
innsjø Binnensee, 7B1
intervju Interview, 15A2
isbjørn Eisbär, 13A
isbre Gletscher, 12A
Island Island, 2B1
islandsk isländisch, 2B1
*islender/°**-ar** dicker wollener Pullover, 8B5
islending Isländer, 2B1

J

ja ja, 1A, 13B4
~ **takk** ja, gern, 6A
~ **vel** jawohl, 3A
jakt Jacht, 7B4
jarlsberg(ost) *(norw. Käsesorte)*, 9B3
jaså ach so, 18A5
°**jau** doch, im Gegenteil, 16A1
*jeg/°**eg** ich, 1A
jente Mädchen, 3A, 14B2
jentunge (kleines) Mädchen, Göre, 14B2
jern Eisen, 15B6
jo ja, doch, 3A, 13B4
joggesko Joggingschuh, 17A
jord Erde, Ackerland, 12A
*jordbærsyltetøy/°**-ty** Erdbeermarmelade, 9B3
jovial jovial, leutselig, 15A2
juksefiske Fischen mit Handangel, 20A2
juksepilk Handangel, 20A2
jul Weihnachten, 17B4

K

kafetøria Cafeteria, 16A1
*kaffe/°**kaffi** Kaffee, 9A, 16A1
~**trakter** Kaffeemaschine, 21A2
kald kalt, 3B3
surt og ~**t** feuchtkalt, 14B1
°**kallast opp etter** (nach j-m.) benannt werden, 18A
kalle rufen, 14A
*kalvestek/°**-steik** Kalbsbraten, 10A
kamin Kamin (großer Ofen), 5B3
kan kann, kannst usw., 2A1
kanne Kanne (mit Tülle), 9B1
kanskje vielleicht, 4A2
kar Bursche, Kerl, 14B2
karamellpudding Karamelpudding, 10A
karbonadekake Frikadelle, 9B2
kasse Kasse, 15B4
kaste werfen, 18A4
katt Katze, 13B1
°**kei** überdrüssig, 14B1
kelner Kellner, Ober, 10B1
kino Kino, 19B2
gå på ~ ins Kino gehen, 14B3
kiosk Kiosk, 16A1
kjede Kette, 11A
*kjedelig langweilig, 17A
°**kjem** *s.* **komme**
kjempe- Riesen-, 4A2
kjempefint enorm, fein, großartig, 4A2
kjendis bekannte Persönlichkeit, 19A1
kjenne kennen; fühlen, 11B, 14A
kjennskap Bekanntschaft, 14A
*kjent/°**-nd** bekannt, 19A1
bli ~ **med** kennenlernen, 11B
*være/°**vere** ~ sich auskennen, 11B
kjerre Karren, 20A3
kjerring Weib, 14B2
kjole Kleid, 16A2
kjære lieber, liebe, 7A
*kjærlighet/°**kjærleik** Liebe, 11B
kjøkken Küche, 5A
~**benk** Küchenschrank, 9A
~**utstyr** Küchenausstattung, -geräte, 15A1
kjøleskap Kühlschrank, 9A
kjølig kühl, 8A
kjølne erkalten, 8B1

kjøpe kaufen, 16A1
*kjøper/°**-ar** Käufer, 21B1
kjøre fahren, lenken, 1A
kjøtt Fleisch, 10B1
~**pålegg** Aufschnitt, 9B3
klar klar, 10A
*være/°**vere** ~ **over** sich darüber im klaren sein, 11C4
*gjøre/°**gjere** ~ fertigmachen, 6A
klare seg genug sein, reichen, 11A
klima Klima, 12A
klinikk Klinik, 4A1
klok klug, 1A
klokke Uhr, 11A
~**slett** Zeitpunkt, 19A2
klokka/*klokken ... um ... Uhr, 8A
klubb Klub, 2D6
klubbe (Holz-)Hammer, 2D6
*klynge/°**klyngje** Gruppe, Haufen, 12A
knekkebrød Knäckebrot, 9A
kniv Messer, 9A
*knytte/°**knyte** knüpfen, verbinden, 21A4
koke kochen, 9A
~ **opp** abkochen, 9A
~ **over** überkochen, 9A
*koldtbord kaltes Büfett, 10A
komme kommen, 3A
~ **fram til** kommen zu(m Ergebnis), 12A
~ **seg ut** hinauskommen, 17A
~ **til å** werden, 11C7
X kom til å *tenke på noe etwas fiel X ein, 11A
kone (Ehe-)Frau; alte Frau, 6A, 14B2
konfeksjon Konfektion, 21A1
konge, kong König, 6B2
konjakk Kognak, 10B2
konkurranse Wettbewerb, 21B1
konsern Konzern, 21A4
konsert Konzert, 19B2
kontinentalsokkel Kontinentalsockel, 21A4
kontrakt Vertrag, 21A1
kopp Tasse, 9A
°**kor (stor) wie (groß)**, 12B5
°**korleis** wie, 16A1
kort kurz, 8A, 9B4
kose med liebkosen, streicheln, 19A1
kose seg sich wohl fühlen, 7A
*koselig/°**-leg** lieb, nett, angenehm, 3A
kostbar kostbar, 15B5

Alphabetisches Wörterverzeichnis

kostnad Kosten, Unkosten, 20A2
krabbe (Strand-)Krebs, 7B3
kratt Gebüsch, 7A
kreft Krebs *(Krankheit)*, 7B3
kreps Flußkrebs, 7B3
krig Krieg, 18A
krim Krimi, 19A1
kringkasting Rundfunk, 19B2
kristen christlich, 14A
***krydret/-a** gewürzt, 10B1
krystall Kristall, 15A1
ku Kuh, 13B1
kulde Kälte, 8B1
kuling starker Wind, Kühlte, 7B1, 8B3
kunne können; konnte *usw.*, 4A1
  ~ få dürfen, 11A
kunstig künstlich, 17A
kupé Abteil, 10B2
kupp Coup; guter Fang, 15A1
kurs Kursus, Kurs, 2A2
***kurv/°korg** Korb, 9A
  (°**kv-** entspricht oft **hv-**)
°**kva,** °**kva for noko** was, 14A, 16A1
°**kva namn** welche/was für Namen, 18A
°**kvar** wo, 14C2
  ~ ... **frå** woher, 16A1
°**kvar** jeder, 16A1
kvartér Viertelstunde, 6A
kveld Abend, 5A
i ~ heute abend, 8B6
i går ~ gestern abend, 8B6
om ~en am Abend, 8B6
***sent/seint på ~en** spät am Abend, 5A
kvinne Frau, 15A2
kvinnfolk Frau, Weib, 14B2
°**kvit** weiß, 12A
kvittering Quittung, 15B4
kysse küssen, 11A
kyst Küste, 8A
  -strøk Küstengebiet, 8A
kål Kohl, 10B3

L

la lassen, 16A1
  ~ *være/°vere sein lassen, unterlassen, 16A1
lage machen, 2D6
lager Lager, 2D6
i minste laget etwas zu klein/knapp, 5A
lakk Lack, 3B5
laks Lachs, 7B4

land Land, 1B2
på auf dem Land, 7A
til ~s zu Lande, 16A1
  ~sdel Landesteil, 8B2
  ~smann Landsmann, 20B3
lang lang, 3B2
ta ~ tid viel Zeit brauchen, 6A
langs längs, entlang, 17A
  ~med an – entlang, 12A
***langsom/°-sam** langsam, 2A1
langt ute weit draußen, 7A
last Last, 1D6
lastebil Lastwagen, 1A
latinsk, latin lateinisch, 18A
***lav/°låg** leise; niedrig, 11C6, 12A
***lavvann/°lågvatn** Niedrigwasser, 8A
le lachen, 20A3
***lede/°leie** leiten; führen, 21B1
***ledelse/°leiing** Führung, 21B1
ledig frei, unbeschäftigt, 10B1, B4
***ledighet** Arbeitslosigkeit; Vakanz, 21B3
***ledning/°leidning** Leitung, 21B1
***legge/°leggje** legen, 9A
lei unerfreulich, traurig, 14A
***være/°vere ~ av** leid, überdrüssig sein, 11B
***leie/°leige** Miete; mieten, 5B1
  ~ ut vermieten, 5B1
leieboer Mieter, 5B1
***leilighet/°leilegheit** Wohnung, 5A
***leketøy/°leikety** Spielzeug, 15A1
***lengde/°lengd** Länge, Entfernung, 12B4
lenge lange, 9A
så ~ so lange, 6A
lenger länger, 14A
lengst längst-, weitest-, 12A
for ~ längst, 18B3
lese lesen, 4A1, 14A
***leserbrev/°-ar-** Leserbrief, 15A2
lett leicht, 7A
leve leben, 11D7, 12A
leverandør Lieferant, 21A2
leveranse Lieferung, 20A2
levere liefern, 5D6
leverpostei Leberpastete, 9B3
***ligge/°liggje** liegen, 4A2, 14B1
***ligne/likne** ähneln, 4A2
***lignende/°liknande** ähnlich, 6A
lik gleich, 2A1

like ... som ebenso ... wie, 12A
like godt ebensogut, 16A1
like: han -r det es gefällt ihm, 5A, 11B
  ~ seg sich wohl fühlen, 17A
likeså ebenfalls, 18B2
liketil ungekünstelt, schlicht, 14A
likevel trotzdem, gleichwohl, 2A1
***lille/°litle** *s.* **liten**
linje Linie, 12A
liten, lita, lite klein, 3A, 4A1
***ikke/°ikkje ~** bedeutend, 20A2
lite wenig, 5A
litt ein bißchen, ein wenig, 1A
liv Leben, 14A
  ~ og røre lebhafte Tätigkeit, 16B2
livssyn Lebensanschauung, 14A
loff Weißbrot, 9A
lokal lokal, örtlich, 8A
lov: ha, få ~ til Erlaubnis haben, bekommen, 10A, 11C1
love versprechen, 6A
luft Luft, 2B3
  ~madrass Luftmatratze, 7A
luke Schalter, 4A2
lykke Glück, 19B3
til ~! herzliche Glückwünsche!, 16B4
***lykkelig/°-leg** glücklich, 19B3
lys hell; Licht, 5A, 8B1
  ~løype Loipe mit Flutlicht, 17A
lyse leuchten, 20A1
  ~stake Kerzenleuchter, 15A1
lysne sich aufhellen, 8B1
lyst Lust, 4A1
han har/får ~ på er möchte (haben), 6B2
han har/får ~ til å er möchte, 4A1, 11C1
lære lernen *(auch: lehren)*, 1A
  ~bok Lehrbuch, 2A2
***lærer/°-ar** Lehrer, -in, 1A, 16A1, 20B1
i løpet av im Laufe von, während, 19A1
***lørdag/°laurdag** Samstag, 17A
***løse/°løyse** lösen, 19A1
løve Löwe, 13A
løype Loipe, Schiweg, 17A
låg *s.* **lav**
låne leihen, 7A
låte klingen, lauten, 18A

195

Alphabetisches Wörterverzeichnis

M

mage Magen, Bauch, 1D6
mager mager, 1D6
majones Mayonnaise, 10B3
makrell Makrele, 10B3
*male/°måle malen, 21A3
~interessert malinteressiert, 21A3
*malstrøm/°-straum Mahlstrom, 19A2
mamma Mama, Mutti, 3B1
*man man, 2A1
*mandag/°måndag Montag, 17B1
mange viele, 2A1
~ *flere/°fleire viel mehr (größere Anzahl), 15C6
~ *steder/°stader an vielen Orten, vielerorts, 2A2
*hvor/°kor ~ wie viele, wieviel, 7A
mangle fehlen, 20A2
mann Mann, 4A1, 14B2
~folk (richtiger) Mann, 14B2
marehalm Strandhafer, 7A
mark Wurm; Made, 7B3
mark Wiese; Boden; Wald, 12A, 17A
*dyrket/dyrka ~ Ackerland, 12A
*marked/°marknad Markt, 21A2
*markedsføre vermarkten, 21A4
*markedsleder Führende(r) auf dem Markt, 21A2
markere markieren, 2D7
marmelade (Apfelsinen-)Marmelade, 9B3
maskinpreparert mit Loipenmaschinen präpariert, 17A
masse eine Masse, 19A1
mat Essen; Mahlzeit; Brot, 9A, 11C3
~ og drikke Speise und Trank, 9B5
med mit, 1A
medalje Medaille, 10B2
*medfølgende/°-følgjande damit verbunden, 20A2
meg mich, mir, 3A
°meine s. mene
°meir mehr, 14A
*melk/mjølk Milch, 9A
mellom zwischen, 2A1
i *mellomtiden/°-tida unterdessen, inzwischen, 19B4

men aber, 1A
*mene/°meine meinen, 13A, 16A1
*mengde/°mengd Menge, 20A2
*mening/°meining Meinung, 15A2
menneske Mensch, 7A
mens während, 9A
meny Menü, Speisekarte, 10B1
*mer/°meir mehr, 1A, 15C6
*merkelig/°-leg merkwürdig, 14A
messing Messing, 15A1
°mest fast, 12A
mest am meisten, 4A2, 15C6
for det meste meistens, 5A
middag Mittag(essen), 9B5
midnatt Mitternacht, 19A2
midt i in der Mitte von, 8A
midt imot direkt gegenüber, 5A
Midt-*Østen/-°Austen der Nahe Osten, 8B4
milliard Milliarde, 21A4
min, mi, mitt mein-, 4A2
mindre weniger, minder, 2A2, 9B4
*minnes/°-ast sich erinnern, 20A1
minst kleinst-, 5A
minutt Minute, 11A
*misfornøyd/°misnøgd mißvergnügt, unzufrieden, 5A
mor Mutter, 3B1, 4A1
mord Mord, 19A1
morfar Großvater, 3B1
*morgen/°morgon Morgen, 5A, 16A2
i ~ morgen, 8B6
i ~ kveld morgen abend, 8B6
i ~ *tidlig/°tidleg morgen früh, 8B6
om ~en am Morgen, 8B6
*i (dag) morges heute früh, 8B6, 19A1
*i går morges gestern früh, 8B6
°morgon s. morgen
mormor Großmutter, 3A
morn! (guten) Tag!, 6A
~ da! Tschüß!, 6A
*morsom/°morosam lustig, 17A
mot gegen, 5A
mugge Kanne, Krug, 9B1
*mulig/°mogleg möglich, 11A
*mulighet Möglichkeit, 21B3
munn Mund, 4A2
musefelle Mausefalle, 20B
musikk Musik, 14A

*mye viel, vieles, 1A, 15C6
°mykje sehr; viel, 12A
mørk dunkel, 8B1
mørke Dunkel, 8B1
mørkeblå dunkelblau, 4A2
mørkne dunkeln, 8B1
møte begegnen, 18A
~ fram sich einfinden, 18A4
må muß, mußt usw., 5A
måke Möwe, 7A
måle messen, 12B6
måne Mond, 8A
måte Art, Weise, 10A
måtte müssen; mußte, 4A1

N

°namn s. *navn
natt Nacht, 3A
i ~ heute nacht, 8B6
i *hele/°heile ~ die ganze Nacht, 3A
om ~a in der Nacht, 8B6
natteliv Nachtleben, 15A2
natur Natur, 12A
~*elsker/°-elskar Naturfreund, 12A
~*ressurser/°-ar Naturressourcen, 21A4
naust Bootshaus, 16B2
nautisk mil Seemeile, 21A4
*navn/°namn Name, 10A, 18A
~eliste Namensliste, 20B3
~eregister Namenregister, 20B3
nebb Schnabel, 7B3
ned nieder, her-, hinab, 11A
nedbør Niederschlag, 8A
nede unten, 11A
nei nein, 1A, 13B4
*nemlig/°-leg nämlich, 7A
*nese/°nase Nase, 4A2
neste *gang/°gong das nächste Mal, 6A
nesten beinahe, fast, 2A1
nettopp eben, gerade, 14A
°no jetzt, 16A1
*noe/°noko etwas, 6A, 12A
*ikke noe annet enn nichts als, 7A
*noe/°noko sånt so etwas, 13A
*noen jemand, (irgend)ein, einige, 2A1
*ikke noe(n)/°ikkje noko(n) kein, 13A
nok wohl, schon, sicher; genug, 6A, 16A2
°noko s. noe

Alphabetisches Wörterverzeichnis

°**nokon** jemand, (irgend)ein, 14A
°**nokre** einige, 16A1
nokså ziemlich, 5A
nord nord, Nord(en), nördlich, 8B4
~ **for** nördlich von, 8A
nordavind Nordwind, 8B4
***nordbo/**°**-bu** Nordländer, 2B1
Norden Norden, Nordeuropa, 2B1, 8B4
nordisk nordisch, 2B1
nordlending Nordnorweger, 8B5
***nordlig/**°**-leg** nördlich, 8B4, 20A2
nordmann Norweger/in, 2B1
Nord-*°**Norge/-**°**Noreg** Nord-Norwegen, 2A1
nordover nordwärts, 8B4
Nordpolen Nordpol, 12A
Nordsjøen die Nordsee, 8A
***nordvestlig/**°**-leg** nordwestlich, 8A
***nordøstlig/**°**-austleg** nordöstlich, 8A
***Norge/**°**Noreg** Norwegen, 2B1, 12A
norsk norwegisch, 1A
på ~ auf norwegisch, 2A2
~**kurs** Norwegischkurs, 2A2
~ ***lærer/**°**-ar** Norwegischlehrer/in, 1A
norskekysten die norwegische Küste, 12A
norvegia(ost) *(norw. Käsesorte)*, 9B3
nostalgi Nostalgie, 18A
notere notieren, vormerken, 10A
nummer Nummer, 4A2
ny neu, 9A
***nydelig** prächtig; niedlich, 3A
***nyfødt/**°**-dd** neugeboren, 4A2
nyte genießen, 17A
nytte Nutzen, 16B4, 21B2
til ~ nützlich, 16B4
nyttig nützlich, 15A1
nær nahe, 14A
***nærmere/**°**-are** näher, 15A1
***nærmest/**°**-ast** nächst, 4A2
***nødt: være/bli** ~ **til** gezwungen sein, müssen, 10A, 11C5
nøff-nøff *(Laut des Grunzens)*, 13A
nå jetzt; denn, 3A, 16A1
når (jedesmal) wenn, 2A1
når? wann?, 4C5

O

ofte oft, 3B1, 6A
og und, 1A
òg auch, 14A
også auch, 2A1
Ola Nordmann *(der typische Norweger)*, 18A
olabukse Jeans, 18A
***Ola-gutt/**°**-gut** *(Spitzname d. norw. Soldaten)*, 18A
oldefar Urgroßvater, 18A
oldemor Urgroßmutter, 18A
olje Öl, 10B4
***oljearbeider/**°**-ar** Ölarbeiter, 20B1
°**om** wenn, falls, 18B2
om ob; an, um, 18B2
~ **dagen, kvelden, natta** am Tag, Abend, in d. Nacht, 8B6
~ ***en/**°**ein time** in einer Stunde, 6A
°**om lag** ungefähr, 12B4
omgi umgeben, 1B4
***omsetning/**°**-setnad** Umsatz, 20A2, 21A2
***omsette/**°**-setje** umsetzen, 21B1
omtrent ungefähr, 2A1
°**omtykt** beliebt, 18A
onkel Onkel, 10A
onsdag Mittwoch, 17B1
°**open** *s.* **åpen**
opera Oper, 19B2
operatør Betreiber, 21A4
opp hinauf, 4A2
der oppe da oben, 12A
oppfatte auffassen, mitbekommen, 10A
***oppgave/**°**-gåve** Aufgabe, 19A1
***opphold/**°**-hald** Aufheiterung, 8A
oppklare aufklären, 19A1
oppklaring Aufklärung, 19B4
***oppklarning** Aufheiterung, 19B4
***opplagt/**°**-gd** aufgelegt, 16A2
oppleve erleben, 17A
opplyse Auskunft geben; aufklären, 19B4
opplysning Auskunft; Aufklärung, 19B4
***oppmerksom/**°**-sam** aufmerksam, 21B3
***oppmerksomhet** Aufmerksamkeit, 21B3
opprette errichten, 21A4
***opptatt/**°**oppteken** besetzt, 6A

oransje orange, 17B5
ord Wort, 2A1
til ~**e** zu Worte, 16B4
orden Ordnung, 21B2
***ordentlig** («**orntlig**»)/°**-leg** ordentlich, richtig, echt, 11A
ordning Ordnung, Regelung, 18B2
originalspråk Originalsprache, 19A1
orkan Orkan, 8B3
orm Schlange, Kreuzotter, 7B3
°**orsak** Entschuldigung, 16A1
ost Käse, 9B3
ostehøvel Käsehobel, 9B3
ostesort Käsesorte, 9B3
over über, vorüber, 4A2, 7A
~**ende** kopfüber, 17A
~**alt** überall, 12B3
~**flødig** überflüssig, 7A
~**for** gegenüber, 15A2
~**gi** übergeben, 1B4
i *°**overmorgen/**°**-on** übermorgen, 8B6
overraske überraschen, 21B1
***overraskelse/**°**-ing** Überraschung, 6A
til overs übrig, 16B4
overta übernehmen, 21A2
***overtagelse** Übernahme, 21A2
***overveiende** überwiegend, 8A

P

panne Stirn, 4A2
papegøye Papagei, 19A1
papirserviett Papierserviette, 9A
pappa Papa, Vati, 3B1
***et/**°**eit par** ein paar, 7A
pass Paß, 2B6
passe passen, 2B6
passe passend, gerade richtig, 9A
peis offener Kamin, 5B3
***peke/**°**peike på** auf etw. hinweisen, 20A2
pen hübsch, nett, schön, 5A, 11C3
***penger/**°**-ar** Geld, 15B4
pensjonist Pensionär, Rentner, 19A2
perle Perle, 15B5
person Person, 10A
***personlig/**°**-leg** persönlich, 15A1

197

Alphabetisches Wörterverzeichnis

pigg Gipfel, 12B1
*pike Mädchen, 3A
pils, pilsnerøl helles Bier, 9B2
pinse Pfingsten, 17B4
pipe Kamin (Schornstein), 5B3
plan Plan, 5A
planterike Pflanzenreich, 13A
plass Platz; kleiner Pachthof, 7A, 18A2
god ~ reichlich Platz, 7A
plassere placieren, setzen, legen, 5A
plassert placiert, gelegen, 5A
plastre mit Wundpflastern bedecken, 20A4
(olje)plattform Bohrinsel, 20B1
pleie pflegen, 17A
plukke sopp Pilze sammeln, 17A
*plutselig plötzlich, 21A4
poeng Pointe, Punkt, 10B2
politi Polizei, 21A1
~bil Polizeiwagen, 15A2
~mann, *(Pl.:)* **-folk** Polizist, -en, 15A2
potet Kartoffel, 10B1
praktisk praktisch, 15A1
prektig prächtig, brav, 10A
pris Preis, 15A1
prise om mit neuen Preisschildern versehen, 15A1
prislapp Preisschild, 15A1
produksjon Produktion, 21A4
produkt Produkt, Erzeugnis, 21A2
promillegrense Promillengrenze, 16A1
prosent Prozent, 15A1
prøve versuchen, 9A
psykologi Psychologie, 14A
*pulverkaffe/°-kaffi Pulverkaffee, 9A
pusse på verschönern, 18A
pølse Wurst, 9B3
på auf, 5A
pålegg Aufschnitt, Aufstrich, 9A, 9B3
påske Ostern, 17A

R

raffinere raffinieren, 21B1
raffineri Raffinerie, 21A4
ramle fallen, stürzen, 20A4
rar sonderbar, merkwürdig, 9B2, 11A
raute muhen, brüllen, 13D4

*være/°vere redd Angst haben, fürchten, 9A
redning Rettung, 21A1
*regelmessig regelmäßig, 21B3
*regelmessighet Regelmäßigkeit, 21B3
regn Regen, 8A
*regnbyge/°-bye Regenbö, Schauer, 8A
regne regnen, 8A
*regne/°rekne (med) rechnen (mit), 12A, 21A2
rein(sdyr) Ren(tier), 13A
reise Reise, 14A
reise reisen, 14B3
reke Krabbe (= Garnele), 7B3
rekke (er)reichen, sich erstrekken; schaffen, 15A1, 21A4
rektor Rektor, Schulleiter, 18A4
*ren/rein rein, sauber, klar, 19A1
*rense/°reinse reinigen, sauber machen, 17A
reportasje Reportage, 15A2
reprise Wiederaufnahme, 19A2
resepsjon Empfangshalle, Rezeption, 6A
reservere reservieren, 10A
rest Rest, 8A
resultat Resultat, Folge, 19A2
rett gerade, 4A2
rett Gericht; Recht, 10A
ha ~ recht haben, 13A
ha ~ til ein (An-)Recht haben auf, 21A4
rette på ausbessern, abhelfen, 7A
rev Fuchs, 13B1
*rikelig/°-leg reichlich, 20A2
riktig wirklich; richtig, 9A, 11A
*rimelig/°-leg preiswert, 15A1
ring Ring, 15B5
ringe anrufen; klingeln, 3A
rinskvin Rheinwein, 9B2
*ripssyltetøy/°-ty Johannisbeermarmelade, 9B3
*ristet/-a geröstet, 10B1
rolle Rolle, 10B2
rom Zimmer, 4A2
rorbu Fischer-, Fanghütte, 16B2
rosenkål Rosenkohl, 10B3
rulletrapp Rolltreppe, 15A1
rund rund, 4A2
rundstykke Brötchen, 9A
rundt um, 11A
rute Route, 10B2

rydde vekk wegräumen, 6A
ryke reißen; verlorengehen, 20A3
rygg Rücken, 7A
*rystet erschüttert, 11A
*rød/°raud rot, 17A
*rødme/°raudne erröten, 17B5
røre: liv og ~ lebhafte Tätigkeit, 16B2
røre (an)rühren, 9A
røyk Rauch; Zigarette, 14A
~fri rauchfrei, für Nichtraucher, 10A
*røyke/°røykje rauchen, 10A
rå naßkalt; roh, 8B1
råd Rat, 21B2
ha ~ til; få ~ til es sich leisten können, 10A, 11C1

S

sak Sache, 11A
*ingen/°inga ~ kein Problem, 11A
sal Saal, 10A
salat Salat, 10B3
*salg/°sal Verkauf, 21A2
salt Salz, 9A
°saman *s.* **sammen**
samarbeid Zusammenarbeit, 21A2
samarbeide zusammenarbeiten, 21B1
same Lappländer/in, 2B1
°same *s.* **samme**
samfunn Gesellschft, 20A2
samisk lappländisch, 2B1
samlingspunkt Sammelpunkt, 10A
*samme/°same derselbe, 18B2
med det ~ gleichzeitig, 6A
*sammen/°saman zusammen, 1A, 14A
alt ~ alles, das ganze, 15A1
~hengende/°-ande zusammenhängend, 5A
~likning Vergleich, 12A
~setning/°-setjing Zusammensetzung, 1D6
samtale Gespräch, 3A
samvirkelag Genossenschaft, Konsumladen, 20A2
sand Sand, 7A
*sankthansaften/°-an Mittsommerabend, 17B4
sann wahr, 21B2
sant å *si/°seie um die Wahrheit zu sagen, 17A
så sant falls, wenn (nur), 17A

Alphabetisches Wörterverzeichnis

*sannelig/°-leg wirklich, tatsächlich, 18A5
sardin Sardine, 9B3
sau Schaf, 13B1
*se/°sjå sehen, 4A1, 14A
~ fram til entgegensehen, 14A
~ seg om sich umsehen, 15A1
~ på ansehen, betrachten, 4A2
~ nå her! sieh mal her!, 11A
*seer/°sjåar Seher, 19A2
seg sich, 4A2
i og for seg an und für sich, 6A
°seie s. si
*seile/°segle segeln, schweben, 7A
seks sechs, 3A
selleri Sellerie, 10B3
selskap Gesellschaft, 21A2
*selge/°selje verkaufen, 21B1
*selger/°seljar Verkäufer, 21B1
*selv/°sjølv selbst, 7A, 12A
~ om selbst wenn, auch wenn, 17A
*selvbetjening Selbstbedie--nung, 15B4
*selvfølgelig/°sjølvsagt selbstverständlich, 4A1, 18A3
*sen/sein spät, 5A
~t på kvelden spät am Abend, 5A
~est/°-ast i går so spät wie gestern, 19A1
sende senden, reichen, 9A
seng Bett, 4A2
serie Serie, Sendereihe, 19A1
sertifikat Schein, Bescheinigung, 20A2
servering Servieren, Bedienung, 10A
serveringsdame Kellnerin, 10B1
servitør Kellner, 10B1
sesong Saison, 20A2
*sette/°setje setzen, stellen, 7A, 11A, 16A1
*si/°seie sagen, 1A, 3A
det vil ~ das heißt, 2A1, 16A1
side Seite, 5A
til side zur Seite, 16B4
ved *siden/sida av neben, 4A2
*siden/°sidan seit; später, 8A, 19C4
for ... *siden/°sidan vor, 14A
siffer Ziffer, 18B1
sikker sicher, 13A
*være/°vere ~ på mit Sicherheit kennen, 17A
sikre sichern, 21A1
sin *egen/°eigen sein/ihr eige-

ner, 7A
sink Zink, 15B6
sint zornig, 11B
sist letzt, 7A
~ i am Ende von, 8A
*sitte/°sitje sitzen, 9A, 14A
sjampinjong Champignon, 10B3
sjanse Chance, 10B2
ta ~n på etw. riskieren, 17A
sjef Chef, 3B2
*sjelden/°-an selten, 2A2
sjette sechster (-e usw.), 4A2
sju sieben, 3A
sjø See, 7A
til ~s zur See, 16B4
°sjølv(-) s. selv
sjømann, (Pl.:) -folk Seemann, -leute, 20B1
°sjå s. se
sjåfør Fahrer, Chauffeur, 1A
skal soll, 3A
~ vi *si/°seie ... sagen wir ..., 6A
~ vi ta og ... wollen wir mal ..., 9A
skandinav Skandinavier, 2B1
Skandinavia Skandinavien, 2B1
skandinavisk skandinavisch, 2B1
*skiftende/°-ande wechselnd, umlaufend, 8A
ski Schi, 14B3
gå på ~ schilaufen, 14B3
~spor Schispur, Piste, 17A
~tur Schitour, -wanderung, 14B3
skinke Schinken, 9B3
*skinne/°skine scheinen, 7B4
skip Schiff, 7A
skive Scheibe, 9A
skje geschehen, 3A
°skjer s. skjær
°skjere s. skjære
skjerm Schirm, 4A2
TV-skjerm Bildschirm, 19A1
*skjær/°skjer Schäre, Riff, 7A, 16B2
~gard Schärengürtel, -küste, 16B2
*skjære/°skjere (opp) (auf-)schneiden, 9A, 16B2
skjønne verstehen, 13A
sko Schuh, 17A
skog Wald, 7A
*skogsarbeider/°-ar Waldarbeiter, 20B1
*skogsvei/°-veg Waldweg, Holzabfuhrweg, 17A

skole Schule, 2A2
på ~n in der Schule, 2A2
skrive schreiben, 14A
~måte Schreibweise, 18B1
skrå: på ~ schräg, 12B4
*skuespiller/°skodespelar Schauspieler, 19A1
skum Schaum, 7B4
*skummetmelk/°skummamjølk Magermilch, 9A
skur Schauer, 7B4
sky Wolke, 8A
skydekke Bewölkung, 8A
*skyet/°skya wolkig, bewölkt, 8A
skyve schieben, 5A
~dør Schiebetür, 5A
skål Schale; Untertasse, 9B1
slag Schlag, Sorte, 13A
all ~s, alle ~s allerlei, 17A
*en, et ~s/°ein, ei, eit ~s eine Art von, 13A
slanke seg abnehmen, 16A2
slett *ikke/°ikkje gar nicht, 10A
slekt Verwandtschaft, 18B3
slette Ebene, Fläche, 7A
slik so, 6A
~ at so daß, 4A1
~ som so wie, 12A
~t so was, 11A
slipp Schlipp, kl. Bootswerft, 16B2
slutt Schluß, 9A
slå schlagen, ???
~ *armene rundt halsen på umarmen, umhalsen, 11A
smake schmecken, 9A
smal schmal, 9A
smykke Schmuck(gegenstand), 15A1
smør Butter, 9A
smørbrød Butterbrot (m. Aufstrich), 9B3
*smøre/°smørje (på) (auf-)schmieren, 9A
små kleine (Pl.), 7A
~*gutt, -°gut kleiner Junge, Kleinkind, 14B2
~jente kleines Mädchen, Kleinkind, 14B2
~*penger/°-ar Kleingeld, 15B4
~tt klein(es), 12A
snabel Rüssel, 7B3
snakke sprechen, 2A1
snill gut, nett, lieb, 3A
er du ~, *vær/°ver så ~ bitte, 3A, 6B4
sno winden, 7A

199

Alphabetisches Wörterverzeichnis

snø Schnee, 17A
sol Sonne, 5A
som der/die/das *(Rel. pron.)*, 4A1
som als; wie, 10A, 12A
***sommer/**°**sommar** Sommer, 5A, 12A
om ~**en** im Sommer, 5A
~**solverv/**°**-kverv** Sommersonnenwende, 8A
°**son** *s.* **sønn**
sone Zone, 21A4
sopp Pilz, 17A
~**bok** Nachschlagebuch üb. Pilze, 17A
~**stuing** Pilzbrei, Pilzragout, 17A
sort Sorte, 17A
sove schlafen, 7A, 14B1
~**rom** Schlafzimmer, 5A
Sovjet-Samveldet die Sowjet-Union, 12B6
spalte Spalte, 5A
spandere spendieren, 16A1
spekemat gepökeltes Fleisch, 9B3
***spennende/**°**-ande** spannend, 19A2
spesiell speziell, 18A
***spille/**°**spele** spielen, 10B2
~ **inn** einspielen; drehen, 19A1
spinat Spinat, 10B3
***spise** essen, 7A
spiss Spitze; spitz, 12A, 16B2
spor Spur, 17A
***spredt** vereinzelt, 8A
sprekke zerspringen, 9A
språk Sprache, 2A1
***spørre/**°**spørje** fragen, 4A2, 13A
spørsmål Frage, 13A
spå voraussagen, weissagen, 20A2
°**stad** *s.* **sted**
stadig større immer größer, 18A
stake Leuchter, 15A1
starte starten, anfangen, 21A3
stasjon Bahnhof, 6A
***statseid** staatlich, im Staatsbesitz, 21A4
statsminister Ministerpräsident, 1B4
***sted/**°**stad** Ort, Platz, Stelle, 2A2, 16A1
***et** ~, ***noe** ~/°**ein** ~, °**nokon** ~ irgendwo, 16A1
***finne sted** stattfinden, 21B1
mange ~**er** an vielen Orten,

vielerorts, 2A2
***i** ~**et/**°**i** ~**en** statt dessen, 21A1
stein Stein, 18A4
~**røys** Geröllhalde, 18A2
***stek/**°**steik** Braten, 10B1
***steke/**°**steike** braten, backen, 9A
***stekeovn/**°**steikeomn** Brat-, Backofen, 9A
stemme stimmen, 13A
sterk stark, 14A
***sti/**°**stig** Pfad, 7A
stikke stechen, stecken, 7A
stillas Gerüst, 20A4
stille still, 8B1
stille (opp) (sich) stellen, 18A
stille, *stillhet Stille, 8B1, 17A
stilne nachlassen, 8B1
stjerne Stern, 17A
stoppe (an)halten, 4A2
stor groß, 4A2
~**t sett** im großen und ganzen, 8A
storm Sturm, 7B1, 8B3
strand Strand, 7A
~**madrass** Strandmatratze, 7A
***strekke/**°**-kkje** strecken, 7A
~ **seg ut** sich ausdehnen, 7A
stryke streichen, 7A
~**jern** Bügeleisen, 21A2
strøk Gegend, Gebiet, Landstrich, 8A
***strøm/**°**straum** Strom, 21B1
***strålende/**°**-ande** strahlend, 16A2
stråmatte Strohmatte, 7A
studere studieren, 14A
stue Wohnzimmer, 5A
stumpe ausdrücken, 14A
~ **røyken** eine Zigarette kappen, 14A
stupe einen Kopfsprung machen, 7B1
°**sturen** traurig, niedergeschlagen, 16A2
stut Stier, 13B1
stykke Stück, 4A1
°**styrar** Geschäftsleiter, 20A2
større größer, 5A, 9B4
***størrelse/**°**storleik** Größe, 15A1
størst größt-, 5A
***støte/**°**støyte** stoßen, 15A2
***støtende** anstößig, verletzend, 15A2
støvel Stiefel, 17A
***støvsuger/**°**-ar** Staubsauger, 21A2

stå stehen, 7A, 14B1
ha ~**ende/**°**-ande** stehen haben, 7A
~ **for** vertreten, 13A
***hvordan/**°**korleis** ~**r det til?** wie geht es?, 3A
stål Stahl, 15B6
sukk Seufzer, 16A2
sukker Zucker, 2B3
***sunket** gesunken, 2B3
sund Meerenge, Sund, 7A
***supermarked/**°**-marknad** Supermarkt, 15B2
surt og kaldt feuchtkalt, 14B1
svaberg glattgeschliffener Felsen, 7A
svak schwach, 21B3
~**het** Schwäche, 19A1
svale kühlen, 7A
svar Antwort, 13A
~**e** antworten, 9B4
svart schwarz, 17B5
~**ne** schwarz werden, 17B5
Sveits Schweiz, 2B1
***sveitser/**°**-ar** Schweizer, 2B1
sveitserost Schweizer Käse, 9B2
sveitsisk schweizerisch, 2B1
°**sveltihel** Hungerdasein, 18A2
svensk schwedisch, 2B1, 2D6
svenske Schwede/Schwedin, 2B1
svenskegrense die schwedische Grenze, 12B4
Sverige Schweden, 2B1
svigermor Schwiegermutter, 3A
svært sehr, 2A2
***svømme/**°**symje** schwimmen, 6A
~**hall** Schwimmhalle, 6A
sy nähen, 20A4
(syd, syd- *s.* **sør, sør-)**
Syden Mittelmeerländer usw., 8B4
***Sydpolen** der Südpol, 8B5
***syke-/**°**sjukehus** Krankenhaus, 3A, 20A4
***sykepleier/**°**sjukepleiar** Krankenpfleger(in), 20B1
***sykesøster/**°**sjukesyster** Krankenschwester, 20A4
sykkel Fahrrad, 7A
sykle radfahren, 7A
***syltetøy/**°**-ty** Marmelade, Konfitüre, 9B3
synd schade, 9A
***synes** finden, meinen, 4A2
synsk hellsichtig, seherisch, 20A2

200

Alphabetisches Wörterverzeichnis

systematisk systematisch, 13A
°syster s. søster
(syv s. sju)
*særlig/°særleg besonders; be-
sonder-, 8A, 12A, 15A1
*søke/°søkje suchen, 14A
sølv Silber, 15B6
søndag Sonntag, 17A
*sønn/°son Sohn, 3B1, 18B3
sønnavind Südwind, 8B4
sør süd, Süden, südlich, 5A,
8B4
sør for südlich von, 8A
søren! wie schade!, 6A
*sørlig/°-leg südlich, 8A
sørover südwärts, 8B4
°Sørpolen Südpol, 12A
sørvest südwest, Südwesten,
5A
*sørøstlig/°-austleg südöstlich,
8A
*søster/°syster Schwester,
18B3
søt süß, nett, 4A2, 15A1
så so; dann; daher, 1A, 3A,
16B5
*såkalt/°såkalla sogenannt,
10A
sånn so, solch, 3A, 7A
*noe/°noko sånt so etwas, 13A
sår Wunde, 21B1

T

ta nehmen, 4A1
~ bort entfernen, wegneh-
men, 9B3
~ fram hervornehmen, 18A
~ med mitnehmen, 10A
~ opp att wiederaufnehmen,
18A
i det *hele tatt/°heile teke über-
haupt, 5A
tak Dach; Decke, 5B1
takk Dank; danke!, 3A, 4A2,
7A
ja, ~ ja, gern, 6A
*tall/°tal Zahl, 18B1
tallerken Teller, 9B1
tante Tante, 10A
tap Verlust, 21A1
tape verliercn, 21B1
teater Theater, 19A1
*tegne/°teikne zeichnen, 21A3
*tegning/°teikning Zeichnung,
5A
°teken s. ta
tekst Text, 19A1

*telle/°telje zählen, 13A
*tenke/°tenkje denken, 6A,
16A1
~ seg om nachdenken, sich
bedenken, 11A
~ på denken an, 13A
tenåring Teenager, Jugendli-
che(r), 14B2
termometer Thermometer, 7A
tid Zeit, 3A
ta lang ~ viel Zeit brauchen,
6A
det blir ~ til ... man hat Zeit
für ..., 19A1
i *sin/°si ~ seinerzeit, 19A2
for ~a zur Zeit, 18A
ved fire~a so gegen vier, 16A1
*tidlig/°-leg früh, 5A
til bis; zu; nach, 4A1
far ~ *en *pike Vater eines
Mädchens, 3A
~ og med sogar, 9A
*hvordan/°korleis står det ~
wie geht es, 3A
tilbake zurück, 7A
*tilbringe zubringen, verbrin-
gen, 19A1
tilgodelapp Gutschein, 15B4
tillegg Zulage, Zusatz, 19A1
i ~ til neben, zusätzlich, 20A2
komme i ~ hinzukommen,
19A1
*tiltykning/°-tjukning Eintrü-
bung, 8A
time Stunde, 4A2
ting Ding; Ratsversammlung,
13B2
tinn Zinn, 15B6
tippoldeforeldre Ururgroßel-
tern, 18B3
*tirsdag/°tysdag Dienstag,
17B1
tja „ich weiß nicht", 13B4
tjukk dick, 16A2
to zwei, 3A
tog Zug, 12B3
tomatsuppe Tomatensuppe,
10B3
tone Ton, 18B1
topp Gipfel, Spitze, 19A1
*torden/°tore Donner, 7A
tore wagen, 9A
torg Markt(platz), 15B2
torsdag Donnerstag, 17B1
torsk Dorsch, 7B4
tradisjonsrik traditionsreich,
10A
trafikk Verkehr, 4A1
*trang/°trong eng, 12A
trapp Treppe, 5B1

trass trotz, 21A1
tre drei, 3A
tre Baum, 7A
treffe treffen, 10A
trehus Holzhaus, 12A
*trekke/°-kkje ziehen, 17A
~ fra abziehen, 15A1
~ frisk luft frische Luft schöp-
fen, 17A
tremenning Vetter/Kusine 2.
Grades, 18B3
trenge brauchen, 15A1
trening Training, 6A
trikk (Straßen-, Vororts-)
Bahn, 4A1
*trives/°trivast Gefallen fin-
den, 14A
*tro/°tru (på) glauben, 6A,
11A, 16A1
*tross = trass
°tru? ob ... wohl ...?, 14A
trykk Druck, 15A1
*trykke/°-kkje drücken, 11A
*trøste/°trøyste trösten, 20A2
tull dummes Zeug, 13A
tulle dummes Zeug reden, 13A
tungvint umständlich, unprak-
tisch, 5A
tunnel Tunnel, 12B3
tur Tour; Reihe, 10B2, 13B3
tusen tausend, 6A
*tusenkroneseddel/°-setel Tau-
sendkronenschein, 15B4
tusenlapp „Tausender", 15B4
tust Büschel, 7A
tut Tülle, 9B1
tute heulen; brüllen, 11A
TV TV, Fernsehen, 19A1
*tykk dick, 9A
°tykkje finden, meinen, 16A2
tysk deutsch, 2B1
Tyskebukta Deutsche Bucht,
12A
*tysker/°-ar Deutsche(r), 2B1
Tyskland Deutschland, 2B1
tyttebær Preiselbeere, 17A
tørke Dürre; trocknen, 8B1
tørr trocken, 8B1
tøys Quatsch, Unsinn, 14B1
tåke Nebel, 8A
tåkebanke Nebelbank, 8A

U

*ubehagelig/°-leg unange-
nehm, 7A
udyrka, *-et nicht kultiviert,
unbebaut, 12A

Alphabetisches Wörterverzeichnis

*ufarlig/°-leg ungefährlich, 15A2
ugift ledig, 10B4
*uke/°veke Woche, 16A1, 21A3
uklar unklar, 11B
ukurant unverkäuflich, 20A2
ulik ungleich, 2A1
ulykke Unglück, Unfall, 20A4
ulv Wolf, 13B1
*umulig/°umogleg unmöglich, 11A
under unter; während, 1D6, 3A
undervise unterrichten, 1A
ung jung, 2B3
unge Kind, Kleines, 3A
°unggut, *-gutt Jüngling, 14B2
ungjente junges Mädchen, 14B2
unngå entgehen; vermeiden, 20A2
unnskyld! entschuldigen Sie!, 6B3
*unntatt/°unnatake ausgenommen, 8A
unødvendig unnötig, 20A2
ur Geröll, 18A2
ut aus, hinaus, 5A, 12A
finne ~ herausfinden, 13A
gå ~ aussteigen, 4A2
~ på auf ... hinaus, 5A
°utan s. uten
*utaskjærs/°-skjers außerhalb d. Schärengürtels, 16B2
ute draußen, 7A
langt ~ weit draußen, 7A
*være/°vere ~ etter nachstellen; suchen, 10A
*være/°vere ~ for von etw. betroffen sein, 20A4
*uteligger/°-liggjar Obdachloser, Landstreicher, 15A2
*uten/°utan ohne, 20A2
~*videre/°vidare ohne weiteres, 15A1
~landsk ausländisch, 18A
~riksfart große Fahrt, 20B1
~riksminister Außenminister, 2B4
utlending Ausländer, 6A
*utnyttelse/°-ing Ausnutzung, 21A2
utover im Laufe, 21A3
utpå ettermiddagen spät am Nachmittag, 20A4
*utrolig/°utruleg unglaublich, 12A
utrygt unsicher; unbeständig, 8A

utstyr Ausrüstung, Ausstattung, 15A1
uttale Aussprache, 2A1
uttale aussprechen, 2A1
*utvalg/°-val Auswahl, 18A
utvikle entwickeln, 21B1
utvikling Entwicklung, 18A

V

vakker schön, 16A2
vanilje Vanille, 10B2
*vanlig/°-leg gewöhnlich, 7A
*vann/°vatn Wasser; kleiner See, 7A, 12B1
*vanskelig/°-leg schwierig, 17A
vare Ware, 15A1
vare dauern, 17A
varemagasin Kaufhaus, 15A1
variant Variante, 18A
varm warm, 7A
varme Wärme, 8B1
vase Vase, 15A1
vasse waten, 7B1
°vatn s. vann
ved ungefähr um; an; bei, 3A, 12A
ved *siden/sida av neben, 4A2
vegg Wand, 5B1
*vei/veg Weg; (Land-)Straße, 7A
veit s. vite
°veke s. uke
rydde vekk wegräumen, 6A
veksle (ab)wechseln, 12A, 15B4
vel wohl, doch; gut, 3A, 13A
ja vel ja wohl, 3A
*velge/°velje wählen, 15A1, 18A
velkommen willkommen, 10A
*ønske/°ønskje ~ willkommen heißen, 10A
vende wenden, gehen, 5A
venn Freund, 6A
*vennlig/°-leg freundlich, 19A1
vennskap Freundschaft, 14A
til venstre links, 5A
vente warten; erwarten, 2B3, 4A1, 7A
°vêr s. vær
*verden/°verd Welt, 20A2
~srekord Weltrekord, 20B3
°vere s. være
*virke/°verke inn på auf etw. einwirken, 20A2
verken – eller weder – noch, 13C1

verre schlimmer, schlechter, 20A3
vert Wirt, 2B4
°verte werden, 16A1
*vesentlig/°-leg wesentlich, 8A
vesle (der/die/das) kleine, 18A
vest west, West(en), westlich, 8B4
vestavind Westwind, 8B4
Vesten Westen, die westl. Welt, 8B4
Vestlandet (westl. Teil v. Südnorwegen), 8A
*vestlig/°-leg westlich, 8B4
vestover westwärts, 8B4
Vest-Tyskland West-Deutschland, 2B1
vi wir, 1C2
vidde Weite; Hochfläche, 12A
*videre/°-are weiter, 19A1
og så ~, osv. und so weiter, usw., 4A2
*uten/°utan ~ ohne weiteres, 15A1
så vidt *jeg/°eg veit soviel ich weiß, 16A1
vik schmale Bucht, Wiek, 7B1
viktig wichtig, 10A
vilje Wille, 21B2
vill wild, 13A
*ville/°vilje wollen, 4A1
det vil *si/°seie das heißt, 2A1, 16A1
vilt Wild, 10B1
vin Wein, 9B2
vind Wind, 7A, 8B3
*vindu/°vindauge Fenster, 4A2
vinne gewinnen, 1D7
*vinner/°-ar Gewinner, 1D7
vinter Winter, 12A
*virkelig/°verkeleg wirklich, 3A
*virkelighet Wirklichkeit, 21B3
*virksom/°verksam tätig; wirksam, 21B3
*virksomhet/°verksemd Tätigkeit, 21A4
visitt-tid Besuchszeit, 4A1
°viss wenn, falls, 18A5
vite wissen, 7A
*voksen/°vaksen erwachsen, 9A, 9B4
°vonbroten enttäuscht, 16A2
°vore gewesen, 14A
vrinske wiehern, 13D4
til ~s in die Luft, 16B4
~melding Wettervorhersage, 8A

202

Alphabetisches Wörterverzeichnis

*være/°vere sein, 1A, 14A
~ med mitkommen, mitmachen, 6A
*vær/°ver så god, ... snill bitte, 6B4
*vært gewesen, 2B4
væte Nässe, 8B1
våpen Wappen, 13A
vår Frühling, 17A
våt naß, 8B1

W

WC WC, Toilette, 5A
wienerbrød Kopenhagener, 9B2

Y

yngst jüngst-, 3B1
yrke Beruf, 20B1
yrkesgruppe Berufsstand, 20B1
ytre äußer-, außen-, 8A

Ø

*øke/°auke zunehmen, steigen, 21B1
*økende/°aukande zunehmend, 8A
*økning/°auke Anstieg, Erhöhung, 21A2
økonomi Haushalt, Finanzen, 21B2
økonomisk wirtschaftlich, 21A4
øl Bier, 9B2
*ønske/°ønskje wünschen, 10A
*hva/°kva ~r De? was möchten Sie?, 6B6
*øre/°øyre Ohr, 19A1
*øst/°aust ost, Osten, östlich, 5A, 8B4
~afjells im südöstl. Norwegen, 8A
~avind Ostwind, 8B4
*Østen/°Austen die Länder in (Ost-)Asien, 8B4
*Østerrike/°Austerrike Österreich, 2B1
*østerriker/°austerrikar Österreicher, 2B1

*øster-/°austerriksk österreichisch, 2B1
*østlig/°austleg östlich, 8A
*øst-/°austover ostwärts, 8B4
*Øst-/°Aust-Tyskland Ost-Deutschland, 2B1
øve üben, 7A
øy Insel, 7A
*øye/°auge Auge, 4A2
få ~ på erblicken, 17A
*øyeblikk/°augneblink Augenblick, 4A2

Å

å! ach, oh!, 11A
*åpen/°open offen, 5A, 16A1
*åpne/°opne öffnen, 9A
år Jahr, 13D6
30~a die 30er Jahre, 18A
i ~ dieses Jahr, 19A1
århundreskifte Jahrhundertwende, 18A
*årsomsetning/°-nad Jahresumsatz, 21A4
ås kleiner Bergrücken, 12A
åssen = *hvordan wie, 6A

203

Übersicht Hilfsverben und unregelmäßige Verben

Übersicht über die im Lehrbuch vorkommenden Hilfsverben und unregelmäßigen Verben

* bezeichnet diejenigen Wörter, die es nur im **bokmål** gibt.
° bezeichnet diejenigen Wörter, die es nur im **nynorsk** gibt.
Alle anderen Wörter sind in beiden Sprachformen gebräuchlich.

Infinitiv	Präsens	Präteritum	Supinum (Ptz. Perf.)	
be	ber	bad	*bedt °bede	bitten; beten
binde	*binder °bind	*bandt °batt	*bundet °bunde	binden
bli	blir	*ble °blei	blitt	bleiben; werden
blåse	*blåser °blæs	*blåste °bles	*blåst °blåse	blasen
brekke	brekker	*brakk °brekte	*brukket °brekt	brechen
bringe	*bringer	*brakte	*brakt	bringen
burde	bør	burde	*burdet °burt	„müßte"
by	byr	*bød °baud	*budt °bode	bieten
dra °dra(ge)	*drar °dreg	drog	*dradd °drege	ziehen
drikke	*drikker °drikk	drakk	*drukket °drukke	trinken
drive	*driver °driv	*drev °dreiv	*drevet °drive	treiben
ete	*eter °et	åt	*ett °ete	fressen (bokmål) essen (nynorsk)
falle	*faller °fell	*falt °fall	*falt °falle	fallen
finne	*finner °finn	*fant °fann	*funnet °funne	finden
*finnes °finnast	*fin(ne)s °finst	*fantes °fanst	– –	„es gibt"
*følge °følgje	*følger °følgjer	*fulgte °følgde	*fulgt °følgt	folgen, begleiten
få	får	*fikk °fekk	fått	bekommen
gi	gir	gav	gitt	geben

Übersicht Hilfsverben und unregelmäßige Verben

Infinitiv	Präsens	Präteritum	Supinum (Ptz. Perf.)	
gjelde	*gjelder °gjeld	*gjaldt °galdt	*gjeldt °golde	*gelten*
*gjøre °gjere	*gjør °gjer	gjorde	gjort	*tun, machen*
gå	går	*gikk °gjekk	gått	*gehen*
ha (halde – vgl. holde) (heite – vgl. hete)	har	hadde	hatt	*haben*
henge	*henger °heng	*hang	*hengt °hange	*hängen (intrans.)*
*henge °hengje	*henger °hengjer	*hengte °hengde	hengt	*hängen (trans.)*
*hete °heite	*heter °heiter	het	*hett °heitt	*heißen*
hjelpe	hjelper	*hjalp °hjelpte	*hjulpet °hjelpt	*helfen*
*holde °halde	*holder °held	*holdt °heldt	*holdt °halde	*halten*
komme	*kommer °kjem	kom	*kommet °komme	*kommen*
kunne	kan	kunne	*kunnet °kunna	*können*
la °la(te)	*lar °lèt	*lot °lét	*latt °late	*lassen*
le	ler	lo	ledd	*lachen*
*legge °leggje	*legger °legg	la	lagt	*legen*
lese	*leser °les	*leste °las	*lest °lese	*lesen*
*ligge °liggje	*ligger °ligg	*lå °låg	*ligget °lege	*liegen*
måtte	må	måtte	*måttet °måtta	*müssen*
nyte	*nyter °nyt	*nøt °naut	*nytt °note	*genießen*
rekke	*rekker °rekk	rakk	*rukket °rokke	*reichen, dauern*
*rekke °rekkje	*rekker °rekkjer	*rakte °rekte	*rakt °rekt	*reichen, ausstrecken*
ryke	*ryker °ryk	*røk °rauk	*røket °roke	*rauchen; reißen (intr.)*

205

Übersicht Hilfsverben und unregelmäßige Verben

Infinitiv	Präsens	Präteritum	Supinum (Ptz. Perf.)	
*se	ser	*så	sett	sehen
°sjå		°såg		
*selge	*selger	*solgte	*solgt	verkaufen
°selje	°sel	°selde	°selt	
*si	*sier	sa	sagt	sagen
°seie	°seier			
*sitte	*sitter	*satt	*sittet	sitzen
°sitje	°sit	°sat	°sete	
(sjå – vgl. se)				
*skjære	*skjærer	skar	*skåret	schneiden
°skjere	°skjer		°skore	
skrive	*skriver	*skrev	*skrevet	schreiben
	°skriv	°skreiv	°skrive	
skulle	skal	skulle	*skullet	sollen; werden
			°skulla	
skyve	*skyver	*skjøv	*skjøvet	schieben
	°skyv	°skauv	°skove	
slå	slår	slo	slått	schlagen
*smøre	*smører	*smurte	smurt	schmieren
°smørje	°smør	°smurde		
sove	*sover	sov	*sovet	schlafen
	°søv		°sove	
sprekke	*sprekker	sprakk	*sprukket	zerspringen
	°sprekk		°sprokke	
*spørre	spør	*spurte	spurt	fragen
°spørje		°spurde		
stikke	*stikker	stakk	*stukket	stechen
	°stikk		°stukke	
strekke	*strekker	strakk	*strukket	(aus)reichen
	°strekk		°strokke	
*strekke	*strekker	strakte	strakt	strecken
°strekkje	°strekkjer			
stryke	*stryker	*strøk	*strøket	streichen
	°stryk	°strauk	°stroke	
stå	står	stod	stått	stehen
ta	*tar	tok	*tatt	nehmen
	°tek		°teke	
*telle	*teller	*talte	talt	zählen
°telje	°tel	°talde		
tore	tør	torde	tort	wagen
treffe	treffer	*traff	*truffet	treffen
		°trefte	°treft	

206

Übersicht Hilfsverben und unregelmäßige Verben

Infinitiv	Präsens	Präteritum	Supinum (Ptz. Perf.)	
*trekke	*trekker	*trakk	*trukket	*ziehen*
°**trekkje**	°trekkjer	°trekte	°trekt	
trenge	*trenger	*trengte	*trengt	*brauchen*
	°treng	°trong	°trunge	
*velge	*velger	*valgte	*valgt	*wählen*
°**velje**	°vel	°valde	°valt	
(vere – vgl. være)				
*ville	vil	ville	*villet	*wollen, werden*
°**vilje**			°villa	
*være	er	var	*vært	*sein*
°**vere**			°vore	

207

Sachregister

(Die Zahlen verweisen auf die Lektionsabschnitte)

Adjektiv: 3C1, 8C1, 9C4, 12C3
Adverbien: 15C2, 19C3, 20C1
Alphabet: 2B2
bestimmte Form: 2C1
Bitte: 6B4
Danke: 6B5
Demonstrativpronomen: 21C1
Deponente Verben: 14C2
Doppelbestimmung: 21C1
Doppelkonsonanten: 3B5
Druck: Einleitung II. 2, 1B4, 2B6
Fragewörter: 4C7, 14C3
Futur: 8C2, 11C7
Gegenwart *s.* Präsens
Genitiv: 4C1
Grundzahlen: 4C8, 5C7, 7C7, 8C3
Hilfsverben: 4C5, 16C2
Höflichkeitsanrede: 6B1
Imperativ: 9C5
Indefinitpronomen: 15C3
Infinitiv: 1C2, 12C2
Inversion: 19C1
Konditional: 20C4
Konjunktionen: 13C1, 19C3
Konsonanten, stumme: 3B3
Kurzverben: 4C6, 16C4
Modalverben: 4C4, 10C3, 16C3
Ordnungszahlen: 4C8, 5C7
Partizip Perfekt: 5C3, 10C2
Partizip Präsens: 5C4, 20C2
Passiv: 5C6, 6C3

Perfekt: 3C3, 3C5, 14C1
Personalpronomen: 5C1, 7C1, 16C1
Possessivpronomen: 7C3
Possessivpronomen, reflexiv: 7C4
Präposition: 6C2, 17C1, 2, 3, 4, 20C5
Präsens: 1C2, 8C2, 12C2
Präteritum: 3C2, 3C5, 4C2, 14C1
Pronomen, „unpersönlich“: 5C2, 13C4
Rechtschreibung: Einleitung III.
Reflexive Verben: 20C3
Reflexivpronomen: 7C2
Relativpronomen: 5C5, 7C5, 21C2
Relativsatz: 5C5
Satzakzent: Einleitung II.5.
Silbentrennung: Einleitung III.6.
Steigerung: 8C1, 12C4
Substantiv: 1C1, 2C1, 12C1, 18C1
Supinum: 18C3
Ton: Einleitung II.3, II.4, 1B4, 2B2, 2B6
Uhrzeit: 8B7
unbestimmte Form: 2C1
Verb: 1C2, 9C1, 2, 3, 10C4, 5
Verben, zusammengesetzte: 6C1
Vergangenheit *s.* Perfekt, Präteritum
Wortmelodie: Einleitung II.4
Wortstellung: 2C2, 3C4, 6C2
Zahlen *s.* Grundzahlen, Ordnungszahlen
Zeichensetzung: Einleitung III.7
Zeitkonjunktionen: 7C6
Zukunft *s.* Futur